Albert Schweitzer

对生命的敬畏——阿尔贝特·施韦泽自述

Albert Schweitzer Lesebuch

〔法〕阿尔贝特·施韦泽 著 〔德〕哈拉尔德·斯特凡 编
陈泽环 译

上海人民出版社

阿尔贝特·施韦泽的人格特征

1991 年，当把阿尔贝特·施韦泽的《敬畏生命——五十年来的基本论述》译成中文时，在中文版的“译者的话”中，我写道：

> 作为西方优秀文化传统的光辉代表，施韦泽体现了古希腊个人全面发展的理想和基督教博爱精神的完美结合。施韦泽在青年时代就是一个享有声望的管风琴演奏家和巴赫研究家，同时又是哲学博士、神学博士、医学博士。然而，施韦泽给人印象最深之处并不是他的多才多艺，而是他对人类苦难的无比同情和极其热忱的献身精神。[1]

[1] 阿尔贝特·施韦泽著：《敬畏生命——五十年来的基本论述》，陈泽环译，上海社会科学院出版社 2003 年版，第 150 页。

值得欣慰的是，《敬畏生命——五十年来的基本论述》出版后，受到了我国广大读者的喜爱。现在，几乎15年过去了，我的感受不仅仍然如此；而且，由于最近翻译了《对生命的敬畏——阿尔贝特·施韦泽自述》（为便于中国读者了解其主题，改用此书名。此书原名为《阿尔贝特·施韦泽读本》），这一感受变得更强烈了。据此，以下我想依据《对生命的敬畏——阿尔贝特·施韦泽自述》中的材料，围绕其人格特征谈些感受，供此书的读者参考。

一、一个充满爱心的人

施韦泽自幼就是一个在道德上十分敏感的人。从施韦泽的自述中可以读到：读小学时，村里的年轻人嘲弄犹太人，他也跟在后面。但是当犹太人毛瑟对此保持沉默，有时也朝着他们尴尬而友好地微笑时，

> 这种微笑征服了我。我第一次从毛瑟那里学到，什么是在受到迫害时保持沉默。[1]

此外，作为牧师的儿子，由于村里的男孩并没有完全把他当作他们中的一员，这也使施韦泽感到难过。为此，他不喝肉汤，去教堂不愿穿大衣，不愿戴时髦的水兵帽，平时只穿木鞋。总之，施韦泽不愿意自己与其他乡村男孩显得两样，尽管为此吃了不少苦头。由此可以看出，施韦泽的道德敏感性、他的爱心很早就表现了出来。

当然，青少年时代，施韦泽的爱心首先表现在“为在世界上所看到的痛苦而难过”（第14页）上。各种动物遭受到的折磨，使他难受。不为动物祈祷，使他迷惑不解。为了避免伤害小鸟，宁可被同

[1] 参见本书第5页，以下引本书只注页码。

学们嘲笑。为打了狗而内疚，为骑累了马而不安，甚至有了阻挡别人钓鱼的勇气，等等。用他自己的话说：

> 思考不应该杀害和折磨生命的命令，是我青少年时代的大事。（第 15 页）
>
> 正是从这种震撼心灵并经常感到惭愧的经历中，我逐渐形成了不可动摇的信念：只有在不可避免的必然条件下，我们才可以给其他生命带来死亡和痛苦。（第 16 页）

由此可见，施韦泽成年后提出的“敬畏生命”的伦理学，是与其自幼就具有的道德敏感性和爱心分不开的。

从施韦泽家庭的生活状况来看，既不富裕，更谈不上显贵，相当长的一个时期内甚至还比较拮据，但父母家庭生活的氛围是和谐的、富于文化教养和道德情操的。随着年龄的增长，施韦泽的学习成绩不断提高、艺术才能逐渐显现。这种洒满阳光的生活，又引起了施韦泽的深思：

> 我的青少年时代是多么的幸运，这种想法渐渐地给我的心灵带来了沉重的压力。……我日益明白，我没有内在的权利，把我幸运的青少年时代、我的健康和我的才能当作理所当然的东西接受下来。……我们大家都必须承担起世界上痛苦的重负。（第 26 页）

这就是施韦泽所说的自己青少年时代生活中的第二件大事：关于个人幸福权利问题的思考。第一件大事即从小就“为充满在周围世界中的痛苦而难受”。作为思考的结果，施韦泽决定：

> 30 岁以前献身于布道、学术和音乐生活。然后……就要作

为一个人走直接服务的道路。（第 26 页）

不是尽力追求自己的幸福，而是反思自己是否有权利心安理得地享受已有的幸福。显然，只有一个充满爱心的人，才会这么思考问题。

施韦泽决定放弃自己在欧洲的宗教、学术和艺术方面的锦绣前程，从 30 岁开始学医，然后到赤道非洲为黑人义务救死扶伤。在我们看来，这完全是一种出自其诚挚爱心的崇高行为，是一种自我牺牲的道德壮举。但施韦泽的自视并没有这么高，而只是质朴地认为，由于必须为青少年时代的幸运做些事情，他的这一选择导致“除了外在的幸福之外，我现在还获得了内在的幸福”（第 64 页）。从而，当遭到亲友的误解和责难时，当有人要求他提供关于志愿行为的建议时，施韦泽就不仅坚持认为自己的计划是一种合理的冒险，而且强调它并非出于不稳定的情绪，而是基于成熟的考虑：

那些有幸能够从事自由的个人服务的人，应该把这种幸运接受下来，并由此变得谦恭。他们必须想到别的也愿意并有能力这样去做的人，但没有被允许去做。（第 75 页）

这里没有丝毫道德上的优越感，而只有充分的义务意识。在当代社会志愿者行为已经普遍化的条件下，了解一下施韦泽这位“老志愿者”对自己行为的理解，是很有启示意义的。

值得注意的是，在阐述其“在赤道非洲纯粹为人类服务的计划”和动机时，施韦泽还深刻地批判了当时西方国家在殖民地的所作所为：

我们的国家在海外并不是备受赞誉的文化国家，而是强盗国家。……我不想列举“基督教”民族在海外所做的一切：他们如何在法律的借口下掠夺土著的土地，他们如何使土著成为奴隶，他们如何唆使人类渣滓侵凌土著，特别是我们用烈性酒和所有别的东西系统地毁灭了土著，这是什么样的暴行啊！为了激起土著的反抗，我们德意志帝国在西南非洲干了些什么？我们现在又在干什么？在歼灭了他们之后：我们大笔一挥就夺走了其土地，而他们则一无所有。……我们必须赎罪，为我们在报纸上所看到的所有暴行赎罪，也为我们没有在报纸上看到的、被原始丛林的黑暗和沉默掩盖了的、更糟糕的所有暴行赎罪。（第67—70页）

这些论述表明，施韦泽的爱心行为不仅是其个人道德完善的体现，而且具有广泛的社会批判意义。一百多年过去了，当我们回顾西方资本主义的历史时，是不能忘记施韦泽的这些批判的。

施韦泽在非洲为黑人救死扶伤的志愿行为，不是短暂的，而是长期的；不是轻松的，而是艰难的。正是在漫长的、极为艰辛的行医过程中，施韦泽的爱心从一种从小就具有的伦理情感，发展成为一种几十年如一日的坚韧不拔的道德行为，使自己成为20世纪西方行动人道主义的象征。50年之久，在筹措资金和物资时，在面对灾难性的疾病时，在与黑人打交道时，在建设和管理医院时，在遭遇饥荒和战争时，施韦泽碰到了多少困难啊！直至90岁的高龄，施韦泽从未停息过。正如他本人所说：

在这里坚持自己纯粹的、人道的人格，并由此坚持作为文化承担者的能力，是非常难的。（第121页）

没有坚强内心信念的人，是根本做不到这一点的，更谈不上要坚持50年之久了。而在此，诚挚的爱心就成为支撑施韦泽的精神力量：

在远方行医，如果我把这看作我的人生使命的话，那么我就履行了耶稣及其宗教的命令。同时，我也就依据于基本的思想和观念。那些应该在黑人那里做的事情，对于我们来说，不应该是一种“善功”，而是一种不可推卸的义务。（第147页）

二、一个全面发展的人

以上从自幼就具有的道德敏感性，为世界上的痛苦而难过，反思个人幸福生活的权利，意识到能够从事自由的个人服务的幸运，对“基督教”民族在殖民地所犯罪恶的批判，几十年在远方行医的信念等方面，初步概括了施韦泽人格的第一个基本特征：一个充满爱心的人。可以说，仅就这一点而言，他的行动，他的言论，他的思想就足以使我们感叹和深思。但是，充满爱心，即使是他的人格构成中的最重要因素，毕竟还只是施韦泽伟大人格的一个特征。除此之外，施韦泽还是一个全面发展的人，一个思想深刻的人。因此，为了充分理解其人格的全部特征，我们在把握施韦泽的“充满爱心”之后，还要了解其全面发展和思想深刻的特点。

就施韦泽作为一个全面发展的人而言，是有一个成长过程的。他在少年时代并不是一个“神童”，甚至谈不上是一个“好学生”。只是在音乐方面，由于父亲在学前就给他上课，因此较早学会了即兴演奏。在文理中学和大学时代，由于有幸得到管风琴大师欧根·明希和夏尔·马里耶·维多尔的指导和提携，并积极参与了当时正在复兴巴赫的活动，施韦泽逐步成长为一个管风琴演奏家和巴赫研究专家。同时，由于继承了外祖父席林格尔对管风琴制造的热忱，施韦泽还“为真正的管风琴而斗争”，其撰写的《德国和法国的管风琴制作艺术和管风琴艺术》，成为国际音协相关章程的基础。

“你不知道，音乐会给你的生活带来多大的益处”，每当叔祖母催我去弹钢琴时，她总是这么说。当然，她不可能知道，

> 音乐将帮助我筹集到建立丛林诊所的资金。（第 16 页）

实际上，后来的经历表明，施韦泽的音乐才能不仅为其事业奠定了一定的物质基础；更重要的是，在非洲可怕的单调生活中，音乐才能成为其人道行为的精神慰藉：

> 午饭后和下午在诊所继续工作之间的休息时间，我把它献给音乐，礼拜天下午同样如此。由此我也感受到了远离世俗的工作对我的赐予。因为与先前相比，我在这里学会了更质朴和更内在地把握许多巴赫的管风琴作品。
>
> 为了能够在非洲坚持下去，人们必须有精神的劳作。值得注意的是，有教养的人比没有教养的人更能够承受在丛林中的生活。因为前者的身心得到了恢复，而后者则没有。（第 132—133 页）

此外，从施韦泽童年时对写圣诞信件的害怕，文理中学初期由于耽于幻想而被要求退学的情况来看，他和一般的乡村少年实在没有什么两样。幸运的是，由于叔祖父母的严厉管教，特别是老师维曼博士的影响，施韦泽觉醒了，从此成为一个好学生。从大学时代起，深刻和严谨的义务意识已经成为施韦泽的自觉行为。除了从事艺术活动等之外，在全盛时期的斯特拉斯堡大学，受到杰出的教授的指导，他以过人的精力同时学习神学和哲学，深入地思考《新约》福音书中的重要问题，探讨康德的宗教哲学思想，于 1899 年和 1900 年先后获得了哲学博士和神学博士的学位。

从施韦泽的学术才能来看，可以说他首先具有广博的人文学科知识。除了对巴赫的研究之外，施韦泽对《新约》福音书的研究，被人称为“找到了末世论解释的金钥匙”，在基督新教的耶稣研究中产生了深刻的影响。他的《使徒保罗的神秘主义》确立了其作为神学家的专业声望，至今仍然是德国新教神学系的基础用书。施韦泽的哲学研究也是广泛和深刻的。除了对康德宗教哲学的研究之外，他还系统地研究了欧洲的哲学和伦理学史，对印度和中国的哲学也进行了深入的研究，写下了大量专著，并由此为创立敬畏生命的伦理学奠定了深广的理论基础。要知道，施韦泽并不是一个专业的神学家和哲学家，他的大量论著都是在"业余时间"完成的。这是多么地不容易啊！但是，更为难能可贵的是，施韦泽虽然在人文学科领域内取得了杰出的成就，但他并不是一个单纯的人文学者。他还是一个医学博士，是一个在非洲丛林行医半个世纪的医术全面、经验丰富的医生。在这一意义上，可以说施韦泽是人文科学和自然科学相结合的典范。

在回顾学医的生活时，施韦泽说：

> 我意识到，在文理中学时代掌握就喜好的自然科学知识，真是一种幸运。我终于可以获得为使哲学具有现实基础的知识！
>
> 当然，与自然科学打交道不仅使我完善了知识结构，虽然这也是我渴望已久的。更重要的是，这对我是一种精神上的体验。我一直认为，这种状况在精神上是危险的：在我与之打交道的所谓人文科学中……必须与各种缺乏现实意识的人打交道。现在，我突然来到了另一个领域。我与形成于现实的真理打交道，我处在那些认为任何论断都必须通过事实加以证明的人之中。我认为，这是对我精神发展的一种必要体验。
>
> 此外，陶醉于研究可确定的事实，并没有使我像其他人那样日益轻视人文科学。恰恰相反，通过学习化学、物理学、动物学、植物学和生理学，我比先前更强烈地意识到，除了可以明确地确认的事实真理之外，思想的真理是多么地合理和必要。尽管由创造性的精神活动获得的认识不可避免地具有主观的色彩，但它仍然高于纯粹事实的真理。（第79—80页）

我个人觉得，施韦泽上述关于人文科学和自然科学关系的论述，确实值得当代中国人文学者深思。

除了艺术才能和学术才能的协调，人文科学和自然科学知识的结合之外，施韦泽全面发展人格的又一个特点是精神活动和实际行动的统一。施韦泽不愿意做一个书斋里的神学家和哲学家，也不愿意做一个职业性的艺术家，他要用行动而不是言论直接为人类服务：

> 我的生命不是学术，不是艺术，而是奉献给普通的人，以耶稣的名义为他们做任何一点点小事情。（第86页）

这样，施韦泽就把自己的生活与最伟大的歌德联系了起来：

> 我在与歌德的接触中还发现：如果不同时从事实际活动，他就不能够想象其精神活动。在他那里，实际的和精神的活动不是通过相同的使命和方式结合在一起，而是分离的，只是由于他的人格而成为一个整体。……歌德在探寻人的最终使命时，让他本人创作的艺术形象——浮士德和威廉·迈斯特——最终都归结于十分平凡的活动，正是通过这些活动，他们才能够在歌德所理解的最完整的意义上成为人。我深深地感到，这一探寻对于我们所有人具有多么大的意义啊！（第225—226页）

以上从艺术才能和学术才能的协调，人文科学和自然科学的结合，精神活动和实际行动的统一三个方面，概括了施韦泽人格的又一个基本特征：一个全面发展的人。相信许多读者是会对此发出由衷赞叹的！一个人能够如此全面地发展起自己的才能，在漫长的人生中使思想和行动水乳交融，其奥秘在于何处？天赋，机遇，文化背景，等等。当然离不开这一切。但是，我体会到，对于施韦泽本人来说，最重要的是他的责任感和义务感：

> 我能够献身于慈善事业，我的活动有所成就，我从人们那里获得了许多爱和善意，我有忠诚的助手，他们扩展了我的事业，我有能允许我从事最紧张工作的健康身体，我有始终保持平衡的心情和深思熟虑地行动的能力，这一切都是我的幸运。我认为，对此我应做出回报。
>
> 在许多人受制于压迫的不自由命运的时代，我能作为一个自由人有所作为，在从事体力劳动的同时，还有从事精神领域活动的可能性，这深深地激励着我。（第240—241页）

这里没有任何精神上的优越感，有的只是感恩和义务感。由此可见，施韦泽的全面发展，不是一种狭义的“个人”“能力”上的全面发展，而是一个充满爱心的人，通过与人们的共同合作，在奉献中的全面发展。这是我们在把握施韦泽的人格特征时千万不能忽略的。

三、一个思想深刻的人

作为德国历史上的一个伟大人物[1]，施韦泽的人格特征具有异常丰富的文化和道德内涵。除了作为一个充满爱心的人，一个全面发展的人之外，施韦泽还是一个思想深刻的人。尽管除了在生命和环境伦理学，以及一些伦理学的文献之外，时下的哲学史和思想史著作对他还谈得较少，但这并不妨碍施韦泽这位非职业性的神学家和哲学家的

[1] 阿尔贝特·施韦泽1875年生于阿尔萨斯。当时，阿尔萨斯属于德国，因此施韦泽前半生为德国人。第一次世界大战之后，阿尔萨斯归还法国，施韦泽选择了法国国籍。像许多阿尔萨斯人一样，施韦泽也讲两种语言：法语和阿尔萨斯德语方言，但他认为德语是其母语，他的绝大部分著作都是用德语写成的。在德国、奥地利出版的众多关于德国历史上100个伟大人物的书籍中，施韦泽往往有一席之地。例如，Barbara Bartos-Hoeppner，Burghard Barto s：... lebt der grosse Name noch，100 Portraets aus Deutschlands Geschichte，Kultur，Poitik und Forschung. Wien：Ueberreuter，1987。芭芭拉·巴托斯-赫普纳、布格哈德·巴托斯编著：《……英名永存——德国历史、文化、政治和研究中的100幅肖像》，奥地利维也纳卡尔·于贝罗伊特出版社1987年版，等等。——译者注

论著和思想，已经并且将继续对人类的生活产生积极的影响。例如，美国海洋生物学家蕾切尔·卡逊女士于1962年出版的，被人们称为唤醒公众环境意识的“报春鸟”的《寂静的春天》一书，就是题献给阿尔贝特·施韦泽的。因此，如果我们不了解施韦泽还是一个思想深刻的人，也就谈不上深入理解他的崇高、完整和深刻的人格特征了。

考察施韦泽作为一个思想深刻的人，首先必须指出，他是一个开放的基督教思想家。作为一个新教牧师的儿子，施韦泽自幼就具有基督教信仰的虔诚。他说过，与在大学里给学生上哲学课相比，自己更愿意在教堂里给教友布道。当然，施韦泽的宗教虔诚不是表现为固守一些传统的教义，不是为了信仰而牺牲思想，而是基于“对宗教进行反思”（第52页），是为了“探讨关于生存的终极问题”（第44页）。因此，他很早就敢于对当时占主导地位的自由主义新教的耶稣形象提出质疑，强调“耶稣提出了爱的行动伦理”（第51页），“真正的宗教同时就是真正的人道”（第68页）。“基督教必须坚持：伦理的宗教是最高的宗教。”（第172页）当时，一些教会人士认为施韦泽的这些观点是有害的，有些人甚至否认他是一个基督徒。但是，从当代全球化、文化多元融合的发展趋势来看，着重从伦理和行动的角度理解基督教，而不是固执一些特殊的教义，不仅有益于基督教自身的发展，而且也有益于人类的共同生活。

施韦泽对基督教爱的本质、伦理的本质的强调，是基于这样的认识：

> 从青年时代起，我就确信：所有宗教的真理最终必然也能够被理解为思想上必然的真理。因此，我认为，在与思想和其他宗教的论争中，基督教不应该自以为有特权，而是应该在观念斗争中采取中正的立场，仅仅信赖自身所包含的真理的力量。（第164页）

并由此出发考察了婆罗门教、佛教、印度教和中国思想的宗教性及其与基督教的关系。其基本观点为：

我们基督徒认为伦理的宗教更有价值，我们放弃了逻辑的、自圆其说的宗教观念。（第165页）

值得注意的是，在他的这一研究中，施韦泽对中国古代哲学的评价很高，认为它实现了乐观主义和伦理的结合。施韦泽研究中国古代哲学的360页的专著《中国思想史》[1]，作为遗著已于2002年在德国慕尼黑出版，是我们了解他如何看待中国思想的宝贵材料，应该引起中国学者的关注。

施韦泽思想的深刻性还体现在他对流行思潮的批判上。施韦泽的青少年时代，正是德国工业化、科学技术、市场经济迅猛发展的时期，当时流行的是一种盲目的乐观主义，缺乏对自己生活的反思：

人们似乎普遍相信，我们不仅在发明和知识方面走在了前面，而且在精神和伦理领域也达到了一个前所未有和再也不会失去的高度。但是我总觉得，在精神生活中，我们似乎并没有超越前人，许多方面，我们都在靠前人的成就过活。（第124页）

两次世界大战的爆发，使施韦泽更确信欧洲已经失去了伦理的精神文化，为此他倡导要“信赖精神和思想”：

当代人整个生活受到的影响导致他失去对自己思想的信任。在他所听到和读到的一切中，到处充斥着他应屈从的在精神上依赖别人的观念。……时代精神不让他达到自我……（第238页）

[1] Albert Schweitzer：Geschichte des chinesischen Denkens. Muenchen：Beck，2002. 阿尔贝特·施韦泽著：《中国思想史》，德国慕尼黑贝克出版社2002年版。

我国当代社会也正处于工业化和市场经济迅猛发展的阶段，在肯定其历史性成就的同时，为深入反思其代价和局限，使人不迷失于物质财富的洪流之中，施韦泽的“信赖精神和思想”是值得我们借鉴的。

就施韦泽的哲学思想而言，在充分肯定18世纪启蒙运动哲学成就的同时，他很早就意识到了近代主体性思辨哲学的局限：

> 在斯特拉斯堡的大学时代，当尊敬的老师威廉·文德尔班和特奥巴尔德·齐格勒引导我学习近代哲学时，我对伟大的思辨哲学体系充满了激情。但使我难以理解的是，了解康德、费希特和黑格尔的鸿篇巨制的歌德，却对他们采取相当保留的态度。……由此，我逐渐意识到有两种哲学，它们同时并存。……通过强制自然和世界，使世界屈服于人的思想，第一种哲学要人这样与宇宙打交道。
>
> 另一种不引人注目的自然哲学，让世界和自然按其本来面目存在，要求人顺应它们，作为精神胜利者坚守其中并作用于它们。第一种哲学是创造性的，第二种哲学是基本的。第一种哲学就像思想的火山喷发，例如德国哲学的伟大思辨体系，始终令我们惊叹，但它很快消失。第二种质朴的、简单的自然哲学则持续存在，基本的哲学思维日益赢得重视。（第224页）

现在，超越近代主客二分、重建当代天人合一，早已成为哲学的世界性潮流。应该承认施韦泽的思想是超前的。回想我国哲学界20世纪70—80年代发现“主体性”的转折，虽然是必要的，但毕竟太迟了。

当然，施韦泽思想的深刻性集中体现为他创立的“敬畏生命”伦理学。

> 有思想的人体验到必须像敬畏自己的生命意志一样敬畏所有的生命意志，他在自己的生命中体验到其他生命。对他来说，

> 善是保存生命，促进生命，使可发展的生命实现其最高价值。恶则是毁灭生命，伤害生命，压制生命的发展。这是思想必然的、绝对的伦理原理。（第128—129页）

“敬畏生命”范畴的提出，既是施韦泽长期思考和理论探究的成果，更是其在非洲丛林，这个生命现象最为繁盛的地方救死扶伤，受到自然感悟的产物。如果说，当1915年施韦泽提出这一范畴时，还应者寥寥的话；那么，自20世纪60—70年代以来，施韦泽已经被公认为当代生态和环境伦理学的最重要先驱之一。进入21世纪以来，环境、生态、生命(动物和人)等伦理问题的突出，更显示其所具有的现实性。总之，当代人正日益体验到敬畏生命伦理学的深刻性和重要性。

以上初步概括了译者本人对施韦泽人格特征的初步理解。译者意识到，在工业化和技术化、商业化、民主化的时代，在社会满足个人的经济、文化和政治权利的同时，个人也应该承担起服务和改善这个社会的责任。这就是说，个人除了消费、竞争、参与、功能化、角色化之外，还有可能和必要有道德敏感性和爱心、全面发展自己的能力和有深刻的思想与丰富的内心生活。这就是施韦泽在其自述中向我们展示的人格特征的实质和核心，也是当代中国人面临的挑战。作为一个在道德和文化意义上的伟大人物，施韦泽已经成为启示我们的典范。当然，由于感受和领悟能力的局限，我的上述概括只能说是肤浅和片面的。《对生命的敬畏——阿尔贝特·施韦泽自述》所蕴涵的意义还远远没有被发掘出来，包括此书的社会史和文化史的意义。相信此书的读者对施韦泽的人格特征会有更深刻和全面的理解，也更能发掘此书的其他意义。

陈泽环

2006年于沪

目录

导　言

“他把理由告诉了我们，但我们没有完全理解他……我们只是预感到，这是最高意义上的使命，不容反对。”在其回忆录中，埃利·霍伊斯-克纳普[1]这样谈及阿尔贝特·施韦泽。1904年，施韦泽，这位生活在斯特拉斯堡和巴黎大城市文明中卓有成就的学者和音乐家，做出了献身西部赤道非洲的决定。这是内在的生命呼唤，用斯特凡·茨威格的话来说，这是人类历史的星辰闪耀时。作为“新约·福音”神学的编外讲师、布道者和管风琴家，施韦泽已经出版了两部很受关注的著作：《耶稣生平研究史》和《约翰·塞巴斯蒂安·巴赫》，通常还要在巴黎巴赫协会的音乐会中演奏管风琴。但与此同时，为了在几年后前往法国殖民地刚果行医，以减轻患病的非洲人的痛苦，他还要在斯特拉斯堡学医。这一打算将中断施韦泽在家乡

[1] 埃利·霍伊斯-克纳普(Elly Heuss-Knapp)为德意志联邦共和国首任总统特奥多尔·霍伊斯(Theodor Heuss)的夫人，施韦泽夫妇是他们的证婚人。——译者注

的生活道路。

斯特拉斯堡大学医学系的主任，在已经30岁的施韦泽向他报到时，比友人埃利·霍伊斯-克纳普更冷静地看待这件事。施韦泽后来说："他很想把我转到精神病科医生那里去。"然而，正是在做出这一决定半个世纪之后，把为人类服务置于继续在学术和艺术领域中自我实现的幸运之上的"丛林博士"——施韦泽，在奥斯陆获得了诺贝尔和平奖。

施韦泽本人也令人难忘地写道：作为持续不断的努力，他在承受"放弃"的痛苦的同时，是如何在同等程度上体验了作为常新恩赐的"帮助才能"的；而他做出的牺牲，又同样是如何以事先并不知道的方式得到了补偿：在原始丛林的孤独中深造了其管风琴技艺，只有在这种远离世界的前提下，"敬畏生命"的伦理原则才能够被发现。

但是，对于他的崇高行为，施韦泽质朴地否认了其具有任何典范性和典型性，而是把它置于严格的自我检验之下。在他看来，只有极其特殊的情况，例如以异常的、离开常规的行为取代现有常规的行为，才可能是典范性的。因为，施韦泽从未忽视过，善良意志是多么地离不开幸运；只有这样，计划才能成功。

当然，这些自白和告诫的读者，并不会简单地被诸如内心约束不可传感的提示而打发掉。对于施韦泽这个阿尔萨斯乡村教师家族的后裔，他在其著作中也始终是一个教育家，人们总想要有进一步的了解。他也并不令人讨厌地，而是明确地意识到了这一"兼职"：每个人都能够和必然叙述作为人的自己。施韦泽本人也向我们说明了这一点；没有人在此能够比他做得更好。

这将被理解为对作家施韦泽的赞扬。他所写下的词句始终具有来自思想和行动统一的力量和信念。字里行间贯穿着同情、慈善、牺牲、幸福及其生命的代价，帮助弱者，首先是帮助造物的责任经过了自我考验之火的锻造，或者说人们由此能够辨认出，这一证实之路已经展现了出来。这一切使施韦泽是如此地可信：生命和学说成为一个整体；他实验自己的要求，他传播自己的实践。作为布道者，施韦泽1905年谴责殖民主义剥削，认为每个在海外犯下罪过的人，都必须到那里去帮助和救援。当时，他已经实现了内在的觉醒，并决定自己也这么做。作为文化哲学家，施韦泽在1915年发现了“敬畏生命”的基本道德律，接着从哲学上对此作了论证。一些年来，他已经建立了作为自己这一思想象征的丛林医院。施韦泽对每个人设法获得一个质朴的人类“兼职”的要求，由于他中止了自己的符合天性和卓有成就的职业生活的自我牺牲，益发具有说服力。

但是，如果由此认为，施韦泽的自述涉及了极为严肃、禁欲的服务信念深层中的一切，那也许是个误解。他对青少年时代的回忆是多么地朝气蓬勃，这表明他有一颗早熟的良心。当然，这同时也是一种对成长过程中的骚动和适应力的体验，任何人对此都有类似的感受。其他自述也洋溢着这一精神，没有错误被隐瞒，没有自我讽刺的机会被放过。读者能够看到所有学费的发票。施韦泽认为：“当地人说得对：我三分之一是医生，三分之一是教授，三分之一是建筑师。”这位阿尔萨斯牧师的儿子，在他的生活道路上伴随着受益良多的漫游。总之，施韦泽自述的核心是清新、青春的，是多方面、可信和丰富的，绝不是多愁善感，而是理想主义的，同时是绝对客观的。只是理想主义的持续存在既不低估也不听命于世界并体现出典范性。

这位质朴而可普遍理解的大师，甚至在其大部分专业著作中也是如此，他所体现的并不是人们称之为杰出风格的东西。当然，由此比较简洁。如果说，施韦泽基础扎实而牢固的人类形象反映在严格的关系句子结构中，有时反映在古老的法兰克表达方式中；那么，其形象化的语言、幽默和热情则平衡了他给人的忧郁严肃的印象。此外，施韦泽对其命运十字路口的叙述具有吸引力，使人难以忘怀。例如，1904年的发现非洲（写于1931年），1905年的布道，1913年《耶稣生平研究史》的最后篇章，1924年的童年回忆（正要前往非洲时），1915 年对发现伦理原则的记述（写于 1931 年）和同前书的结束语（《我的生平和思想》）。

施韦泽的大部分自述写于 20 世纪的 20 年代，即他 46 岁至 57 岁之间，只是有一些是后来写的。与这些著作的陈述力相比，它的影响力则更要令人惊叹得多。也许这是因为，这些著作部分的是在工作压力和不安定的惊险境况中写成的。例如，在所有值得一读的著述中，《来自兰巴雷内医院的信，1930—1954》就已不再具有先前叙述的那种完整性。与先前丰满而生动的叙述相比，其报道风格也显得粗糙。出现这种情况的原因首先在于，自从有了足够的医生之后（除了第二次世界大战期间之外），施韦泽在兰巴雷内的居留经常与前往欧洲的旅行相交替，有时在欧洲逗留的时间比较长。其次，由于日益被加重的义务，不仅仅是荣誉，对此他完全保持沉默，高龄也成为沉重的负担。

一部从几千页的出版物中选编而成的施韦泽读本，对于其编选者而言，必须割爱许多有价值的东西。当然，为了保持平衡，使读者能有连贯阅读的享受，那些最精彩的部分被压缩在一起。至于用什么样的铅字来铺就施韦泽的生活道路，这个问题是不难回答的。施韦泽本人十分有助于做到这一点。他写了不少自述，部分的是“一气呵成的”，部分的则以阶段性记述的形式出现。属于第一部分的有：《我的青少年时代》（1924 年）和《我的生平和思想》（1931 年）。属于第二部分的有：《来自兰巴雷内的报道，1913—1914》，它是《水和丛林之间》（1920 年）一书的基本素材；《来自兰巴雷内的信，1924—1927》和《来自兰巴雷内医院的信，1930—1954》。本书从这些自述中选取了许多材料。此外，施韦泽关于生活转折点的私人信件、系列布道、来自非洲的叙述、关于歌德的第一次讲话使选自其自述的内容更为完整。

除了丰富多彩的生平资料之外，施韦泽的专业的和通俗的学术著作的篇幅也不应忽略。一本读本必须既能够满足读者对施韦泽的较深了解，但也不必过度进入其专业领域。 这种编选设想也许适用于施韦泽关于耶稣和保罗研究的著作(1913 年，1930 年)，同时也适用于《文化和伦理》(1923 年)。 关于《巴赫》(1908 年)一书的核心思想，这里就不选用原书的文本，而是用《我的生平和思想》中的简要概括来代替。 对于《印度思想家的世界观》则不予考虑。 因为，施韦泽关于亚洲世界观的基本观点，已经出现在 1922 年他关于《基督教和世界宗教》的讲演摘要中。

施韦泽反对核威胁的呼吁(《和平或者核战争》，1958 年)构成特殊的一类。 为了能够在专业层次上提出警告，80 多岁高龄的施韦泽还钻研复杂的资料。 他被要求运用诺贝尔和平奖获得者的权威支持理性。 这一呼吁，由于考虑到了广大公众，因而是可以普遍理解的。 同样，在关于停止地上核试验的《莫斯科协定》缔结之后，发表于 1963 年的文章《当今和平之路》也是如此。 那时，施韦泽这位伟大的人道主义者已经 88 岁了。 他整个生命的最后 10 年——他于 90 岁逝世——都在为人类的未来和免于毁灭而担忧。

总之，一切删略都是主观的，每个人在此都会做出不同的具体处理。 前提则是，使这样一种生平形象得以呈现，它安排的重点尽可能使对这一努力感兴趣的人满意。 施韦泽必须呈现在其本质表现和创造领域的多样性之中；他的生平中扣人心弦的转折点必须能够为人们重新体验。 当然，我们首先能够被告之的是，什么是施韦泽后半生，特别是高龄时认为最重要的东西。 显然，这就是兰巴雷内，就是“敬畏生命”，这两件事不可分割。 86 岁时，施韦泽在谈话中以无可争辩的简要话语概括了其前往非洲的生活道路：“我必须这样去做。”

作为兰巴雷内医院的建立者，施韦泽的观念在此也被涉及：从当今的政治变迁来看，它在哪些方面是令人不快的，或者完全不合时代潮流的。 这也属于全部内心的实话。 每个熟悉情况的人都知道，“兄长”的观念意味着，施韦泽始终把自己理解为他的黑人被保护者的“兄长”。 当然，在读了他在当地丛林部族行为习惯的环境中建立、改造和新建兰巴雷内医院的叙述之后，没有偏见的人都会承认：在当时的条件下，白人大夫施韦泽几乎不可能得出别的判断。施韦泽面对的是这样一种心理类型，它在具有多方面可爱的天赋的情况下，就文明发展的程度而言还是古朴、早期的。

经过仔细地考察，施韦泽的这种观念后来也没有变化。1951 年底，他在法文版《水和丛林之间》的前言中写到，我们必须适应这种情况，不要把自己再看作“兄长”，不要再作为“兄长”行事。在此，时代精神起了决定作用。但是，在另外一些段落，作为对进步中的非洲地区的特殊日常体验，施韦泽还抱怨了人们对家长制原则的放弃。凡是在建设诊所的工地上接触过他的人都会发现，如同浮士德围海造地用于居住那样，施韦泽始终就像一个家长那样在做事，他的每个黑人同事和病人都无条件地尊重他。当然，这种尊重仅仅由此才是可能的：他们认识到，施韦泽也是无条件地为了他们，他的一生直至高龄都在为他们服务。施韦泽最后的公开言论之一，1963 年纪念他前往非洲行医 50 周年活动上的讲话，就明确地表达了这一立场：“……直到最后一息，我都属于你们。”凡是听到这位兰巴雷内老人不时责骂声的人，都知道施韦泽是爱他们的。在他的著作中，施韦泽也经常承认了这一情况。

关于读本是按体系还是按时间安排的问题，决定不难做出。可以肯定，对于施韦泽这样充满张力的人，体系化能够保证人们对其活动领域有较明确的了解，但也容易使我自己、读者按照专业领域分门别类地去编排它。但是，对读本这类的书，在绝大多数情况下，我们不是以专家的眼光，而是怀着对于作为人本身的阿尔贝特·施韦泽的兴趣来对待的。而且，当考察了施韦泽的成长和发展道路之后，发现在他原本的生存过程中，各专业领域也不是可以很明确地划分开来的。实际上，它们以很高的频率相互交替着，有时以日为单位，有时甚至以小时为单位。歌德不就是这样吗，他今天是画家，明天是其公国的财政大臣，其他时候是抒情诗人或者解剖学家，有时则同时是这所有一切。因此，同样持续交替活动的施韦泽和其在“存在上”亲和的并深为崇敬的歌德，他们在极为不同的活动领域中毫无困难地迅速实现交替方面，是多么引人注目的一致。

以下的文本将以其结构和次序按阶段提供施韦泽的生平形象。就事件本身和文本出版时间上的不同而言，它在逻辑上是按其经历和发生的时间编排的。1924 年 49 岁的施韦泽出版了《我的青少年时代》，其主要内容是对童年和少年时代的回忆。《我的生平和思想》于 1931 年写成和出版，它的内容从 1893 年进入大学始直至 1931 年。《水和丛林之间》写于 1920 年，但并没有描述 1913 年至 1917 年的第一次非洲岁月。《斯特拉斯堡布道》于 1966 年才出版，即施韦泽逝世后的一年；但是，在其 1905 年、1907 年和 1919 年的生平中，我们可以看到其中的一些片段。总之，文本的编排原则是生平时间而不是出版时间。

我们追随着一条著名的生活道路，从 19 世纪后期到 20 世纪中期，从一个濒死的婴儿到健壮的老人。1963 年，施韦泽写道：“88 岁的我还能从事美好的工作。谁得到了这样的赐予呢？”这是谦卑的耶稣，他在 56 岁时就有远见地准备放弃一切；这同样是在高龄时宣告“我决定活到 90 岁”的快乐的世界公民，如果他被要求承担起责任的话。时间已被延续，永恒的契约也将延续下去。

高龄的施韦泽举世闻名、备受尊崇，但自然规律不饶人。1965 年他逝世后变得清静了，但不是被遗忘的清静。施韦泽已经放射出如此多的伦理能量，它必然留下影响。在关于 21 世纪的民意调查中，施韦泽的名字一直列于伟大榜样的顶端或前列。我们大家日益发现，对人道的向往不断增长。这本书也许能够有助于我们再次了解一种人道的伟大体现。

哈拉尔德·斯特凡

1889 年

第一篇

青少年时代

(1875—1893)

京斯巴赫

我于 1875 年 1 月 14 日生于上阿尔萨斯的凯泽贝尔，这座小城高处尽头左边建有小钟楼的房子里。当地的居民大部分信仰天主教，我父亲作为那里一个新教小教区的代管牧师，就居住在这幢房子中。自从阿尔萨斯重归法国之后，这个小小的牧师住宅就不存在了。现在，它成了警察队的驻地。在我前面，有一个比我大一岁的姐姐，因此我是家里的第二个孩子。

凯泽贝尔这个小城的名字出自一位著名的中世纪传教士，在斯特拉斯堡的明斯特从事传教活动的盖勒·冯·凯泽贝尔(1445—1510)。凯泽贝尔生于瑞士的沙夫豪森，在他父亲去世后由祖父抚养长大。1875 年葡萄丰收，对于自己生于以盖勒·冯·凯泽贝尔命名的城市和一个葡萄丰收年，我很是自豪。

出生半年后，我父亲担任了位于明斯特山谷中的京斯巴赫的牧师，我们全家也就迁往那里。我母亲就出生在那里，她的父亲是明斯特山谷后面的米尔巴赫的牧师席林格尔。

在全家迁往京斯巴赫时，我还很瘦。在我父亲的就职仪式上，虽然母亲尽其所能地用镶有彩色花边的白色的小孩衣服打扮我；但是，对于我这样一个脸色发黄的瘦弱小孩，从附近前来祝贺的牧师太太们没有一个敢向她夸奖，大家为此尴尬地东拉西扯。我母亲几乎控制不住自己(她以后经常这么告诉我)，抱着我躲进了卧室，哭了起来，热泪淌在了我的身上。有一次，人们甚至以为我已经死了。

但是，邻居列奥波尔德的牛奶和京斯巴赫的清新空气在我身上创造了奇迹。从两岁开始，我变得健康起来，并成了一个健壮的小孩。在京斯巴赫的牧师住宅里，我和三个姐妹、一个弟弟度过了幸福的童年。一个名叫埃玛的女孩由于早死，父母失去了他们的第六个孩子。

魔鬼给我留下了首次记忆。大约三四岁时，每个礼拜天我都能跟着大人到教堂去。为此，我整个礼拜都很高兴。做礼拜时，每当我打哈欠或者唱歌声音太响，女佣就会用戴着线织手套的手把我的嘴巴捂住。在教堂里，每次我都发现，在管风琴上方一个闪光的框子里，总有一张蓬头散发的脸不时闪现，并往教堂下面看。在管风琴演奏和唱歌时，这张脸就不见了；而当我父亲在祭台上祈祷时，它又出现了。总之，只要管风琴再次演奏和唱歌，它又再次消失；但当我父亲布道并准备下面的演奏和唱歌时，它又出现了。“这是观察教堂的魔鬼，”我对自己说，“当你父亲开始布道时，他就要这么做。”这种在每个礼拜天都能够体验到的神学气氛，自幼就对我的虔诚产生了决定性的影响。

直到我上学多年之后，我才明白，那张如此引人注目的不时闪现的脸，实际上是管风琴师法特·伊尔蒂斯，他不时出现在管风琴上方的镜子里。这样，他就能够看清，什么时候我父亲走上祭台或布道……

对于读书，我并不感到高兴。10 月中晴好的一天，当父亲第一次把写字的石板交给我，带着我去女老师那里时，整个路上我都在哭。我知道，从此，梦幻和无忧无虑的自由就要结束了。

即使在后来，我的担心也从未被有新事物出现的美好景象消除过。我总是不抱幻想地对待未知的事物。

督学的首次视察给我留下了深刻的印象。当女老师把班级名册递给他时，由于激动而双手颤抖。法特·伊尔蒂斯，这个平时很严厉的人，则不停地微笑鞠躬。当然，触动我的并不是这些，而是我第一次亲眼看到了一个写过书的人。他叫施泰纳特，名字印在中级的绿色读本和高级的黄色读本上。这两本书是我继《圣经》之后得到的。现在，它们的作者就在我的眼前。他看起来并不仪表堂堂，是个小个子，秃头，鼻子发红，小肚子突出，穿着一套灰色西服。但对我来说，施泰纳特先生可带着光环，因为他是一个写过书的人！使我感到不解的是，老师们竟然像和一个普通人一样与他交谈。

在第一次与写过书的人见面之后，不久就有了第二次影响更深的经历。一个叫毛瑟的邻村犹太人，做牲畜和地产生意，有时驾着毛驴经过京斯巴赫。当时，我们村里没有犹太人。因此，他的到来总是引起村里年轻人的注意。他们追赶他，嘲弄他。为了表明我也是一个大人，我也能这么做；尽管我并不明白，一个大人应该做些什么。于是，我就和他们一起跟在犹太人和他的驴子后面，高喊："毛瑟！毛瑟！"这些勇士们还把自己的围裙和上衣折叠成猪耳朵的样子，我们就这样从村里追赶他到桥边。但是，长着雀斑和灰胡子的毛瑟则像驴子一样，默默地走着。有时他也回过头来，朝着我们尴尬而友好地微笑，这种微笑征服了我。我第一次从毛瑟那里学到，什么是在受到迫害时保持沉默。对我来说，他成了一个伟大的教育者。从此，我就恭敬地向他致意。后来，当我已经是一个高中生时，还养成了这样的习惯，和他握手并陪着他走一段路。当然，毛瑟始终不知道，他对我意味着什么。有传言说，毛瑟是一个放高利贷者和瓜分地产的人。我不知道事实是否真的如此。在我的心目中，他始终是一个带着歉意微笑的毛瑟。直至今天，每当我要发怒时，他还能够使我保持克制。

我不是一个好惹是生非的人，但喜欢在友好的打斗中与别人较量体力。一天，在放学回家的路上，我与现在已经去世的格奥尔格·尼舍尔姆摔跤。他个子比我高大，并自以为比我强壮，能胜过我。因此，当尼舍尔姆被我摔倒时，他就激动地说："哼，如果我能够像你一样，每礼拜喝两次肉汤，我就会像你一样强壮！"由于对这一游戏的结局感到吃惊，我摇摇晃晃地走回家去。我在其他地方已经感受到的东西，现在尼舍尔姆带着怒气明确地把它表达出来了：村里的男孩并没有完全把我当作他们中的一员。对于他们，我的条件好，我是牧师的儿子，小主人，这使我感到难过。因为，我不想和他们两样，不想有比他们好的条件。肉汤使我感到恶心，每当它在桌上冒热气时，我就听到了尼舍尔姆的声音。

现在，我总是不安地关注着，如何做到与其他男孩一样。冬天，我得到了一件大衣，它是由我父亲的大衣改成的。但乡村男孩都不穿大衣。裁缝在给我试衣时还说道："天哪，阿尔贝特，你马上要成为一个先生了！"我强忍住眼泪。礼拜天上教堂，必须第一次穿上它时，我拒绝了，于是发生了争吵。临走时，父亲打了我一记耳光，但这也无济于事，人们只得带着不穿大衣的我去教堂。

后来，每当我应该穿大衣时，总会发生这样的故事。为了这件衣服，我挨了多少打骂！但我仍然坚持着。

这一年冬天，母亲带着我前往斯特拉斯堡探望一位老亲戚。为此，她要为我买一顶帽子。在一家装饰漂亮的商店里，我试戴了几顶帽子。最后，母亲和女店员一致认为，我应该立即戴上一顶好看的水兵帽。但她们失算了。我不喜欢这种帽子，因为没有一个乡村男孩戴这种帽子。当她们强迫我戴这顶帽子或者其他试戴过的帽子时，我极力反抗，以至于惊动了整个商店。“你这个傻孩子，究竟要戴什么样的帽子呢？”女店员哄着对我说。“我不要戴新式的帽子，我只要乡村小孩戴的那种。”这样，她们就让一个小姐从过时的样品中挑了一顶灰帽子给我，它能够被翻下来遮住耳朵。我高兴地戴上了它，而可怜的母亲则听到了一些好话，以及由于笨拙而瞥向她的讥讽眼光。

母亲由于我在城里人面前羞愧，这使我感到难过。但她并不责怪我。因为母亲知道，我这样做并非无理取闹。

在我就读乡村小学期间，老是发生这种恼人的争吵。这不仅使我感到痛苦，也伤害了父亲的生活。我只想戴拳击手套，因为乡村小伙只戴这个。平时我只穿木鞋，因为只有在礼拜天，乡村小伙才穿皮鞋。每次客人来访都会导致新的冲突，因为那时我应该“按等级”地穿着。在家里我可以做出所有妥协，但如果作为小主人穿着，并要陪着客人散步时，我又会成为一个令人讨厌、触怒父亲的家伙，有勇气的英雄。无论打耳光，还是被关进地窖里，都对我不起作用。对于不顺从父母，我自己也很难过。比我大一岁的姐姐路易丝理解我的遭遇，这对我是一种慰藉。

乡村男孩们并不知道，我由于他们而遭受了些什么。他们不动声色地接受了我和他们保持一致的所有努力……为的是在以后微不足道的争吵中，用“小主人”这个可怕的词来伤害我。

在读小学时，我就必须完成生活的这个学校给我们准备的一件最棘手的事情：一个朋友出卖了我。事情是这样的。当第一次听到“残疾者”这个词时，我还没有充分理解它的意思。只是觉得，这个词表达了一种特别强烈的反感，我就是这么把握它的。新来的女老师戈古埃尔小姐，还没有赢得我的好感，我还在用充满神秘意味的词想象她。因此，当与最要好的同学一起照料奶牛时，我十分神秘和信赖地对他说：“戈古埃尔小姐是个残疾者，你不要和任何人说。”他答应了。

不久之后，我们在上学的途中吵了起来。在楼梯上，他悄悄地对我说：“好，现在我要告诉戈古埃尔小姐，你说她是残疾者。”我并不认真对待这一威胁，因为我认为这种出卖是不可能的。但在课间休息时，他真的走近讲台说：“戈古埃尔小姐，阿尔贝特说你是个残疾者。”当然，这事并没有导致什么后果。戈古埃尔老师搞不清楚，这一告发究竟是什么意思，但我接受不了这件可怕的事。这第一次被人出卖的经历，粉碎了我至今对生活所想象和期待的一切。我需要时间来勉强接受这一事实，现在我懂得生活了。这一伤口使我痛苦，它打击着我们所有人，并不断地由新的打击而被撕开。在我此后所受的打击中，有些比这一次还严重，但都没有像第一次那样深深伤害我。

在我上学前，父亲就用一台老式钢琴给我上音乐课。我不会按照乐谱弹许多，我的兴趣在于即兴弹奏，以及用自己发现的伴奏再现《圣歌》和《赞美诗》的旋律。在《赞美诗》的歌唱时间，女老师还不停地、无伴奏逐个音符地弹着，我觉得这不好听。休息时，我就问她，为什么不正确地为《赞美诗》伴奏。情急中，我还坐到了风琴上，凭记忆凑合着弹了《赞美诗》的多声部。女老师对我很友好，她出人意料地注视着我。但是，在她为《赞美诗》伴奏时，仍然只是用一个手指敲击着。我明白了，我能弹她不会弹的。对于在她面前演示了我自以为很简单的弹法，我感到不好意思。

此外，我是一个寡言和耽于幻想的学生，在学习阅读和书写方面还是有点吃力的……

8岁时，应我的请求，父亲给了我一本《新约》，我努力读了起来。其中，最触发我思考的是来自东方智者的故事。用得自东方智者的黄金和其他珍宝，耶稣的父母做了些什么？我问自己，他们以后怎么又会穷了？

使我完全不能理解的是，东方智者后来对耶稣漠不关心，也没有谈到伯利恒的牧人，他们以后成了耶稣的使徒。这使我很不满。

第二学年，我们每礼拜要上两次书法课。课前，书法老师正在上大班唱歌课。这样，我们就必须早点离开小教室，到大礼堂前等待。当双声部的歌曲《我恬静地坐在那边的磨坊下》或者《谁有你，美丽的树林》开始时，我激动地必须靠着墙，才不会摔倒。这双声部的音乐使我整个身心狂喜。同样，当第一次听到铜管乐时，我也几乎失去知觉。但是，我不喜欢小提琴的声音，只是到后来才逐步适应它。

在乡村小学中，我经历了自行车的问世。我们多次听到，车夫们激烈地反对那些骑在大轮子上惊吓了马车的人。一天早晨课间休息时，我们在学校的院子里玩耍，得知对街的酒馆里来了一个“快跑者”。我们忘记了学校和一切，奔了过去，惊奇地看着停在外面的“大轮子”。许多大人也过来了，并和我们一起等着骑车人喝完一大杯葡萄酒。“快跑者”终于出来了。大家都笑起来，一个大男人竟然穿短裤。他坐上车离开了我们。

除了这种大轮子自行车之外，在(19世纪)80年代中期，那种半高的轮子，所谓“袋鼠”也问世了。不久之后，人们也看到了最初的小轮子自行车。但是，那些最早骑小轮子自行车的人遭到讥笑，人们说他们不敢骑大轮子车。

在高中毕业的前一年，我自己也有了一辆渴望已久的自行车。为了挣得购车所需的钱，我为后进的学生补了一年半的数学课。这是一辆二手车，卖230马克。那时，牧师的儿子骑自行车，还是有失体统的。幸运的是，父亲不在意这个偏见。当然，指责他儿子“自大”举止的声音是不会少的……

当今的年轻人不再能够想象，自行车的问世对于我们意味着什么。一种至今未知的深入大自然的可能性向我们敞开了。我充分地、满怀欣喜地利用了这种可能性……

父亲的书房是让我最不自在的地方，只是在没有办法的时候，我才会进去。整个房间里弥漫着书的气味，使我透不过气来。父亲一直坐在写字台边研究和写作，使我觉得有点可怕而不自然。我不理解，他怎么能够如此坚持下去？我发誓，绝不成为这样一个研究和写作者。

只是在受了他发表在《教会信使》和历书中的《乡村故事》的吸引之后，我才对父亲坐在那里写作有了一点理解。父亲文学上的榜样是耶雷米亚斯·戈特黑尔夫，一位著名的瑞士牧师作家。当然，我父亲比他考虑得周到。父亲避免很明确地描写其故事中的人物，以致其原型被人辨认出来。

但是，每年总得有一次要与父亲的书房打交道，那是在圣诞节和新年之间的日子里。那天到来时，父亲在早餐后就会大声说道："今天要写信！你们收到了圣诞节礼物，还要我来说写感谢信，你们太懒了。快写！我可不想看到难看的脸色！"

哦！当我和姐妹们坐在书房里，呼吸着书籍散发的气味，听着父亲的笔在纸上刷刷响，心思早就溜到在教堂后面滑雪的同学那里去了……要给叔叔、阿姨、教父和其他赠送礼物的人写信。但写什么样的信呢？这种落笔的难事，在我以后的生活中再也没有出现过。按常规，每封信自然都包括三个部分内容：1.对礼物赠送者的感谢，并保证在所有礼物中，这个礼物我最喜欢。2.列举所有的礼物。3.新年祝愿。当然，尽管内容相同，但每封信都要有不同的写法。此外，为了得体地从收到礼物转到新年祝愿，在每封信中都会出现一大堆麻烦。为完满结束全信而找到一个恰到好处的结束语，我曾遇到了多大的困难啊！对此，我现在根本不想说！

每封信在打好草稿后，都要交给父亲检查。然后修改或重写，最后要准确和整洁地誊写在漂亮的信笺上。

经常发生这样的事情，直到午餐时，我还没有写好必须写的六七封信中的一封！ 好些年的圣诞节和新年，我总是含着眼泪在就餐。有一次，在分得圣诞礼物后，想到又要写信，我就开始哭了。 姐姐路易丝帮助我用不同的表达方式写信，并不断地想出从圣诞礼物到新年祝愿的转折语。 再也没有人像路易丝姐姐一样，由于写作技巧而使我深感敬佩。

童年时由写圣诞节信件而导致的对写信和书房的厌恶，多年来我一直保持着。 后来，由于生活需要，我必须有特别广泛的通信联系。 但是，我一直没有学会在信中以美好的方式表达新年祝愿。 为此，在我作为叔叔或者教父应该赠送圣诞节礼物时，我始终禁止收到礼物的人给我写感谢信。 他们不应该像我一样，用泪水把圣诞节和新年的菜汤弄咸。

直到现在，我在父亲的书房里还会感到不舒服。

当然，圣诞节之后的这个礼拜，是父亲对我们严厉的惟一一个礼拜。 在其余的日子里，他允许我们有儿童能够有的更多自由。 我们懂得他的善意，并为此深深地感谢他。 暑假期间，每个星期有二三次他整天和我们一起爬山。 我们就像蔷薇花一样长大。

三年级时，我到“大教室”里去听法特 · 伊尔蒂斯的课。 他是一个很能干的老师。 我虽然不很用功，但从他那里学到了不少东西。

对于在乡村小学开始读书，我终生感到欣慰。 在学习中与乡村男孩比较，必须承认他们至少和我懂得一样多，这对我是有益的。我始终不同于许多自高自大的男孩，他们直接上了文理中学，并在那里一起认为，有教养的孩子天生就比穿着补丁衣服和木鞋的乡村儿童聪明。 直到今天，当在村里和田野里碰到先前的小学同学时，我立即就会想起，当时我在哪些方面不如他们。 这个同学能够更好地心算，那个同学听写错误很少，还有同学掌握几乎所有的历史数据，或者地理学分数第一。 弗里茨 · 舍珀勒，我指的是你，写的文章几乎比老师还要漂亮。现在，对于我来说，他们还是当时在这些方面超过我的人。

9岁那年，我开始到明斯特上实科中学。这样，早晚我就得走3公里的山路，身边没有也要走山路的同学，一个人边走路边遐想，这真是我的幸运。在那些年的山间漫步中，我经历了多么美妙的春、夏、秋、冬！1885年假期结束，当我将去上阿尔萨斯的米尔豪森读文理中学时，偷偷哭了好几个小时。这可是要把我和自然分开啊！

在京斯巴赫和明斯特山间的漫步中，美丽的自然给予我激情，我想写诗表达自己的体验，但写不出来。我试过几次，去描写残留着路边城堡的青山，也失败了。从此，我就只观赏山间美景，再也不试图从艺术上表现它。直到现在，我也没有写出什么，更没有尝试过把它写成诗，只是在即兴弹奏乐曲时，我一直有所发挥。

在明斯特的实科中学里，舍费尔牧师给我们上宗教课。他是一位重要的宗教人物，有着特殊的口才，他能够很感人地叙述《圣经》中的故事。我现在还能想起，当约瑟向他的兄弟们承认自己的身份时，他是如何在讲台上哭，而我们又是如何在下面抽泣的。舍费尔牧师称我为伊萨克，即喜欢笑的人。我确实有容易发笑的弱点。为此，课堂中我受到了同学们的严厉对待。班级手册中经常写道："施韦泽笑了。"其实，我的性格并不活泼，而是腼腆和内向的。

我从母亲那里继承了内向的性格。对于我们之间的爱，我们并不用言辞把它表达出来，我算得出我们真正相互交谈的时间。当然，虽然不说，但我们相互理解。

此外，母亲的激烈性情也留给了我。母亲的这种性格来自其很善良而又易怒的父亲。在游戏中，我的激烈性情就表露出来。对于任何游戏，我都会令人可怕地当真。如果别人不像我那样也全神贯注地投入，我就会发怒。不知是9岁还是10岁那年，我曾打了妹妹阿德勒。因为，她在游戏中是一个漫不经心的对手，无所谓地让我轻松赢了。从此，我就担心自己的游戏激情，并逐步放弃了所有游戏。我再也不敢摸纸牌了。

大学期间，1899 年元旦，我戒了烟，以后再也没有抽过。因为，我控制不住它。

我很艰难地同易怒的性格作斗争。从童年时代起，就有许多记忆浮现在我的面前，它们使我感到惭愧，又激励着我在这一斗争中保持警惕。

我本人未曾接触过的外公席林格尔新教牧师，是一个启蒙运动的热情追随者。他完整地继承了 18 世纪的精神。在教堂后面，他向在街上等候他的人们报告政治消息，并使他们也了解人类精神中的最新发现。如果天空中有什么可看的话，晚上他就会在屋前架起望远镜，让大家观察。

由于同村的天主教神甫也具有 18 世纪的精神及其宽宏气度，从而生活在相邻住宅中的这两位宗教人士非常友好地和睦相处。如果牧师家来的客人太多，住不下，就会被安排在神甫家中。如果神甫外出了，那么牧师也会去访问天主教的病人，使他得到精神安慰。复活节的清晨，当天主教神甫结束了弥撒，急着去参加复活节餐会时，我的外公就打开了窗户，对斋期的结束向他表示祝福……

小时候，我还不太能理解人们对我说的话，母亲就告诉我，我的名字“阿尔贝特”是为了纪念她已故的哥哥。他是我母亲的同父异母哥哥，任斯特拉斯堡圣尼古拉教堂的牧师。在 70 年代的魏森堡战役之后，他被派往巴黎领取药品，因为斯特拉斯堡很快就要被包围了。但在那里，他并没有得到斯特拉斯堡的医生们所迫切需要的药品，而是被在各个部门之间推来推去。最后，当他终于带着所需要的一小部分药品回来时，斯特拉斯堡已经被完全包围了。指挥德国围城军队的冯·维尔德将军允许把药品送入城里，但把我的舅舅作为战俘扣留了下来。这样，他就只得在德国围城军的控制下参与围城，并受到精神的折磨。他的教区也许会认为，在这困难的时刻，他是自愿丢下他们不管的。舅舅有心脏病，受不了那些日子情绪激动的后果。1872 年，在斯特拉斯堡的朋友圈子中，他去世了。

承续一个一直活在母亲心中的人的生命，这一想法深深地激励着我，特别是听到了关于他的那么多善行的故事。斯特拉斯堡被包围后，牛奶奇缺。每天早晨，舅舅总是把他的牛奶送给一个贫穷的老妇人。舅舅死后，这位老妇人告诉母亲，在那些日子里，早晨她是如何才得到牛奶的。

只要回顾过去，我就为在世界上所看到的痛苦而难过。我从来就不知道有什么无忧无虑的青春的快乐生活。我觉得，许多同龄人看起来似乎很快乐，没有忧虑，但实际上也和我一样。

使我特别难过的是，可怜的动物遭受了这么多的痛苦。一匹瘸腿的老马，被一个男人硬拉着，另一个人则用棍子击打，它就这样被驱往科尔玛的屠宰场。几个礼拜之久，我都忘不了它的目光。

在晚祷时，我只应为人类祈祷，这使尚未就学的我感到迷惑不解。为此，在母亲与我结束祈祷并互道晚安之后，我暗地里还用自己编的祷词为所有生物祈祷："亲爱的上帝，请保护和赐福于所有生灵，使它们免遭一切灾祸和安宁地休息！"

发生在七八岁时的一件事使我难以忘怀。我和海因里希·布雷希用橡皮筋做弹弓来弹小石块。当时是春天，正值耶稣受难期。在礼拜天早晨，他对我说："来，现在我们到雷帕山打鸟去！"这一建议使我吃惊，但由于害怕他会嘲笑我，就没敢反对。我们走到一棵缺枝少叶的树附近，树上的鸟儿正在晨曦中动听地歌唱，毫不畏惧我们。我的同学像狩猎的印第安人一样弯着腰，给弹弓装上了小石块并拉紧了它。顺从着他命令式的目光，我也照着他的样子做了；但由于受到极度的良心谴责，我发誓把小石块射向旁边。

正在这一瞬间，教堂的钟声响了，并回荡在朝霞和鸟儿的歌唱声中。这是教堂大钟召唤信徒的"主鸣"之前半小时的"初鸣"。对我来说，这是来自天国的声音。我扔下弹弓，惊走了鸟儿。鸟儿们因此免受我同学的弹弓之击，飞回了自己的窝巢。从此，每当耶稣受难期的钟声在春天的朝霞和树林中回荡时，我总是激动地想到，它曾怎样在我心中宣告了“你不应杀生”的命令。

从那天起，我就敢于不再看别人的脸色。当我最内在的信念闪动时，我不像以前那样在乎别人的意见，我试图不再害怕同学们的嘲笑。

思考不应该杀害和折磨生命的命令，是我青少年时代的大事。除此之外，一切都被逐渐遗忘了。

在我上学前，我家有一条名叫菲拉克斯的黄狗。像有些狗一样，菲拉克斯讨厌穿制服的人，看到邮递员总要扑上去。因此，家里人指派我，在邮递员到来时，看住这条咬过人并冲撞过警察的狗。我用棍子把菲拉克斯赶到院子的角落，不让它走开，直到邮递员离开为止。当我作为一个看管者站在龇牙咧嘴的狗面前，如果它想从角落里跳出来，就用棍子教训它，这多自豪啊！但是，这种自豪感没能持续多久。当事后我们又作为朋友坐在一起时，我为打了它而感到内疚。我知道，如果拉住菲拉克斯的颈索，抚摸它，我也能使它不伤害邮递员。然而，当这令人尴尬的时刻又来临时，我又陶醉于成为看管者……

放假期间，我可以到邻居马车夫家里去。他的褐马已经老了，而且相当瘦，不应老是驾车。由于我一直为当一个马车夫的激情所吸引，就用鞭子不停地驱赶马往前走；尽管我知道，褐马已经很累了，扬鞭催马的自豪感迷惑了我，马车夫允许“不扫我的兴”。但是，当我们回家后，我在卸套时注意到了乘车奔驰时看不到的东西，马的肋腹成了什么样子，我的兴致一下子没有了。看着它那疲惫的双眼，我默默地请求它的原谅，但这又有什么用呢？

我上文理中学时，有一次回家过圣诞节。我驾着马拉的雪橇，邻居洛施尔家有名的恶狗突然从院子里跳了出来，对着马猛叫。我正当地狠狠抽它一鞭，尽管它显然只是随意来到雪橇前面的。我抽得太准了，击中了它的眼睛，它号叫着在雪地里打滚。它的哀号一直在我耳边响着，几个礼拜都不能摆脱。

我有两次和其他小孩一块去钓鱼。后来，由于厌恶和害怕虐待鱼饵和撕裂上钩之鱼的嘴，就再也不去钓鱼了。我甚至有了阻挡别人钓鱼的勇气。

正是从这种震撼心灵并经常感到惭愧的经历中，我逐渐地形成了不可动摇的信念：只有在不可避免的必然条件下，我们才可以给其他生命带来死亡和痛苦。我们大家必须意识到，漫不经心会带来可怕的死亡和痛苦。这种信念日益强烈地支配着我。我日益确信，在根本上我们大家都是这么想的，只是不敢承认和证实它。我们怕被别人嘲笑为“多愁善感”，我们已经麻木不仁了。但是，我决心保持敏感和同情，也不怕多愁善感的谴责。

米尔豪森

在米尔豪森就读文理中学期间，我住在叔祖父路易斯和叔祖母索菲那里，他们是一对没有孩子的老夫妻。叔祖父路易斯是我祖父的同父异母兄弟和我的教父。基于这一关系，叔祖父提出，在读文理中学期间，让我住在他的家里。他这么做就使我父亲能够送我到文理中学读书。否则，父亲是支付不了我的学习费用的。叔祖父路易斯和叔祖母的接待，是一件多么大的善举，我在以后才理解它。刚开始时，我只是感到被严厉地管教了。

我的叔祖父是米尔豪森小学的校长，住在圣母救助教堂中心学校的一套有些阴暗的公务住宅里。……我在那里的生活受到了极为严格的控制。午餐后，我必须练习钢琴，直至下午上学。晚上，如果做完了家庭作业，我又必须坐到钢琴旁。“你不知道，音乐会给你的生活带来多大的益处。”每当叔祖母催我去弹钢琴时，她总是这么说。当然，她不可能知道，音乐将帮助我筹集到建立丛林诊所的资金。只是在礼拜天下午，我才谈得上能够真正地休息一下，我把这段时间用来散步。然后，我可以满足自己的阅读癖直到晚上十点。

我的阅读癖没有节制，直到现在仍然如此。一本书读了一半，是脱不了手的，我宁可通宵把它读完。至少，我一定要把一本书从头到底浏览一遍。我喜欢用两三夜的时间不停地把一本书读完。

叔祖母说我的这种读书方式是“狼吞虎咽”，是“骇人听闻”。其实，她本人也充满读书激情，只是以另一种方式表现而已。由于有过当老师的经历，她阅读的主要目的是欣赏作品的风格。每天晚上有三小时的时间，晚餐前一小时，晚餐后两小时，在编织和钩结的同时，叔祖母总是要看书。当作品的风格优美时，她手中织针的速度就会慢下来；就像马车夫一松懈，马奔跑的速度也要慢下来一样。有时候会听到她在自言自语：“哦，这个都德！哦，这个特里耶！哦，这个维克多·雨果多么能写啊！”

在阅读尤利乌斯·施廷德的《布霍茨一家》时，她笑得流出了眼泪。但尽管如此，她不会超时多看一会儿书。晚上十点半，她就把书签夹好，合拢了书本……这样，我们就以不同方式的激情，坐在同一张桌子旁；对于我们双方来说，这种激情都是一个谜……

我一开始就喜欢看报纸，这使叔祖母特别不高兴。当然，我只有一刻钟的时间用来读报，也就是在晚上准备就餐时，这时我必须放下作业，腾出桌子。我看《斯特拉斯堡邮报》、《米尔豪森日报》和《新米尔豪森报》。以只读副刊小说和凶杀报道为理由，叔祖母想禁止我读报，但我申辩说，我对政治特别感兴趣。当时，我大约11岁，问题就摆在了叔祖父的面前。“我们马上来看一下，”他在晚餐前说，“这个小孩是否真的在读政治。”于是他就开始考我：哪些诸侯统治着巴尔干，他们的首相是谁。然后，我必须告诉他最近一届法国政府的组成。最后，我还应报告欧根·里希特在帝国议会最新的讲话内容。在吃着煎土豆和生菜的同时，我出色地通过了这场考试。接着，宣布判决：不仅在准备用餐时，而且在做完作业后，我都可以看报纸。自然，我也利用这个机会阅读副刊小说，让自己轻松一下。但是，政治确实是我的兴趣所在。从此，叔祖父就把我当成大人，在吃饭时和我谈政治……

在米尔豪森就学初期，我还不是一个好学生。我仍然十分耽于幻想，差劲的成绩单使父母深为忧虑，我没有争取更好成绩的动力。作为牧师之子，我在学校里的优待位置，似乎应该被取消。父亲受邀到校长那里去，甚至被告知，最好让我退学。由于耽于幻想，我没有觉察到自己给父亲带来的忧虑。我感到奇怪的只是，父亲没有责备我。他太善良、太悲哀了，以至于无力责备我。

这时，一位新来的班级老师成了我的救星。他是维曼博士。耽于幻想中的我终于明白：这位老师精心地备每一节课。他细致地掌握，每节课要讲多少，然后正好下课。他精心批改作业，并按时把练习本发还给同学们。我了解到维曼博士的严于律己，并开始受其影响。我为自己不能使这位老师满意而感到惭愧，他成了我的榜样。三个月后，在复活节的年级成绩单中，我已经是一个比较好的学生了。而圣诞节时，我的成绩还很差，以至于母亲含着眼泪度过了这段日子。后来，在维曼先生离开米尔豪森，前往坦恩、萨尔格明德和斯特拉斯堡时，我一直去拜访他。他知道，我是多么地感激他啊！第一次世界大战结束，我从非洲回来后，第一个想拜访的人就是他。但是，我没能再见到他。人们告诉我，由于饥饿引起的神经系统疾病，维曼先生自杀了。深刻和严谨的义务意识是一种伟大的教育力量，它能实现任何劝说和惩罚都达不到的目标。由于维曼先生，这对于我来说已经成为一种理论。在我的各种活动中，作为一个教育者，我试图证实这种理论。

开始的时候，米尔豪森的音乐老师对我并不满意。他是毕业于柏林音乐学院的欧根·明希，新教斯特凡教堂的管风琴师。他经常说："阿尔贝特是我的烦恼。"这一方面是由于，在先前由叔祖母给我安排的练习课中，我通常只是无准备地视奏和即兴弹奏，而不是学习指定的曲子。另一方面，在老师面前，我还不敢放开弹奏，还不能把自己在美妙的音乐中所体验到的东西充分表现出来。也许，许多学习音乐的学生都是这样的。这样，由于"生硬的弹奏"，我就触怒了他。一次，当我又拘谨地弹了一段还是比较生疏的莫扎特奏鸣曲时，明希老师不快地交给我一首门德尔松—巴托尔蒂的E大调无词短曲，并说："你实在不配让人家给你弹这么美妙的乐曲。你也许又会草草弹奏这首无词曲了吧。没有感情的人，我也不会让他弹什么。"

"哦"，我默默地在想，"我将向你证明，我是有感情的。"整整一个礼拜，我都在用心练习一首先前经常视谱弹奏的曲子，我甚至尝试了一种至今还没有人教过我的指法，并且记住了它。在下一次音乐课时，由于我幸运地练熟了曲子及指法，就鼓起劲来，如心中所感受的那样弹了起来。我的老师静静地听着，按住我的肩膀，坐到我的身旁，为我示范弹奏了一首新的无词曲。接着，他让我弹贝多芬的曲子。不久之后，我被认为可以弹巴赫了。再过了一段时间，在我的新教坚信礼之后，我被允许在斯特凡教堂里上管风琴课。这样，我心中的梦想终于实现了。因为，管风琴一直是我的向往，我对此具有天生的才能。我的外祖父，米尔巴赫的牧师席林格尔，很熟悉管风琴演奏及其制造。当卢采恩修道院教堂的著名管风琴制造时，他前往那里，整天注视着管风琴的制造过程，并在管风琴制造者哈斯的这一杰作上试奏。他很优美地即兴演奏，我的父亲也有这种才能。每当夜幕降临，他在外祖父留下的老式钢琴上自由演奏时，我这个小孩都在倾听数个小时之久。但是，父亲从未喜欢过巴赫的音乐。

由于法特·伊尔蒂斯的善意，以及他需要一个好的替手，因此，当我还是一个孩子的时候就在京斯巴赫教堂里弹管风琴了。9岁那年，我已经在礼拜活动中代替他出场。但尽管如此，到了15岁时，我才由一个管风琴大师欧根·明希指导，被允许在一架有62个音栓的管风琴上学习艺术性的演奏！我差一点失去这个幸运。16岁时，我就能在礼拜活动中做他的替手。此后不久，我第一次在音乐会中坐到了管风琴前，在他和教堂唱诗班一起演练勃拉姆斯的安魂曲时，老师信赖我用管风琴伴奏。当时，我首次经历了以后也经常体验到的狂喜，使管风琴和乐队、唱诗班融为一体……

我在老牧师文纳格尔那里上坚信礼课，他令我十分敬畏。不过，在他面前，我也没有敞开心扉。我是一个勤奋的学生，但这位善良的牧师从未知道过，我心里在想些什么。对于使我困惑的问题，他本身授课时也没有做出回答。我多么想向他提一些问题啊！但人们不允许我这么做。

尽管对他极为尊敬，但后来我终于明白了，我的想法和他有所不同。他要求我们在信仰面前停止一切思考。但我确信，并且现在也这么认为，基督教基本思想的真理正是在思考中得到证实的。我对自己说，我们必须思考。我们必须通过思考理解一切，包括宗教的最崇高思想。这种确信以欢快的热忱充实着我。

在上坚信礼课的最后几周，文纳格尔牧师每次课后都要留下几个学生，为的是和每个学生单独谈谈坚信礼的问题。当轮到我的时候，他想通过一个很周到的问题了解，我将带着什么样的思想和决定面对这一神圣的时刻。我开始结结巴巴，回答不上来。因为，让他进入我的心扉，这对我来说是不可能的，谈话就这样令人遗憾地结束了，我被冷冷地打发走掉。后来，文纳格尔牧师还担忧地对叔祖母说，我对坚信礼无所谓。但实际上，那个礼拜我都在为这神圣的时刻而激动，以至于几乎生了病。坚信礼对我是一件大事。在复活节前的礼拜天，当我们的分队从更衣室进入教堂时，欧根·明希在管风琴上演奏着亨德尔《弥赛亚》中的《抬起你的头》。这多么符合我内心的思想啊！

作为斯特拉斯堡圣尼古拉教堂的助理牧师，我有十年之久给少年们上坚信礼课。每当我感到某个少年似乎有点无所谓时，我就会想起可亲的文纳格尔牧师和我自己，并经常对自己说，在一个少年的心中，有着远比他愿意让人知道的多得多的东西。当然，在课中，我也试图使少年们的思想能向我敞开。每个月有两次，上课的一部分时间就用于他们向我提出的问题。

在米尔豪森就学的第一年，我还十分思念家乡京斯巴赫的教堂。我再也听不到父亲在那里的布道，也不能参加自幼就熟悉的礼拜活动了。父亲的布道对我的影响很大。因为我发觉，他在布道台上说的许多话，与我的生活密切相关。我逐步领悟到，每个礼拜天向大家敞开心扉，父亲为此作了多大的努力和斗争啊！现在，我还清晰地记得在乡村小学读书时听过他的布道。

我最喜欢礼拜天下午的礼拜活动。只要在京斯巴赫，我就几乎每次都去参加。在这种小范围的祈祷中，父亲质朴的布道方式特别有效。礼拜天即将过去的哀伤，使这种礼拜具有一种十分特殊的庄严气氛。

在自幼就参加的礼拜活动中，我把庄严的信念，对宁静和专注的需要带进了生活。没有这一切，我不能想象自己的存在。由此，我不能同意这样的意见：在儿童还没有对礼拜有所理解之前，大人不应该让他们也参加礼拜活动。实际上，儿童虔诚地注视着大人，并从大人的祈祷中看到，什么是被认为十分重要的东西。

我对传教的兴趣也可以归结到京斯巴赫的下午礼拜活动。在每月的第一个礼拜天，父亲下午总要举行一次布道礼拜活动。在这种礼拜中，他叙述传教士的生平和业绩。有一阶段，他把相关的材料从法语译成德语，叙述巴苏通传教士卡萨利斯的回忆录，这给我留下了深刻的印象。

除了卡萨利斯之外，还有出生于科尔玛的雕塑家巴托尔迪，他是位于美国纽约港入口的自由女神雕像的创作者。他把我年幼的思绪引向了远方。在科尔玛的马斯费尔德，有一座他创作的海军上将布鲁阿斯的纪念碑，其中有一个黑人石雕像。这个黑人身体非常健壮，带着思索和悲哀的表情，这也许是他给人印象最深的作品。这个黑人深深地触动着我，只要我们去科尔玛，我就寻找机会去看他，他的面貌向我叙述着黑暗大陆的痛苦。直到现在，如果我在科尔玛，我还会带着朝圣的心情到那里去……

由于维曼博士的榜样，我不再耽于幻想。从此，尽管并非总是最优秀的，但我始终是一个好学生。实际上，我仅仅在历史方面有些天赋，不用多大努力，我就能掌握历史课程的内容。在此，我的主要集中于历史著作的阅读癖起了重要作用。幸运的是，上历史课的考夫曼教授是其专业领域中的一个重要研究者。在高年级时，他已经更多地把我当作朋友而不是学生。在他去世前，我一直和他保持着联系。除了历史课之外，最吸引我的是自然科学课……

自然科学是真正使我激动的课程。我总是觉得，老师给我们讲得太少，就像人们对自然的奥秘懂得太少一样。我很反感自然科学教科书，教科书那种确定的、有利于记忆的解释，就像我已经发觉的那样，有些过时了，从而绝不能满足我。风、雨、雪、冰雹、云的形成、干草的自燃、信风、海湾洋流、雷电，据说都已发现了对它们的解释，这使我感到荒谬。雨滴、雪花和冰雹的形成，始终对我是个特殊的谜。人们不承认自然充满了绝对的秘密，并要对其给出确定的解释，这伤害了我的感情。我认为，在人们对自然作出深入描述的地方，实际上只是使自然中的神秘变得更加神秘而已。当时，我意识到，被我们描述为“力”和“生命”的东西，就其真正的本质而言，我们根本就不清楚……

从 14 岁到大约 16 岁的那些日子，我处于危险期。由于讨论的冲动，我使所有人，特别是父亲感到不可忍受。与每个相遇的人，我都要对正好被涉及的问题提出自己详细的、合乎理性的考虑，以揭示流行意见的错误和找到正确的答案。探寻真理和目的性的快乐使我心醉神迷。我所参与的每次讨论，都被打破沙锅问到底，这样，我就一改过去的内向，成为每次寻常谈话的干扰者。叔祖母责骂我狂妄，因为我总要和大人争论，好像他们是我的同龄人似的。每当我们要外出时，我都必须向父亲承诺，不以"愚蠢的谈话举止"而使他扫兴。

事实上，我确实令人讨厌，就像一个在接受良好教育的过程中半途而废的人一样。但是，这绝不是简单的自以为是，它使我变得争强好胜，它是一种思考以及与别人一起探寻真理的激情。外祖父席林格尔的启蒙精神在我心中复苏了，人类进步只有通过理性取代意见和盲从才能实现，这一信念支配着我，并首先以暴躁和令人不快的形式表现了出来。

在令人不快的发酵过程之后，葡萄酒终于酿成了。我现在的方式就是当时形成的。我清醒地意识到，如果我丧失了对于通过思考而认识的真理和目的性的激情，我也就丧失了自己。当然，现在我已不像当时那样令人讨厌。我只是试图，尽可能地把这种激情与必要的交往礼貌结合起来，以不使人感到难堪。我也顺从地参加寻常的谈话，对无思想洗耳恭听，而不是加以反对。天生的内向有助于我重新表现出这种受过"良好教育"的人的举止。

但我内心里则在不断地进行抵抗！我感到难受的是，我们在一起无聊地消磨这么多时间，而不是以严肃的方式探讨严肃的问题，作为追求、痛苦、希望和信仰的人而相互交流。我一直觉得这是不好的，就像戴着面具一样。有时我甚至问自己，人们以这种"良好教养"能走得多远，而不至于伤害真理。

如果我遇到了思考的、可以相互争论的人，我就满怀激情地享受着这一切，好像我又和当年那样年轻了。当一个年轻的严肃讨论者来到我面前时，我就成了一个快乐的斗士。在此，年龄的差别根本就不存在。

对于文理中学的最深刻印象，是威廉·德克校长留给我的。当我升入高年级时，他来到了米尔豪森，他是吕贝克人。对于他的有些死板的方式，开始时我们感到生疏，但很快就习惯了。

德克是一个杰出的教育家，一个有着全面教养的古典语言学家和一个深刻的人。我们感到，他不仅要把知识传授给我们，而且也要把我们教育成为人。听说，由于说话直率，他招致了地方长官曼陀菲尔上将的反感，为此必须付出降级的代价。因此，米尔豪森文理中学的位置对他实际上是一种放逐。但使我们十分钦佩的是，德克在米尔豪森始终十分开朗，在全身心地投入教学活动的同时，还在思考着许多更高级的问题。对于我们来说，德克是一个穿着现代外衣的斯多葛派学者。他是诗人盖贝尔、历史学家莫姆森等名人的好朋友，又是一位古希腊铭文和古意大利文物专家，这一切使他在我们心目中的地位特别高。在讨论中，他引导我们关注与教材相关的所有对象和问题，以活跃课堂气氛。难以忘怀的是，在上课时他与我们一起朗读柏拉图的篇章，并使我们了解了哲学。叔本华是他偏爱的哲学家。

我们离开文理中学后不久，当人们正准备还他以公正时，德克因胃癌去世了。

在我阳光的少年时代，有一段较长的时间总伴有一个阴影：我们这个有着5个孩子的牧师之家老是缺钱，母亲极为节俭，我则为自己在米尔豪森尽可能地少花费而自豪。一年秋天，母亲认为我的冬季上衣太小，应该买件新的，我拒绝了。由于我实在穿不下这件上衣，因此在冬天外出时，只能穿那件夏季的黄色上衣。我的叔祖母允许我这么做，她认为这是一种锻炼。由此我被同学们视为一无所有的穷光蛋。为了减轻母亲的担忧，作为一个也喜欢打扮的少年，我还是承受了这一切。

母亲后来告诉我，为了节省，她做饭时用的是植物脂肪，而不是黄油。80年代，这种植物脂肪的质量还不太好，有一股难闻的味道。她认为，父亲患胃病的原因就在于使用了这种植物脂肪。由于在斯特拉斯堡睡了潮湿的床铺，父亲还得了类风湿关节病，这更损害了他的健康。那时是我家悲哀的日子，母亲含着眼泪的景象一直留在我的记忆中。

当我参加坚信礼时，父亲的健康开始恢复。我们从原先那幢有些潮湿、被其他牧师住宅围住的旧房子里搬了出来，住进了一幢新的、有着朝南花园的牧师住宅，这对父亲的健康起了重要的作用……

父亲虽然年纪老了，但精力却日益充沛起来。第一次世界大战期间，70岁的他还在敌方的炮火下照管着自己的教区。直到现在[1]，这个七十多岁的老人还履行着其牧师的职责。父亲在京斯巴赫差不多服务了五十年，而母亲则于战时，在从京斯巴赫前往山谷中的魏尔的途中，被军马撞倒而去世了。

后来，我们家也摆脱了缺钱这一最令人担忧的困境。我母亲的一个没有孩子的远房亲戚，瓦塞尔海姆的法比安太太，为我们留下了一小笔财产。

这样，在我就读文理中学的最后几年，我们家又沐浴在阳光之中。我们全家身体健康，和睦相处。由于父母对我们的一切，甚至在我们做了蠢事时都能够充分理解，因此父母和孩子们的关系处于理想的状态。他们教育我们要热爱自由。自从我放弃了那种令人不快的讨论之后，在我们家中，父亲和我这个已经长大了的儿子之间再也没有出现过对立状态，而这种对立状态损害了不少家庭的幸福。父亲是我最亲爱的朋友。

父母允许我们与同学们一起度假，直至家里挤满了人。我们觉得，这是父母给予我们的特殊善意。由此给母亲带来的麻烦，她是如何克服的，我至今还没有搞清楚。

[1] 指撰写回忆的1923年。

我的青少年时代是多么的幸运，这种想法渐渐地给我的心灵带来了沉重的压力。我日益明白，我应该回答这个问题：我是否可以把这种幸运当作理所当然的东西接受下来。这样，除了从小就伴随着我的那个问题，即我们为充满在周围世界中的痛苦而难受之外，又出现了这个有关幸福权利的问题，这是我生活中的第二件大事。这两件大事逐渐合二为一，我的人生观和我的生活命运就这样决定了。

我日益明白，我没有内在的权利，把我幸运的青少年时代、我的健康和我的才能当作理所当然的东西接受下来。出于最深刻的幸福感，我日益理解了耶稣的话：我们不可以把生命留给自己。获得了生活中许多美好东西的人，必须为此作出相应的奉献。幸运的人被召唤来感受、帮助和缓解别人的痛苦，我们大家都必须承担起世界上痛苦的重负。

这一想法使我不得安宁。只有在它暂时放开我时，我才能松一口气，重新觉得又完全成了自己的主人。一朵乌云升起在地平线，我只能暂时看不到它。但它慢慢地越来越大，最后遮住了整个天空。

当我 21 岁时，决定就做出了。在那个圣灵降临节，我这个放假在家的大学生决定，30 岁以前献身于布道、学术和音乐生活。然后，如果我在学术和艺术方面实现了预定的目标，就要作为一个人走直接服务的道路。至于直接服务的方式，我打算在这一期间根据具体情况来决定。

献身于殖民地的医疗救助事业，并不是我首先做出的决定。在考虑了其他各种形式的救助计划，并由于各种原因而被放弃之后，这个决定才出现了。一系列情况给我指出了救助非洲昏睡病人和麻风病人的道路。

1893 年，当 18 岁的我准备文理中学的毕业考试时，对于未来应该为之献身的事业，我只是有所设想，更重要的是我下一步要做的事。大学生活使我兴奋，我大胆地计划，同时学习神学、哲学和音乐。健壮的身体允许我开必要的夜车，这使我可能实施这一计划。然而，实际情况比我想象的要艰难得多。

我自己满意地通过了文理中学的毕业考试，但成绩不如人们期待的那么好，究其原因在于我那天穿的裤子。

我有一件黑色的男式小礼服，这是我母亲的一位老亲戚留下来的，但没有黑色的裤子。为了节约，我不想再去做一条新的裤子，于是就请求叔祖父让我穿着他的裤子去参加考试。叔祖父比我矮，当然也比我胖得多，我当时则是个细高个，但我们觉得，这条裤子对付一次总该行吧。

遗憾的是我没有先试穿一下。考试的那天早晨，我穿上它时，才发现这条裤子太短了。尽管用绳子加长了吊裤带，但裤腿也只能盖住小腿肚，至于后面的情况，我就不说了。

来到考场时，我引起了同学们的哄堂大笑，我处于众目睽睽之下。由于控制不住笑声，我们进入考场的严肃气氛被破坏了。当考试委员会的成员看到我的裤子时，他们也觉得很有趣。但是，来自斯特拉斯堡的阿尔布雷希特高级学监，他担任考试委员会的主席，则没有发现这到底是怎么回事。他只是看到，我引起了不合时宜的哄笑，并严厉地批评了大家不严肃的举止，特别是我。为了教训一下他所认为的我这个搞笑者的忘乎所以的态度，他决定除了在其被公认为不懂的数学之外，亲自主考我的所有其他专业。他严厉地向我提问，我受到校长友好目光的鼓舞，发挥得很好。但是，在一些问题上，我还是根本对付不了这位严厉的考官，只看到他在摇头。

使他特别恼火的是，我不能按照荷马所描述的那样，向他详细地说明“船舱”的情况。当其他考生在此也不比我好多少时，他指责这是一种不可原谅的缺乏教养。但我认为，当我们离开文理中学时，对天文学和地质学还一无所知，这才是更严重地缺乏教养。

在高级学监本人的专业——历史——考试中，终于有了好的结局。10分钟后，他好像变了一个人似的，高级学监的怒气消失了。最后，他已不再考我了，而是与我讨论着希腊人和罗马人殖民活动的区别。

公布考试成绩后，高级学监在其结束讲话中再次提到了他与我在历史中感受到的快乐。这样，在我的其他成绩都很一般的成绩单上，由他写下的评语成为一个亮点。一切就这样令人满意地结束了。

冷静的理想主义

每当我回顾青年时代，就有这样的想法，我该感谢多少人啊，他们给予我许多许多，对我意味着许多许多。但同时让我忧虑的是，对于青年时代中的那些人，除了感谢之外，我又回报了些什么呢？我还未及表示，我从他们那里领受的善意和宽容对我具有多大的意义，他们当中的许多人就已经去世了。好几次，我在墓地里默默地念着本应对生者说的话。

在此，我认为自己可以说，我不是不感恩的。我逐步告别了青年时代的漫不经心；那时，我还认为从人们那里领受善意和宽容是理所当然的。我以为，就像很早就在思考世界中的痛苦问题一样，我也思考了感恩问题。但直到20岁，甚至在这以后，我还是太少地督促自己表达感恩的心情。我太少考虑，在事实上接受感恩对人意味着什么。我经常由于胆怯而抑制了表达感恩；由于自己体验到了这一切，从而我不像人们通常断定的那样，认为在世界上有那么多的不感恩……

当我回顾青年时代时，使我心情难以平静的还有这样一个事实：许多人给予了我某种帮助，或者对我来说是某种帮助，但他们并不知道。这些从未与我交谈过的人，这些我只听过他们讲话的人，已经对我产生了一定的影响，他们进入了我的生活，成为我心中的力量。

由于我就像处于这些人的约束之下，我会去感受和做那些通常根本不会那么清楚感受和坚决去做的事。为此，我始终觉得，在精神上，我们大家似乎是依赖于在生命的重要时刻人们所给予的东西而活着的。这个富有意义的时刻是不期而遇的，它不显得了不起，而是非常朴实。是的，有时它们在回忆中才获得对我们的重要性，就像音乐或风景的美有时在回忆中才出现那样。我们获得了温柔、善良、抱歉、真诚、忠诚、承受痛苦等品质，为此我们要感谢他们。因为通过他们的所作所为，我们才体验到这一切，成为生命的思想像火花一样投入我们心中并燃烧起来。

我不相信，人们能够把他本身没有的思想灌输给这个人。通常，一切善良的思想是作为燃料而存在于人心之中的。但是，只有当火焰或火种从外部、从其他人那里投入其中时，这些燃料才会燃烧起来，或真正燃烧起来。有时，我们的火也会熄灭，并且通过一个人的经历而重新燃起。

因此，我们每个人都应深深感谢那些点燃其火焰的人。如果我们遇到受其所赐的人，就应该向他们叙述，我们如何受其所赐，他们也将为此惊叹。我们当中也无人知道，他做了些什么，他给予了人什么？它对我们隐藏着并应一直如此。有时候，为了不失去勇气，我们可以看到其中的一点点。但这种力量的作用是充满神秘的。

总之，在人与人的关系中，不是存在着比我们通常承认的多得多的神秘吗？我们当中没有哪个人能断言，他真正了解一个人，即使多年来他一直与这个人生活在一起。关于构成我们内心体验的那些东西，对于我们最信赖的人，我们也只能告诉他们一些片段。至于整体，我们没有能力给予，他们也不能把握。我们共同漫步于昏暗之中，在那里没有人能仔细辨认出他人的面貌。只是偶尔地通过我们与同行者的共同经历，或者通过我们之间的交谈，在一瞬间，他在我们旁边就像由闪电照亮了一样。那时，我们看见他的样子。以后，我们也许又长时间地并肩在黑暗中行走，并徒劳地想象他人的特征。

我们应该顺应这一事实，我们每个人对其他人来说都是一个秘密。结识并不是说相互知道一切，而是相互爱和信赖，这个人相信另一个人。一个人不应探究其他人的本质……对于我们所爱的人，我们大家必须防止责备他们缺少信赖，即使他们不是每时每刻让我们看到他们的心扉。我们越是熟悉，相互之间就越是变得充满神秘。只有敬畏其他人精神本质的人，才会真正对他人有所帮助。

从而我认为，任何人都不应迫使自己不自然地泄露自己的内心生活。我们不能再把自己的精神本质和他人的精神本质混在一起。惟一的关键在于，我们努力追求心中的光明。这个人感受到别人的这种努力，人心中的光明在哪里，就会在哪里放射出来。然后我们相互了解，在黑暗中并肩漫步，而不需要注视别人的脸和探视他们的心灵。

从青年时代起，敬畏别人的精神本质对我来说就不成为问题。但与此相反，对于我们与人的其他交往的问题，在何种程度上应该克制或直截了当则很耗费我的心思。我苦于这两方面的冲突……

我们肯定必须坚持，一个人要得体地对待他人，并且不经召唤就不要参与他人的事务。但是，我们也必须始终意识到隐藏在这种由日常生活所要求的克制中的危险。对于不认识的人，我们也不可以绝对疏远。在任何时候，没有人对一个人完全并始终是一个外人。人属于人。人有对人的法则。消除我们在日常生活中承受的疏远性，并使我们建立真正的人与人关系的各种境况，是会出现的。由于违背了真诚的法则，才会有克制的原则。因此，我们大家都能摆脱疏远性，为人而成为人。我们耽误得太多了，因为流行的良好教养、礼貌和得体观念已经使我们失去了直爽。这样，我们每个人向他人拒绝了我们本来愿意给予他们的东西、本来追求的东西。人们中间存在着太多的冷漠，由于我们不敢按我们的真诚本性行动……

决定一个人的本质和生命的理想是以充满神秘的方式存在于他心中的，当他走出童年时，它就开始在他心中发芽；当他充满青年人对于真和善的热忱时，它就开花结果。我们以后的收获，都取之于我们的生命之树在春天的萌芽。

在生活中，我们应该努力始终像青年人那样思想和感受，这一信念像一个忠诚的顾问陪伴着我的生活道路。我本能地提防自己成为人们通常所理解的“成熟的人”。

被应用于人的说法“成熟”，对我来说始终有些令人害怕。因为，我总是听到如此不和谐的词：贫乏、屈从和迟钝。通常，我们看到所谓人的成熟的标志是：顺从命运的理性化。人们逐步放弃年轻时珍视的思想和信念，以别人为榜样追求这种理性。他曾信赖真理的胜利，但现在不再信赖了；他曾信赖人，但现在不再信赖了；他曾信赖善，但现在不再信赖了；他曾努力追求正义，但现在不再追求了；他曾信赖善良和温和的力量，但现在不再信赖了；他曾能热情振奋，但现在不能了。为了能够更好地经受生活的惊涛骇浪，他减轻了自己生命之舟的负担，他抛弃了被认为是多余的财富，但扔掉的实际上是饮用水和干粮。现在他轻松地航行，但却是一个受饥渴折磨的人。

年轻时，我曾听到大人的谈话，有些话深深地刺伤了我的心灵。他们在回顾其青年时代的理想主义和热情时，只是把它看作似乎值得人们留恋的东西。同时，他们又认为放弃它是人对之无能为力的自然规律。

从而，我害怕有朝一日也会这样令人忧伤地回顾自己。我决心不屈服于这种悲剧性的理性化，我已经试图实行我在几乎是孩子气般的反抗中的誓言。

成年人太喜欢在其可怜的处境中卖弄，以使青年人明白：总有一天，他们也会把今天极为珍视的一切的绝大部分看作只是幻想。但是，深沉的生活体验对青年人说的则是另一番话。它恳请青年人，在整个生命中都要坚持鼓舞他们的思想，人在青年理想主义中觉察到真理，由此他拥有一笔无价之宝。

我们每个人必须对此做好准备，生活要夺去我们对善和真的信仰以及对它们的热忱。但是，我们并不需要听它的摆布。付诸实施的理想，通常为事实所扼杀，但这并不意味着，理想从一开始就应该屈服于事实，而只是意味着，我们的理想不够坚定……

我们应该达到的成熟，是不断地磨砺自己，使自己变得日益质朴、日益真诚、日益纯洁、日益平和、日益温柔、日益善良和日益富于同情感，这是我们走向成熟的惟一道路。通过这种方式，青年理想主义之铁将被锻炼成不会失落的生命理想主义之钢。

伟大的自觉在于，结束失望。一切事实都是精神力量的作用，足够强大力量的作用富有成果，不够强大力量的作用缺乏成果。我的爱一无所得，这是由于我心中的爱还太少的缘故。我对出现在周围的虚假和欺骗无能为力，这是因为我本身还不够真诚。我必须注意，嫉妒和恶意还在进行它们的悲剧性活动。这就是说，我本人还没有完全抛弃小心眼和嫉妒。我的温柔被误解和嘲笑，这意味着，我心中的温柔还不足以感化人。

伟大的奥秘在于，作为充满活力的人度过一生。谁不计较他的处境，而是在一生中依靠自己，并在自身中寻找事业的最终根据，谁就能做到这一点。

纯洁自己的人，什么也夺不走他的理想主义，他在内心中体验到真和善的理想力量。虽然向外发展较少，但他知道，他在纯洁内心方面做了许多，只是效果尚未显现，或者他尚未看见。哪里有力量，哪里就有力量的作用，阳光不会失去。但阳光所唤来的新绿需要发芽的时间，而播种者并不注定能得到收获，一切有价值的行为都是基于信赖的行为。

我们成年人传授给年轻一代的生活知识，不应该是“现实将除掉你们的理想”，而应该是“坚持你们的理想，生活不能够夺取你们的理想”。

如果人都变成他们 14 岁时的样子，那么世界的面貌就会完全不同。

作为一个试图在其思想和感受中保持年轻的人，我已与有关善和真的信仰的事实和经验进行了斗争。当今时代，由谎言打扮的暴力行为公开地主宰着世界，但是我仍然确信，真理、爱、平和、温柔和善良仍然高于一切力量。如果有足够多的人纯粹地、坚定地、始终充分地思考和实行爱、真理、平和与温柔的思想，那么世界将属于他们。

所有通常的力量都是有局限的，因为它们产生着迟早将和它同等的或超过它的力量。善良则简单地和始终在起作用，它不产生阻碍它的对立关系。它消除现存的对立关系，它排除误解和不信任，通过唤来善良，它强化了自身。因此，它是最合目的的和最强有力的力量。

一个人给世界增添一点善良，就是促进人的思想和心灵。我们愚蠢的贻误在于，我们不敢严肃地行善。我们要搬动重物，却不使用能增大力量的杠杆。

耶稣的祝福包含着一种不可估测的深刻真理：“温柔的人有福了，因为他们将承受地土。”

1896 年

第二篇

学术、布道、艺术

(1893—1913)

大学岁月

这一年(1893)的10月，在巴黎当商人的伯父慷慨地帮助了我，使我能够到巴黎的管风琴大师夏尔·马里耶·维多尔那里上管风琴课。由于我在米尔豪森的明希老师教得很好，维多尔在听了我的弹奏之后就收下了我这个学生。通常，他只教音乐学院管风琴班的学生，他的授课对我具有特别重要的意义。维多尔指导我提高技巧，注意完善演奏的表现力，同时，他还使我认识到音乐作品结构的重要性。

1893年10月底，我进了斯特拉斯堡大学。我住在圣托马斯教堂的神学研究所，所长是有学问的牧师阿尔弗雷德·埃里松。那时，他正在编校加尔文的著作集。

当时，斯特拉斯堡大学正处于它的全盛时期，没有传统的阻碍，老师和学生共同实现近代高校的理想。几乎没有上了年纪的老师，整个大学洋溢着青春气息。

我同时在神学系和哲学系听课。由于在文理中学时我只学了一点点希伯来语，所以第一学期的希伯来语课把我搞得很苦。1894 年 2 月 17 日，我好不容易通过了预试。只是通过以后的不断努力，克服了困难，我才比较扎实地掌握了希伯来语。

对希伯来语课的担心并没有妨碍我热情高涨地去听海因里希·尤利乌斯·霍尔茨曼的《福音》比较学课，他开设了关于马太、马可和路加三福音的概论课；以及威廉·文德尔班和特奥巴尔德·齐格勒的哲学史课。

从 1894 年 4 月 1 日起，我服一年兵役。克鲁尔上尉善解人意，在通常的服役期间，他允许我尽可能在上午 11 点到大学去听文德尔班的哲学史课。

1894 年秋季，部队移驻（下阿尔萨斯）的霍亨费尔德地区进行演习，我则把希腊文的《圣经》放进了背包里。这一年的冬季学期开始时，一般申请奖学金的神学院学生要通过三门考试，但服兵役者只需通过一门考试。我选择了《福音》比较学。

为了能够凭自己的真实成绩在尊敬的霍尔茨曼教授那里通过考试，我在演习期间带上了希腊文的《新约》。那时我是如此的健壮，以至于根本不知道什么疲劳，晚上和休息日都在研读。整个夏季，我都在消化霍尔茨曼的评论。现在，我要再次仔细地阅读古希腊文的三个福音书，并检验一下自己已从霍尔茨曼的评论和讲演中掌握了哪些东西。

在此有一个问题引起了我的注意。霍尔茨曼有一个关于《马可福音》的假设，认为在三个福音中，它是最早写成的，其他两个福音都以它为基础。这个假设也得到了学术界的认可。这似乎也证明，只有依据《马可福音》才能理解耶稣的活动。但到最后，当休息日我在古根海姆村读到《马太福音》的第 10 章和第 11 章时，对于包含在这两章中的材料的涵义，引起我注意的只是由《马太福音》提供的、而不是由《马可福音》所提供的材料的涵义，这使我感到极为吃惊。……演习结束回到驻地后，一个崭新的视野展现在我的面前。我确定，耶稣并没有宣告一个由他及其使徒能在尘世建立和实现的天国，而是期待着一个随着超尘世的世界时间的破晓而很快就要来临的天国。

当然，我也似乎觉得，在不久之后的考试中，就向霍尔茨曼表明，我怀疑由他代表的、并被当时的批判学派所普遍承认的关于耶稣生平的观点，是否有些狂妄？但是，我根本就没有时间表达自己的看法。以其众所周知的善意，在对我这个由于服兵役而免考两门课程的年轻大学生的检测中，霍尔茨曼教授十分宽厚地对待我，在 20 分钟的讨论中，只要求我对前三个福音书作一概括比较。

从那时起，在经常妨碍了学习其他课程的情况下，我独立地钻研福音书和耶稣生平问题，并日益确信：解答这个谜的钥匙在于澄清耶稣派送使徒时的讲话、被抓住的施洗者的询问、使徒归来后耶稣的行为。

不同于其他国家的大学，德国大学不严厉地管束大学生的学习，也没有不停的考试使大学生透不过气来，从而为他们提供了独立地从事学术工作的可能性，对此我是多么地感激啊！

除了上神学课之外，我一直听哲学讲演课。我还去雅可布斯塔尔那里上音乐理论课，他是贝勒曼的学生。他片面地认为只有贝多芬以前的音乐才是艺术，但人们能在他那里扎实地学到纯正的对位法，我很感激他。

恩斯特·明希，我在米尔豪森的管风琴老师欧根·明希的兄弟，是斯特拉斯堡圣威廉教堂的管风琴师，同时也是由其建立的圣威廉教堂唱诗班巴赫音乐会的指挥，他让我在音乐会中担任大合唱和耶稣受难曲的管风琴伴奏，这对我的音乐学习具有十分重大的意义。当然，开始时我只是代替欧根老师在排练中伴奏。在上演的那天，则由他本人来亲自演奏。但不久之后，如果明希老师来不了的话，那么即使在正式演出中也由我来伴奏了。这样，我这个年轻的大学生就熟悉了巴赫的作品，并有机会实际地探讨巴赫大合唱和耶稣受难曲的再现问题。

在19世纪末年出现的巴赫热中，斯特拉斯堡的圣威廉教堂就是其中的最重要中心之一。恩斯特·明希是一位巴赫作品的杰出专家。当时，几乎到处都流行对巴赫的大合唱和耶稣受难曲作现代的解释。恩斯特·明希是最早放弃这种做法的人之一，并领导他的由杰出的斯特拉斯堡乐队伴奏的小型唱诗班为表现真正的巴赫风格而努力。多少个晚上，我们坐在一起，对着大合唱和耶稣受难曲的总谱，共同探讨演出的正确方式……

在我心中，对里夏德·瓦格纳的尊崇与对巴赫的尊崇结合在一起。16岁在米尔豪森上文理中学时，我就第一次进剧院观看了里夏德·瓦格纳的《汤豪泽》。他的音乐深深地震撼了我，以至于好几天后，我才得以恢复在学校听课的注意力。

在斯特拉斯堡由奥托·洛泽指挥的歌剧演出的水准很高，我在那里也有机会多次观看除了《帕西法尔》之外的所有瓦格纳歌剧。当时，《帕西法尔》只能在拜罗伊特上演。在1876年的首演之后，1896年，四联剧《尼伯龙根指环》首次在拜罗伊特重演，能够参加这样一次值得纪念的活动也是我经历中的一件大事。巴黎的朋友送来了入场券，但为了支付旅费，我必须省吃俭用。

现在上演的瓦格纳歌剧，除音乐之外，所有可能的舞台效果都在起作用，就好像电影一样。当我看到这样的演出时，不由忧伤地想起，那时在拜罗伊特上演的《帕西法尔》是多么地简朴，而效果又是多么地惊人啊！当时的舞台布景和演出还完全符合已故大师的精神……

斯特拉斯堡的大学岁月过得飞快。1897年夏季结束时，我报名参加第一次神学考试。我们的考试题目是：《施莱尔马赫的圣餐理论与〈新约〉和宗教改革文献中的观点相比较》。这是一个统一的命题，所有考生应在8周内予以完成，之后才能参加国家考试。

由于这一任务，我又重新思考福音书和耶稣生平的问题。在阅读了此次考试所要求的大量关于圣餐问题的文献，包括历史和教义的两方面文献之后，我意识到，通常对耶稣及其使徒圣餐意义的解释，以及对原始基督教圣餐典礼出现的解释，都是不能令人满意的。在施莱尔马赫的《信仰理论》中，关于圣餐问题的章节中有一个评论给我的启发很大。施莱尔马赫使我注意到，根据《马太福音》和《马可福音》关于圣餐的报道，耶稣已经不再要求使徒再来就餐。从而，我们可能必须接受这样一种观点，原始基督教教区中的重复圣餐典礼应该被归结于使徒，而不是耶稣本人。这一由施莱尔马赫以其杰出的教学法提出的，但在其可能的历史效果内不再被追踪的想法激发着我，即使在我已经完成了这个考试的课题之后仍然如此……

1898年5月6日，我通过了第一次神学考试，即所谓国家考试。接下来的整个夏天，我没有离开过斯特拉斯堡，但搬出了神学研究所，为的是把全部精力都投入到哲学研究之中。文德尔班和齐格勒两位教授都是其专业中的杰出代表，他们作为教师还很好地相互补充。文德尔班的强项是古代哲学。他的关于柏拉图和亚里士多德的讨论课可以说给我留下了大学时代的最美好回忆。齐格勒精通伦理学和宗教哲学，他原先是图宾根的教士。作为一个原神学家，齐格勒掌握的细节知识对于他的宗教哲学教学很有益处。

基于我的考试成绩，并经霍尔茨曼教授的推荐，我获得了戈尔施奖学金。这个奖学金是由托马斯基金会和斯特拉斯堡大学神学系共同管理的。奖学金每年1 200马克，一共6年。奖学金获得者的义务是，最晚6年后要获得斯特拉斯堡大学的神学博士学位，或者退还所获得的款项。

根据特奥巴尔德·齐格勒的建议，我决定首先着手准备哲学博士论文。学期结束的一天，在大学的教学楼前，我们在雨伞下又讨论了起来，他建议我以康德的宗教哲学作为题目，这也很符合我的心意。

大约在1898年的10月底，我前往巴黎，在巴黎大学听哲学课，并到维多尔那里进修管风琴的演奏技艺……我在维多尔那里上管风琴课，他免费教我；我还在伊希多尔·菲利浦那里上钢琴课，不久之后他就任巴黎音乐学院的教师。此外，我还是弗朗茨·李斯特的天才学生和女友——玛丽·雅埃尔-特劳特曼——的学生，她也是阿尔萨斯人。玛丽·雅埃尔曾是一颗耀眼的明星，但那时已经完全退出音乐会演奏了，从事关于钢琴指触的生理学研究。我作为她的实验动物参与了她的实验。这一实验是由她和生理学家费勒一起进行的，我多么感激这位天才的女性啊！

在玛丽·雅埃尔指导下练习，我已充分改进了我的指法。我感谢她，是她使我通过有目的的、耗费较少时间的练习，日益成为我的手指的主人，这对我的管风琴演奏也是十分有益的。菲利浦的课程更多地属于传统钢琴教育学的范畴，但对我的帮助同样也很大，能使我避免玛丽·雅埃尔方法的片面性。由于他们彼此相互轻视，因此两人都不可能知道，我也是对方的学生。我要努力的只是：上午在玛丽·雅埃尔这里弹琴，下午则在菲利浦那里弹琴！

玛丽·雅埃尔于1925年去世，而菲利浦则像维多尔一样，直到现在我们仍然保持着深深的友谊。我也感谢维多尔，他不仅使我结识了当时巴黎许多吸引人和重要的人物，而且也关心着我的物质生活。每当他发现我由于囊中羞涩而没吃饱时，课后就会带着我到他常去的饭馆，卢森堡宫附近的“福优特”去吃饭，这样我就又可以饱餐一顿。

居住在巴黎的伯父和伯母也给予我许多关爱。我父亲的这位二哥，是一位语言学家，由于在改进新语言课方法上的努力而闻名。通过他，我和大学以及教育界的许多人建立了联系。我在巴黎就像在家里一样。

我的博士论文写作既没有受到艺术活动，也没有受到交际活动的影响，因为我充沛的精力允许我经常开夜车。每当早晨我到维多尔那里去弹管风琴时，往往在夜里就根本没有上过床。

由于法国国家图书馆阅览室笨拙的管理方式，看来难以在那里查阅有关康德宗教哲学的文献了。因此我干脆决定，不再与二手文献打交道，而是在直接研读康德原著的基础上写作博士论文……

1899年3月中旬，我回到了斯特拉斯堡，把已完成的论文交给了特奥巴尔德·齐格勒，他表示很满意。我的博士论文答辩将在7月底进行。

1899年的夏季学期，我在柏林主要研究哲学，我想阅读古代和近代的主要哲学著作。此外，我还去听哈纳克、普夫莱德雷尔、卡夫坦、保尔森和西美尔的课。开始，我只是偶尔去听西美尔的课，后来就变得按时去听课了……

我经常去卡尔·施通普夫那里，他正在进行有关乐音感受的生理学实验，这使我很感兴趣。我按时参加由他及其助手组织的实验，就像在玛丽·雅埃尔那里一样，我又成了一个实验动物……

海因里希·赖曼教授是威廉皇帝纪念教堂的管风琴师，通过维多尔的介绍，我认识了他。他允许我按时弹奏他的管风琴，并确定在他度假时，由我接替他的工作。通过他，我还结识了许多柏林的音乐家、画家和雕塑家。

我在著名的古希腊文化研究家恩斯特·库尔提乌斯遗孀的客厅里结识了柏林的学术界。她把我作为她的侄子，科尔玛县长弗里德里希·库尔提乌斯的朋友热情地接待了我。我在那里经常碰到赫尔曼·格林，他力图改变我认为《新约》的第四个福音与前三个福音不一致的异端观点。但是，直到今天我仍认为最幸运的是，在那里我能够与当时柏林精神生活的精英直接交往。

与巴黎的精神生活相比，我更强烈地受到柏林精神生活的感染。在巴黎这个世界城市中，它的精神生活是分裂的。为了把握现有的价值，人们自己必须彻底地投入进去。与此相反，柏林的精神生活则有一个中心，这就是其被卓越地组织起来的、已成为一个有活力整体的大学。此外，柏林当时还不是一个世界城市，而是一个各方面都在幸运地追求着的较大的省城。柏林的整个风格体现为一种健康的自我意识，一种对其命运的领袖的充满信心的信赖。而当时被德雷弗斯审判分裂的巴黎则没有这种命运。这样，我结识了处于其最美好时代的柏林，并喜欢上了这个城市。柏林社会质朴的生活方式，以及人们容易进入柏林人的家庭，也给我留下了特别深刻的印象。

1899 年 7 月下旬，我回到斯特拉斯堡进行博士论文答辩。对我的论文深为满意的齐格勒教授和文德尔班教授，对我的口头答辩则有些失望。这是由于我热心于施通普夫的实验而没有时间准备考试，同时也由于我专注于读原著而忽略了对教科书的钻研。

当年，我的博士论文还以《从纯粹理性批判到纯粹理性界限内的宗教的康德宗教哲学》的书名公开出版了。特奥巴尔德·齐格勒建议我在哲学系申请编外讲师的教学资格，但我决定选择神学系。因为齐格勒告诉我，人们不愿意看到我在做哲学系编外讲师的同时又是一个布道者。然而，布道是我的内在需要。我觉得，能够在礼拜天向聚在一起的人们探讨关于生存的终极问题，真是十分美好的。

从那时起，我就留在斯特拉斯堡。尽管我已不再是学生了，但被允许作为付租金的房客，与其他学生一起住在我十分喜爱的托马斯教堂的神学研究所中。我仍住在度过幸福的大学生时代的房间里，这个房间正对着长着大树的宁静院子，是我未来工作的最合适场所。

在我的哲学博士论文的印刷校对工作还没有结束时，我就着手准备我的神学博士论文……

1899 年 12 月 1 日，我获得了在斯特拉斯堡的圣尼古拉教堂布道的圣职。开始，我是所谓的“实习助理牧师”；在通过第二次神学考试之后，我就成了正式的助理牧师，我是在 1900 年 7 月 15 日通过第二次神学考试的。这次考试主要由资深的牧师主持，我的成绩勉强合格。因为当时我把主要精力用于写作神学博士论文，忽略了为应对考试而重温一下各个神学专业的知识。我认为，自己能通过这次考试多亏了维多尔老牧师的有力干预，他很欣赏我有关教义史的知识。当时，我不太熟悉教会歌曲作者及其生平，就已经使人感到不快。还要倒霉的是，由于想不起一首教会歌曲作者的名字(他是施皮塔，《诗篇和竖琴》的著名作者)，为了摆脱困境，我这个施皮塔的景仰者，就说记住他是谁并不是很重要的。我这个托词使所有在场的人都吃了一惊，因为这位作者的儿子——施皮塔教授——就是考试委员会中神学系的代表。

圣尼古拉教堂有两位年迈但还硬朗的牧师：克尼特尔先生，他是我父亲在京斯巴赫的前任之一；格罗尔德先生，他是我母亲早逝的，曾任圣尼古拉教堂牧师的哥哥的一位亲密朋友。作为他们的助手，我主要承担了下午礼拜、每个礼拜天的儿童礼拜和宗教课的工作。分配给我的这些活动成了我快乐的不竭源泉。在只有少数信徒参加的下午礼拜中，我以从父亲那里继承来的亲密方式，能够比在上午礼拜中好得多地布道。直到现在，我在较多听众面前还会有点紧张。随着岁月的推移，两位老先生必须更多地休息，上午的布道工作自然也经常由我来承担。我一般先书面起草布道提纲，在定稿前往往要修改两三次。在讲演中，我并不完全受已经详细拟定的提纲的束缚，而是经常在布道过程中有充分的发挥。

对于下午的布道，我觉得它与其说是布道，毋宁说只是简短的礼拜。因此，我的下午布道很短，以至于教区里有人到同时担任宗教督察的克尼特尔牧师那里告发我。为此，克尼特尔牧师让我到他那里去谈话，我们俩都感到有些尴尬。对于他应该如何应对抱怨的教区成员的问题，我答道：我只是一个可怜的助理牧师，在布道中感到没有更多话可说时就停了下来。克尼特尔牧师温和地批评了我，并提醒我布道的时间不要少于20分钟……

在学童放学后的11点至12点，我每周得给他们上3次坚信礼课。我尽量减少他们的作业，以使他们的精神和心灵在课中得到纯净的休憩。为此，在课程的最后10分钟里，我让学生通过朗读和复诵背熟《圣经》中的箴言和诗节。这是他们应该从为了生活的课程中学到的东西。我的教学目标是努力使他们接近福音的真理，并使他们具有这样的宗教虔诚：能够反对后来所面对的丧失宗教性的诱惑。

令人欣慰的是，我当时播下的种子，已经结出了一些果实。有人为此感谢我，因为在课程中，我使他们接近了能与思想统一的耶稣宗教的真理，并使他们能够坚定地防备后来放弃宗教的危险。正是在这一宗教课中，我意识到自己的血管中流淌着作为教师的祖先的血液。

我在圣尼古拉教堂的月收入为100马克。由于我在托马斯教堂的食宿费用很便宜，因此它能够满足我的日常支出。我的岗位有一个很大的优点，这就是它给我留下了从事学术研究和艺术活动的充分时间。两位老牧师善意地允许我，在坚信礼课轮空的春、秋假期中，如果能够找到一个布道代替者（当然不是他们两位），我就能休假。这样，每年我就有3个月的自由时间，复活节后1个月，秋季2个月。我通常在巴黎度过春季，住在伯父家里，以便继续跟维多尔学习管风琴。秋季，我主要居住在京斯巴赫的父母家中。

由于经常居住在巴黎，我结识了一些真诚的朋友。大约在1905年，我第一次与罗曼·罗兰相遇。开始时，我们只是作为音乐家彼此相识。后来，我们逐渐感到，我们首先是人，其次才是音乐家，并成了好朋友。亨利·利希滕贝格，法国的一位敏感的德国文学专家，我也与他建立了诚挚的关系。

世纪之初，我在巴黎的“语文协会”用德语作了关于德国文学和哲学的系列报告，记得其中包括论尼采、叔本华、格哈德·豪普特曼、苏德曼和歌德的《浮士德》，等等。1900 年 8 月，当我正在起草关于尼采的报告时，传来了他去世的消息，这使他最终摆脱了痛苦。对于我的创作具有决定性意义的岁月，我就是以这种最单纯的方式度过的，我不间断地、高度集中精力地工作着，但不匆忙。

我在外面跑得不多，因为对此我既没有时间，也没有钱。1900 年，我陪同大伯母到上阿默高去。那里的高山风光成了露天舞台的天然布景，给我留下的印象远远超过了耶稣受难剧的演出。在这出受难剧中，繁多的《旧约》图像、十分戏剧化的排场、俗套的台词、平庸的音乐限制了真正的受难行为，这使我反感，使我感动的只是演员对其角色的虔诚投入。

具体说来，通过一个接着一个村民作为礼拜活动的简单表演，以及外边的观众不断地涌入队伍的行列，耶稣受难剧变成了一种必须满足各种要求的场面，这一切不可避免地使我失望。当然，每个感受到其精神的人都必须承认，上阿默高人努力以一种古老的、质朴的精神上演着改变了的耶稣受难剧。

如果我的积蓄够用，当年拜罗伊特又有演出，我就到那里去朝圣。瓦格纳夫人科西玛·瓦格纳给我留下了深刻的印象。前些年，当我在斯特拉斯堡写作《巴赫》时，我们就结识了……但是，在与这位具有艺术才能和高贵气质的无与伦比的夫人相见时，我还不能完全摆脱羞怯……

在写好关于康德的哲学博士论文后，我又回到了神学。这时，首先要做的事似乎应该是概括我在大学一年级就已着手的耶稣生平研究，并把它扩展为一篇神学博士论文。但是，通过关于圣餐问题论文的写作，我的兴趣和视野拓宽了。从关于耶稣生平问题的领域出发，我同时也从事关于原始基督教问题的研究。圣餐问题涉及这两个领域，这个问题处于耶稣信仰向原始基督教信仰发展的中心。我对自己说，如果我们既没有真正把握耶稣的思想世界，也没有真正把握原始基督教的思想世界，那么圣餐的产生和意义对于我们就还是一个谜。另一方面，如果我们不从中心，即从圣餐和洗礼问题出发考察这些问题，我们就不能理解耶稣信仰和原始基督教信仰问题的真实情况。

基于这一考虑，我决定写一本结合耶稣生平和原始基督教史的圣餐史。这一研究包括三个部分：第一部分表明对至今为止的圣餐研究的看法并阐明这一问题，第二部分阐述作为理解耶稣与使徒举行圣餐的前提的耶稣思想和活动，第三部分研究原始基督教和古代基督教时代的圣餐问题。

1900 年 7 月 21 日，我以关于圣餐问题的论文获得了神学博士学位。第二部分的研究《受难秘密和弥赛亚秘密》，1902 年我把它用作在大学作为编外讲师获得授课资格的论文……

耶稣、巴赫和管风琴制作

1902 年 3 月 1 日，我在斯特拉斯堡大学神学系作了关于《约翰福音》的耶稣基督理论的就职讲演。事后我得知，系里有两位教授对我的授课资格论文持反对意见。他们不同意我的历史研究方法，担心我的观点会扰乱学生的思想。但他们敌不过支持我的霍尔茨曼的权威……1902 年夏季学期，我开始以“牧师通讯”为题给学生讲课。

和大学生的交谈促使我探讨耶稣生平研究史问题。这些大学生正在听施皮塔教授关于耶稣生平的课程，但其中没有关于耶稣生平早期研究的内容。因此我决定，在经霍尔茨曼教授同意后，于 1905 年夏季学期每周开设两个课时的耶稣生平研究史的课程。我满腔热情地投入这项工作，相关的资料是如此地吸引着我，以至于在结束这一课程后，我才算真正地投入进去。由于爱德华·罗伊斯和其他斯特拉斯堡神学家的遗著，可以说斯特拉斯堡大学图书馆拥有完整的关于耶稣生平的文献。在这些文献中，还包括几乎所有反对斯特劳斯和雷南的论战性著作。在整个世界上，几乎没有一个地方具备这样好的探讨耶稣生平研究史的条件。

当我从事这一研究时，我是托马斯神学研究所的负责人。我住在充满阳光的托马斯堤岸边的漂亮的所长住房里，领取 2 000 马克的年薪。作为工作室，我还保留了先前的学生宿舍。

《耶稣生平研究史》于 1906 年出版。第一版书名为《从赖马鲁斯到弗雷德》。

赫尔曼·萨穆埃尔·赖马鲁斯(1694—1768)是汉堡大学东方语教授，他去世后由莱辛编辑出版的论文《论耶稣及其使徒的目的》，首次从这样一个假设出发解释耶稣的生平：像当时的人们一样，耶稣也具有末世论—弥赛亚期待的思想。布雷斯劳大学的神学教授威廉·弗雷德(1859—1907)的《福音书中的弥赛亚秘密》(1901)则不同，它首次试图充分证明耶稣否认了所有的末世论观念，并必然得出这样的结论：耶稣也不认为自己就是弥赛亚，只是在他死后，通过使徒才被承认是弥赛亚。从而，这两位教授的观点构成了耶稣生平研究在其间摆动的两个中心点。我就是由此出发确定我的书名的。

在大量阅读了关于耶稣生平的书籍之后，我十分为难的是，如何把它们编入相关的章节。在徒劳地写下了一些文字之后，我把所有资料堆放在房间当中；接着按照所计划的章节，把它们分别置于房间的角落或者家具之间。在经过透彻的思考之后，我再把相关书籍集中起来，以便随时把它们编入相应的章节中，直至写成我构想好的各章大纲。这样，在写作此书的日子里，访问我的客人只能从那些书堆之间的小径里穿来穿去。为此，我还得费力地防备沃尔珀特太太。这位来自符腾堡的寡妇清扫我的房间，热情特别高。

对耶稣生平作历史的理解……要求，对于耶稣生活在晚期犹太教的末世论—弥赛亚观念世界中的事实，要前后一贯地想象；对于他的决定和行为，不能从通常的心理学，而只能从他的末世论期待的动机出发加以解释。1901年，在《耶稣的受难秘密和弥赛亚秘密》一书中作了初步探讨之后，我的《耶稣生平研究史》详细地论证了对耶稣生平作末世论解答的问题。因为它能够说明耶稣的思想、言论和行为中许多至今仍然难以理解的东西。关于人们由于不理解而认为是非历史的许多段落，这一解答也能证明它们是完全真实的。从而，对耶稣生平的末世论解释也就结束了对《马可福音》和《马太福音》可信性的所有怀疑。它表明，这两个福音对耶稣的公开活动和死亡的报道，依据的是真实的、在细节上可靠的传说。如果在这些传说中有点模糊和混乱的话，那么其主要原因在于，使徒本身在许多方面已经不理解耶稣的言论和行为了。

当我的这两部关于耶稣生平的著作逐步产生影响后，人们问道：这个末世论的、生活在期待世界末日和以超自然方式来到天国之中的耶稣对我们意味着什么？我本人也始终在探讨这个问题。我满意的是，这样能够解答一些关于耶稣存在的历史之谜。当然，伴随着满意的也有一种痛苦意识，即这种历史认识将给基督教的虔敬带来不安和困难。对此，我用使徒保罗的话安慰自己："我们不违背事实，而只能维护事实。"因为精神的本质是事实，而任何事实最终都意味着胜利。在任何情况下，事实都比非事实宝贵得多。这也必然适用于历史的事实，即使它使虔敬的人感到惊讶，并首先给他们带来了困难，但其最终结果从来不会是伤害，而只会是深化。因此，宗教没有理由回避历史的真实……

从而，我们不再能像耶稣布道所说的那样，期待着天国将以超自然的方式来临。我们认为，天国只能通过耶稣精神的力量存在于我们的心中和世界之中。惟一的关键在于，我们听从天国的观念，就像耶稣所要求的那样……

一些牧师也证明了我的经验：虽然耶稣生活在与我们不同的思想世界之中，但是从历史出发，我们就容易，而不是难以理解他的布道。这样做的深刻意义在于，在听耶稣的话时，我们必须踏上另一种世界观的土壤。在我们肯定世界和生命的世界观里，基督教始终处于被浅薄化的危险之中。耶稣出于世界末日期待而对我们宣告的福音则不同，它把我们从天国热忱的大道引向内在化的小径，督促我们在心中摆脱尘世的束缚，以天国的精神寻求行动的真正力量。基督教的本质是贯穿着否定世界的肯定世界。在否定世界的末世论世界观中，耶稣提出了爱的行动伦理！

敢于面对历史上的耶稣并倾听其充满力量的布道的人，很快就会提出这样的问题：这个陌生的耶稣对他还能意味着什么。他结识了要支配他的耶稣……

对于自由思想的新教来说，证明耶稣学说具有末世论的限制性，首先是一个沉重的打击。很久以来，新教总是带着这样的确信研究耶稣的生平：历史认识的所有进步将日益说明耶稣宗教的非教条性质。19 世纪末，新教认为它已经一劳永逸地证明，我们的宗教思想能够没有困难地接受在尘世可以建立天国的耶稣宗教。但不久之后，新教就只得承认这仅仅适用于由其不自觉地现代化了的，但并不是在历史上真实的耶稣学说。而使我本人感到难过的是，我必须参与对自由思想的基督教所依据的基督形象的摧毁。不过我同时确信，这么做并不依赖于历史的幻想；相反，它能够依据历史上的耶稣，而且它本身也有这一权利。

尽管自由思想的基督教必须放弃把自己的信仰和耶稣学说等同起来的做法（原先它以为可以这么做），但这并不违背而是符合耶稣精神的。也许耶稣把他的学说置于晚期犹太教—弥赛亚的教义之中，但他并不教条地思想。耶稣没有形成自己的“信仰理论”，他远离以任何教义上的正确性为准来判断信仰。耶稣从未要求过他的听众为了信仰而牺牲他们的思想。事实恰恰相反，耶稣要求他们对宗教进行反思。在登山布道中，耶稣让其听众深思作为宗教本质的伦理，要求他们以作为伦理的人的所作所为来判断其虔诚。在其听众的弥赛亚希望之中，耶稣点燃了伦理信仰之火。这样，登山布道是自由思想的基督教的无可辩驳的证书。伦理构成宗教的本质的真理通过耶稣而保障了其权威性……

在写作《耶稣生平研究史》时，我同时还用法文撰写了一本关于巴赫的书。每年春秋两季的几个星期，我都前往巴黎和维多尔在一起。维多尔向我抱怨，巴赫的法文版传记都是叙述性的，但没有关于巴赫艺术的导论性的著作。我只得答应他，在1902年的秋季假期中，我为巴黎音乐学院的学生写一篇关于巴赫艺术本质的论文。

这一任务吸引着我，因为它使我有机会表达自己作为圣威廉教堂巴赫唱诗班管风琴师的想法，即表达自己从理论和实践两方面接触巴赫作品而产生的想法。在假期结束时，尽管我拼命工作，但还是没有完成巴赫论文的前期写作。我明白了，这篇论文将成为一本关于巴赫的书。我满怀勇气地服从了命运的安排。

在1903年至1904年的两年中，我把所有空余时间都用于写作巴赫。由于我有一部当时很难买到的、而且价格也很高的巴赫作品全集，从而不需要到大学图书馆去查阅总谱，这就使我的写作容易了些。因为那时我只有在夜晚才有时间写作，白天则不能经常到图书馆去。斯特拉斯堡的一位音乐书商告诉我，有一位住在巴黎的女士，曾经买过一套巴赫作品全集。现在，为了支持巴赫协会的活动，她想出让这套大开本的、占据了其书房很大位置的多卷本书籍。这位女士以低得可怜的200马克的价格把巴赫全集转让给了我。这真是我的幸运，是我的著作将会成功的一个吉兆。当然，对于她这么做会给别人带来快乐，这位女士本人也很高兴。

写一本关于巴赫的书，我做的这件事原本是很冒失的！ 尽管在音乐史和音乐理论方面，由于阅读了大量的文献，我不能说是无知的，但我毕竟不是专业的音乐学家。 当然，我的目的也完全不在于增添关于巴赫及其时代的新的史料。 作为音乐家，我要对音乐家们谈谈巴赫的音乐。 在迄今为止的研究中被忽略的方面，即对巴赫音乐本质的阐释以及如何合理地再现巴赫作品的问题，应该成为我的著作的主体部分。 与此相应，关于生平和历史方面的内容，此书只是导论性地涉及一下。

由于写作此书的困难，我担心自己也许过高地估计了自己的能力。 对此，我这样安慰自己，我不是在为巴赫的故乡德国，而是在为法国写这本书。 在法国，巴赫的艺术才刚刚开始为人们所了解。

当我用法文写作《巴赫》时，我同时还在用德文上课和布道，这使我感到劳累。 也许从小时候开始，我就能够像说德语一样地说法语。 尽管按照家里的习惯，在给父母写信时，我始终用的也是法语，但我并没有觉得法语是我的母语。 德语才是我的母语，因为作为我的语言之根的阿尔萨斯方言是德语。

这两种语言之间的区别对我来说是这样的：我用法语就好像在优美的花园里整修得很好的路上行走，而用德语则像在美妙的树林里漫步。 与方言有联系的德语书面语言始终有生气，而法语则失去了这一基础。 法语的根基在于它的文学。 由此，法语在积极和消极两个方面都可以说是完成了的，而德语在这两种意义上都是未完成的。 法语的完善在于，它能够最清晰扼要地表达思想，而德语的长处则在于能够赋予思想以多种形象性。 我认为，从语言的创造性角度来看，卢梭的《社会契约论》是法语中最伟大的杰作；而德语中最完善的作品是路德的《圣经》翻译和尼采的《善恶的彼岸》。

法语通常比较注意句子的节奏感，并追求表达的简明性，这在德语中也成了我的需要。 正是通过写作法文版的《巴赫》，我形成了符合我的天性的简明的写作方式。就像每个描述艺术的人一样，我也必须与如何把艺术判断和印象表达出来的困难作斗争。一般来说，所有关于艺术的表述都是比喻。

在写作《巴赫》期间，维多尔一直写信督促着我。1904 年秋，我终于能够告诉正在威尼斯度假的维多尔，我的书写得差不多了，现在他必须履行为此书写一个序言的承诺。维多尔很快就把这个序言写好了。

我把 1905 年出版的《巴赫》献给玛蒂尔德·施韦泽夫人，她是我居住在巴黎的大伯母。如果不是她在 1893 年带我去见维多尔，以及在她好客的家里为我提供了与维多尔经常接触的可能，我也许就根本不会想到要去写一本关于巴赫的书。

我仅仅为填补法语音乐文献缺口而写出的《巴赫》，在德国也被承认为推进了对巴赫的研究，这使我感到惊喜。《艺术守望》的吕浦克促成了此书译成德文。这样，在 1905 年秋季，我就与布赖特科普夫和海特尔出版社就德文版达成了协议。

1906 年夏，当我结束《耶稣生平研究史》的写作，着手进行《巴赫》德文版的工作时，我立即就意识到，为了写出令人满意的东西，不能仅仅翻译这本书，我必须重新深入研究相关资料。因此，我合上了法文版的《巴赫》，并决定重新和更好地写一本德文版的《巴赫》。使意外的出版者感到烦恼的是，《巴赫》这本书最后竟然由法文版的 455 页扩充到德文版的 844 页。德文版《巴赫》的第一页，是在《特里斯坦》精彩绝伦地上演之后，我在拜罗伊特的“黑骏马”旅店里写下的。几个礼拜以来，我一直徒劳地尝试着开篇，参加戏剧节归来的激动心情使我的笔头生花。当下面啤酒馆的喧闹声进入那带有霉味的房间时，我开始拿起笔来，直至东方发白。从那时起，我总是这样心情愉快地投入这项创作。尽管学医、讲课、布道和外出演奏不允许我不停顿地写作此书，甚至经常只得把它放在一边达数周之久；但两年之后，《巴赫》终于完成了，德文版的《巴赫》

于 1908 年初出版。

在反对瓦格纳的斗争中，反瓦格纳主义者以他们所想象的古典音乐理想为依据，把古典音乐定义为纯粹音乐。反瓦格纳主义者相信，可以确定纯粹音乐是不包括诗情画意的，它只考虑如何以最完美的方式展开优美的旋律。自 19 世纪中叶以来，巴赫协会逐步出版了巴赫的全部作品。与此同时，像对待莫扎特一样，反瓦格纳主义者由此也使巴赫为他们的古典艺术服务，并利用巴赫来反对瓦格纳。对于他们来说，巴赫的赋格曲似乎无可辩驳地证明了他们关于纯粹音乐的理想。例如，在使他成为以对原始资料的深入研究为基础的首位巴赫传记作家的两卷本大作中，菲利普·斯比塔作为这种古典主义者就这样描述巴赫。

但是，在我的《巴赫》中，巴赫则是一位音乐中的诗人和画家，而不是一位所谓纯粹音乐的圣杯守护者。对于蕴涵在歌词中的一切，无论是情感的还是形象的，巴赫都要以最有生气和清晰的旋律来表现它，巴赫的目标首先是用旋律刻画形象。因此，与其说他是一位音乐诗人，毋宁说他是一位音乐画家。在贝利奥兹和瓦格纳之间，他的艺术更接近前者。人们在巴赫的音乐中看到和听到这一切：雾的起伏，风的呼啸，流水潺潺，波涛汹涌，树下的落叶，鸣响的丧钟，坚定和动摇的信仰，反抗的撒旦，空中的天使，等等。巴赫具有这样一种旋律语言，在他的音乐中，有一种不断出现的有节奏的主题：和平的幸运、活泼的快乐、剧烈和崇高的痛苦。

表现诗情画意的冲动属于音乐的本质，它指向听众的创造性幻想，并赋予听众的情感体验和想象以活力。但是，只有具备了神秘的音乐语言能力的人才能做到这一点，即以超过乐声原本表现能力的清晰性和确定性再现诗情画意。在这方面，巴赫是所有大师中最伟大的。

巴赫的音乐富有诗情画意，因为它的主题就来自诗歌和绘画的观念。曲段由这些观念发展成完整的乐曲结构。就其本质而言，诗情画意的音乐就是成为乐声的哥特式。在巴赫音乐这一富有原创的生命力、令人赞叹的形象性和独一无二的完美形式的艺术中，最伟大的是由此出发的精神，一种基于世界的不安而渴望并体验到和平的心灵。在巴赫的音乐中，这一心灵也让别的心灵参与他的体验。……

1905年秋，德国《音乐》杂志进行民意调查提问："约翰·塞巴斯蒂安·巴赫对于我意味着什么，他对于我们的时代又有什么意义？"施韦泽这样答道：

巴赫对于我意味着什么？他是一位安慰者。他使我坚信，无论是在艺术还是在生活中，真正的真实是不可能被无视和压制的。只要时间一到，不需要人为的帮助，每个人都能依靠自己的力量达到它。为了生活，我们需要这种信仰，巴赫就有这种信仰。他在狭隘的环境中不屈不挠，真实地创作。巴赫既不向从其作品中获益的世俗呼吁，也不做"藏之名山"的事，他努力的惟一目标就是创作真实。因此，巴赫的作品像他本人一样伟大，他本人也像他的作品一样伟大。巴赫教导我们要宁静，集中心思。同时，巴赫作为人还是神秘的，除了他的音乐之外，我们并不了解他的思想和情感。当然，他还没有被学者和心理学家的好奇心所亵渎，这是件好事。巴赫的所是和经历过的一切，仅仅存在于音乐之中……为了理解巴赫，不需要教养和知识，只需要真实的质朴情感。受到巴赫影响的人，只能在艺术中理解到真实。巴赫严厉和不公地对待那些只是优美，但缺乏力量、精神涣散、没有伟大思想的作品。但是，对于所有时代艺术中的真实、伟大的作品，巴赫总是教导我们要用心地、满怀激情地去把握它们。

这就是这位无与伦比的伟人的过分的不公。他毫不留情、不知不觉地摧毁了渺小的和一般的作品，而只让伟大的作品留存了下来。当然，这是生活的公正，无情而真实的生活的公正。

1905年秋，在我开始学医之前，作为写作《巴赫》的副产品，我还完成了一项关于管风琴制作的研究。因为外祖父席林格尔牧师对管风琴制作的热忱遗传给了我。当我还是一个小男孩时，我就熟悉了管风琴的内部结构。

19世纪末期制作的管风琴引起了我的注意。尽管这些管风琴被称为技术进步的奇迹，但我实在不能对其表示满意。1896年秋，在我第一次前往拜罗伊特的归来途中，我绕道去斯图加特，考察那里"歌厅"中的一架受到热烈赞赏的新管风琴。修道院教堂的管风琴师郎格先生，他无论作为一个音乐家还是作为一个人都是很优秀的，善意地向我展示这架管风琴。但是，当我听到这架受到多方称赞的管风琴的生硬音色时，当郎格为我弹奏的巴赫赋格曲出现了我不能确切辨别的混音时，我突然意识到，就音色而言，现代管风琴不仅没有进步，而且倒退了。为了弄清这一事实及其原因，在后来的岁月里，我利用空余时间尽可能多地考察各种新老管风琴。每当碰到管风琴师和管风琴制作师，我总是与他们探讨相关的问题。当然，由于我认为老式管风琴的音色比新式管风琴好，所以经常受到人们的嘲笑。

同样，我写的想通过它宣告真正的管风琴福音的小册子，开始时也只得到少数人的理解。它出版于1906年，在我的斯图加特的大马士革之行的10年之后，书名为《德国和法国的管风琴制作艺术和管风琴艺术》。在这本小册子中，我承认法国的管风琴制作艺术优于德国，因为它比德国更多地保留了传统的制作方式……

最好的管风琴制作于大约1850年至1880年之间。为了以最完美的方式实现西尔伯曼和18世纪其他管风琴大师的理想，当时身为艺术家的管风琴制作师们利用了技术进步的成就。他们之中最著名的是阿里斯蒂德·卡瓦耶-科尔，他是圣叙尔皮斯教堂和巴黎圣母院的管风琴的制作者。我认为，除了一些瑕疵之外，圣叙尔皮斯教堂的管风琴是我所知的最完美的管风琴。直至今天，这架管风琴还像刚造好的第一天时一样；如果能够继续得到很好保养的话，即使在200年以后，它也照样能够使用……

我在《德国和法国的管风琴制作艺术和管风琴艺术》中提出的改革思想，逐步引起了人们的注意。1905年5月，在维也纳召开的国际音协大会上，根据吉多·阿德勒的建议，首次成立了管风琴专业委员会。在这个委员会中，我和一些志同道合者起草了一个《关于管风琴制作的国际章程》。这个章程排除了对纯粹技术成就的盲从，并重新要求重视纯正的、音色优美的设置。从此，人们日益主张，真正的管风琴必须把传统的美妙乐声和新的技术优点结合起来。在我的《德国和法国的管风琴制作艺术和管风琴艺术》发表22年之后，它作为在原则上得到承认的关于改革管风琴制作的纲领重新出版了。对于这本在一定程度上作为纪念版的书籍，我还写了一篇关于当代管风琴制作状况的后记。

18世纪的大型管风琴，尤其是在经过卡瓦耶-科尔和其他人的完善之后，从音色角度来看是合乎理想的。但是，德国的音乐史家近来则要回复到巴赫时代的管风琴那里去。我认为，当时的琴还不是真正的管风琴，而只是它的雏形，因为它缺乏构成管风琴本质的庄严性。艺术有其绝对的，但非复古的理想……

为真正的管风琴而斗争，我牺牲了许许多多时间和劳动。整夜整夜，我在鉴定和修订管风琴的设计。为了实地研讨由于修复和新制作管风琴而产生的问题，我到处奔波。为了使主教、大教堂教长、教会监理会主席、市长、牧师、教会主席团成员和长老、管风琴制作者和管风琴师相信，他们应该修复音色优美的老式管风琴，而不是用新的去代替它们；为了恳求他们重视音色的质量而不是数量，把用于演奏台和切换音栓的多余设置的费用花在购买最好的声管材料上，我给他们写了成百上千封信。但令人遗憾的是，无论是这么多的信件，还是到处奔波和谈话，最后往往都是徒劳的。因为这些相关者们都支持在设计图上看起来很好的工厂管风琴！

在这一过程中，最为艰难的要数为保存老式管风琴而进行的斗争。为了使对音色优美的管风琴的死刑判决无效，我必须讲许多道理！当有些管风琴师听说，那些由于年久失修而受他们轻视的管风琴是好的，必须被保存下来时，就像萨拉听到她也会有后代那样，他们总是一笑了之，表示难以置信！有多少原本和我友好的管风琴师，因此成了我的敌人。因为我阻碍了他们用工厂制作的管风琴取代老式管风琴的计划；或者由于我的建议，为了音质而必须减少他们所要求的3个或4个乐音！

然而，直到现在我仍然只能无能为力地看着人们忙于扩大改造老式管风琴，直至原本的优美音乐荡然无存；或者干脆把它们拆除，用昂贵但粗陋的工厂管风琴取代！因为按照现代的观念，老式管风琴音色的强度不够。

我费了极大的努力拯救的第一架老式管风琴是斯特拉斯堡圣托马斯教堂的西尔伯曼的杰作。在《他在非洲拯救黑人，在欧洲拯救老式管风琴》一书中，我表达了对此的喜悦。

1902 年

第三篇

面 向 非 洲

(1904—1913)

决 定

1905年10月13日，礼拜五，我在巴黎把一些信件投入了一个邮箱。在这些书信中，我告知父母和一些最亲近的熟人，为了以后前往赤道非洲行医，从这个冬季学期开始，我将成为一名医科大学生。在其中的一封信中，考虑到将来学习的负担，我放弃了在圣托马斯教堂神学研究所担任的领导职务。

我现在着手实行的计划，早就萦怀在我的心中，它可以追溯到我的大学时代。当看到周围的许多人陷于困境之中时，我却能够过着幸福的生活，这使我难以承受。还在读大学之前，我了解到一些同学的家境令人十分悲哀，而我们京斯巴赫牧师家庭的孩子们则生活在理想状态中，这种鲜明的对比一直使我不安。上大学时，我可以读书并能在学术和艺术上取得一些成绩，这种幸运迫使我日益考虑到别人，特别是那些由于物质条件或健康原因而没有这些幸运的人。1896 年圣灵降临节期间，夏季一个阳光灿烂的早晨，当我在京斯巴赫父母家中醒来时，一个想法突然向我袭来：我不可以把这种幸运当作理所当然的东西接受下来，而是必须为此做些什么。

我躺在床上静静地思考着这一想法，窗外的鸟儿则在欢快地歌唱。心中的决定就这么做出了：为了以后献身于一项直接为人类服务的事业，在 30 岁之前，我可以过一种学术和艺术的生活。“只为自己活着的人将失去生命，只有为了我和福音献身的人，他才能永生。”我一直在思考，耶稣的这些话究竟对我意味着什么？现在，我明白了它的意义。除了外在的幸福之外，我还获得了内在的幸福。至于计划中的行动今后采取何种方式，我当时还不明确。对此，我把它留给那时所处的境况来决定。对我来说，现在已经明确的是：这是一项直接为人类服务的事业，即使它只是一项并不引人注目的事业。

我本来打算在欧洲服务，我想收留和教育被遗弃或无人照管的孩子，并要求他们以后也承担起相同的义务。1903 年，作为神学研究所的所长，我搬入了位于托马斯教堂三楼朝南并且宽敞的住宅里，这也使我有条件去尝试。为此，我到处毛遂自荐。但是，有关机构对收留被遗弃或无人照管的孩子的规定不允许志愿者参与其事。一次，当斯特拉斯堡孤儿院失火后，我向孤儿院院长舍尔先生请求，让我暂时收留几个孩子，他根本就不让我说话。此外，其他的尝试也告失败了。

有一阵子，我考虑今后从事为流浪汉和刑满释放者服务的工作。在一定程度上可以说是作为相应的准备，我还参与了圣托马斯教堂奥古斯特·恩斯特牧师的活动。每天下午 1 至 2 点，恩斯特牧师总要和每个需要资助或过夜的人谈话。接着，不是盲目地给他们一点救济或者让他们回去等待，直至了解到他们的真实情况；而是先向他们提出建议，并在下午到他们的家里或住宿处去探访，考察他们关于本人状况的陈述是否属实，最后根据实际需要发放资助。为此，我们骑着自行车在城区和郊区到处跑，经常会碰到这样的事情，求助者并没有住在他们自己所说的地方。当然，正是由于这么做，我们才能从实际出发开展慈善救助工作。在这方面，许多亲密的朋友允许我使用他们的资金。

读大学时，我就是托马斯教堂的学生团体“托马斯执事团”的成员，并参加了它组织的慈善活动。每个礼拜，我们都要分别访问一些贫困家庭，给他们带去自愿的资助，还要对他们的状况作出报告。我们从捐赠者那里筹集为此而花费的资金。这些捐赠者来自斯特拉斯堡的老市民家庭，他们拥有祖先创办的，由我们接管的企业。如果没有记错的话，每年有两次，我们每个人还要按照规定的数量拜访捐赠者。对于我这个腼腆和不善于社交的人来说，这真是一件难事。我相信，在这种作为我后来的求助的预习中，有时我肯定表现得很笨拙。但由此我也认识到，与举止利落的求助相比，这种礼貌和克制的求助能够更好地为人们所理解。被拒绝的友好收获也属于真正的求助。

可以肯定的是，由于年轻缺少经验，尽管出于最善良的愿望，我们还是没有能够最合理地使用所有托付给我们的资金。当然，通过使每个年轻人承担起关照穷人的义务，这些资金的使命还是得到了充分的实现。为此，我深深怀念那些理解和支持我们的追求的人，我对他们满怀感激之情，并祝愿许多大学生也有可能这样去做，作为捐赠者的代表成为反对贫困斗争的新手。

经过与流浪汉和刑满释放者的接触，我觉得，对他们最有效的帮助，只有通过许多具有一定素质和个性的人把自己的时间、精力都奉献给他们才能够实现。但同时我也认识到，只有在与组织的合作中，这些个人才能做成一些事情。当然，我的信念则指向绝对个人和独立的行为。虽然我也决定，如果必要的话，我也愿意接受一个组织的调遣；但我始终没有放弃这样的希望：最终发现一种活动，我可以作为个人和自由人而奉献给它。对于这种向往的实现，我始终把它作为一种伟大的、被不断翻新地体验的恩赐而接受下来。

1904年秋天的一个早晨，我在神学研究所的写字台上看到一本绿色的小册子。在这本小册子中，巴黎传教协会按月报道它的活动。舍尔德林小姐经常把它寄给我。因为她知道，由于名为卡萨利斯的首位传教士的书信给我留下的印象（在我年幼时，我父亲曾经在礼拜活动中朗读过这些书信），我对巴黎传教协会特别感兴趣。因此，在我来到办公室前的晚上，这本小册子就放在了那里。我习惯性地翻了翻这本小册子，为了抓紧时间开始工作，就把它放在一边。这时，我的目光落到了一篇标题为《刚果传教团迫切需要什么？》的文章上。这篇文章的作者是阿尔弗雷德·博埃涅，巴黎传教协会的领导，一个阿尔萨斯人。在这篇文章中，他抱怨传教缺少人手，特别是在刚果殖民地的北方省加蓬更是如此。同时，博埃涅还表达了这样的希望：这一呼吁能使那些"主的目光已经注视着他们"的人作出决定，投身于这一迫切需要人手的工作。文章最后写道："人们应这样听从主的指示：主，我时刻准备着服从教会的需要。"

读了这篇文章之后，我就安心下来工作，我的追寻终于有结果了。

几个月以后的一天，正是我的30岁生日。那天，我就像一个要造一座塔而又在踌躇不决的人：是否应该放弃它呢？作为思考的结果，我决定从此实行自己在赤道非洲纯粹为人类服务的计划。

30岁生日的前8天，在传教节的布道中，施韦泽引用了《圣经·马可福音》1：17："耶稣对他们说，来跟我走，我要叫你们得人如得鱼一样。"这一布道是施韦泽"自传"中的关键文献。它表明，决定在施韦泽的内心中早就作出了。此后不久，理智将实施这一决定，并且像他在教区中表白的内心激情一样地可靠。

……人们一直听到的首先是：对于那些在其信仰中仍然感到幸福的人，应该让他们保留自己的宗教，而不应去剥夺他们的信仰，因为这样做只会引起不安。对此，我认为，传教本身对我来说，首先完全不是一种专属宗教的事务，远远不是这样。传教首先是一种人类的使命，它并不认定我们的各个国家和民族。至于那些信徒和头脑简单、狭隘的人以耶稣的名义的所作所为，就更谈不上是传教了。

如果我们的各个民族和国家把目光投向海外，他们会想到些什么呢？他们想到的是，那些所谓的被置于其“保护统治”下的国家，或者那些以其他方式被其占为己有的国家，他们从这些国家中谋取的始终只是自己的利益。然而，他们从来不会去考虑，如何使那里的人成为人，如何引导其学会劳动和教养，如何不使其由于接触到的文化而走向沉沦。从而，我们的国家在海外并不是备受赞誉的文化国家，而是强盗国家。那么，在这种文化国家中，承担起引导那些民族，把我们的文化福祉带给那里的人们的人，即承担起这种长期的、无私的劳动的人在哪里呢？为了这种文化使命而到这些国家去工作的工人、手工业者、教师、学者、医生在哪里呢？我们的社会在此作了哪些努力呢？没有，始终没有吗？只有少得可怜的几个圣徒……[1]曾经做过一些我们的社会应该致力去做的事情，正是这些人剥夺了那种自高自大、大言不惭的文化的荣誉花环。数十年之久，这些人作为人在那里活动，仅仅为了提升人而工作，而不是首先只想到要使当地人理解自己的宗教。

为什么这么说？因为成为耶稣的信徒，惟一的真正文化就是，人始终作为人在那里，有权要求我们的帮助和牺牲。然而，我们的文化则把人分成两个等级：作为文化人的我们和只具人的形状，但趋向沉沦和野蛮的其他人。

哦！这种自高自大的文化，这种懂得如此使人虔诚地谈论人的

[1] 原文无法阅读。

尊严和权利的文化，但仅仅由于那些人生活在海外、有另一种肤色、不能自助就成百上千万地蔑视和践踏其人权和尊严。这种文化不知道，当它面对那些在海外生息的人，看到他们在那里取得的成就，而自己则是多么地空洞、贫乏、低下和卑鄙。这种文化也不知道，自己并没有权利来谈论人的尊严和人权。

因此，虽然传教本身还没有认识到其使命，虽然它还没有为此做了些什么，但人们也不应该反对传教。因为真正的宗教同时就是真正的人道，而传教也能够很好地进行。从而，对于我们的文化、文化国家和社会来说，传教被忽略了，为人去做一些它也许必须做的事情也被忽略了。

当有人问我，为什么我认为基督教是最高的、惟一的宗教，我也许会把人们学到的关于宗教的理解和等级秩序的一切，以及人们这样发现的最好的宗教的优点，等等，都自信地扔进火炉里烧掉，并只用一句话来回答：我主耶稣在尘世颁布的第一个命令中，只有一个词："人"。他不谈宗教，不谈信仰，不谈灵魂或其他什么，而只谈到人："我要叫你们得人如得鱼一样。"这就是说，耶稣向后世诉说的是：我首先关注的应是不能让人沉沦。你们应该关怀人，就像我已经关怀过他的那样。在其他人不再能够发现他的地方，例如肮脏、野蛮和受蔑视的地方发现他，为他做些事，帮助他，直至他重新成为人。

耶稣如此紧密地把宗教和人道结合起来，以至于不再有宗教，即对他来说，没有真正的人道，宗教就不存在；同样，没有宗教，真正人道的使命也不能够被倾听……

如果有人说，传教是一种徒劳的事业，那该怎么回答呢？它白白地挥霍了人力和物力吗？对此，人们也许可以列举传教的许多成就：它在非洲中部大湖地区的作为，它在南海岛屿上的事业，它创建了成百上千座宁静、勤劳的村庄，它制止了流血冲突，以及还有许多其他的事。但是，不能这么回答。因为传教进行着，它本身并不为后果操心。传教从事着，因为它必须。从这一必须中产生万事万物本质的东西，耶稣的精神正在于此。尘世万事万物中的尘世的人则计算后果，只有在肯定能够取得成果时，他才会去做。而在以耶稣名义的行为中，人们只考虑必须，那个充满神秘的"必须"。在耶稣谈到人子不死时，这个"必须"始终出现在他的口中；而且被计算的成果越小，被考虑的"必须"就越大。

在此也谈不上要节约什么物力和人的生命，因为没有什么失去；如果有人葬身大海和荒漠，那么通过耶稣之死他也得到了圣化。这种死亡使"徒劳"这个词失效。当这个人死亡时，人们会说他已经"蜡炬成灰"，徒劳地活过了。但是，力量从死中产生。在神圣的、千倍的果实中，包含着他追随耶稣时"徒劳"地所做的一切。

最后，传教只是赎罪，即对名为基督教的民族在海外暴行的赎罪。我不想列举"基督教"民族在海外所做的一切：他们如何在法律的借口下掠夺土著的土地，他们如何使土著成为奴隶，他们如何唆使人类渣滓侵凌土著，特别是我们用烈性酒和所有别的东西系统地毁灭了土著，这是什么样的暴行啊！为了激起土著的反抗，我们德意志帝国在西南非洲干了些什么？我们现在又在干什么？在歼灭了他们之后：我们大笔一挥就夺走了其土地，而他们则一无所有。

我不想谈这些，因为我始终听到人们这么说：是的，世上的事情本来就是如此，权力统治着世界。好。但是，如果所有这些暴行、罪恶和耻辱是在德国的上帝、美国的上帝或者英国的上帝的注视下发生的，而我们的国家也没有觉得有必要首先去掉"基督教的"这一标志，那么，在那些可怜的人们面前，耶稣的名字、我们国家的基督教就被羞辱和亵渎了。耶稣的名字成了诅咒，我们的基督教，你自己的基督教成了谎言和耻辱。本来，如果基督教不是由于在那些地方犯下罪孽而蒙羞，如果基督教不需要对那些在耶稣名义下的暴行负责，而是一个救助者以耶稣的名义来到的话，那么，相对于任何掠夺者，他是一个带一些东西的来者，对于任何逃亡者来说，他则是一个赐福者。

两年之内，我们已经向黑非洲派出了15 000人，他们是基督教德国的战士，其中大约1 500人死去了。但什么时候，为了耶稣这位人道的主人，我们基督教的德国将派出15 000名战士呢？什么时候，这1 500人作为同样的牺牲将为耶稣献身呢？事实上，我们国家基督教的标志还是被玷辱了。

如果你们现在也主张传教的话，那么就要这样布道：我们必须赎罪，为我们在报纸上所看到的所有暴行赎罪，也为我们没有在报纸上看到的、被原始丛林的黑暗和沉默掩盖了的、更糟糕的所有暴行赎罪。这样，你们在主张传教的同时也传播了基督教。我请求你们布道。

致阿尔弗雷德·博埃涅牧师，
巴黎传教协会会长

斯特拉斯堡，托马斯堤岸1号
礼拜天，1905年7月1日

亲爱的博埃涅先生，亲爱的同僚：

我今天想问您，您是否需要在刚果服务的人手。如果能够供您指派，我将感到幸运。

请允许我先向您介绍一下自己的头衔和能力。我是哲学博士、神学博士、圣尼古拉教堂的布道者、托马斯神学所的所长和斯特拉斯堡大学神学系的编外讲师，今年30岁。

我投身传教的打算并不是刚刚产生的。儿童时代，当为黑人小孩捐赠零用钱时，我就梦想到了它。在结束了神学和哲学的学业之后，我想从事教学活动并做一个牧师。但在此期间，我不断地考虑着这样一个问题：我不会一直做一个编外讲师和神学所的所长。我担任现在的职务已经有两年，合同则签到1910年。我感到自己很幸运，因为成为牧师是一种恩赐，而且大学生们也与我相处得很好。但多年来我觉得，内心献身传教事业的愿望越来越强烈了，差不多要把我从日常工作中拉了出来。

在我的讲课中，我对自己说，在你现在的这个位置上，别人能够做得像你一样好。这里，人们也许能够很容易地取代你，而在那里则缺少人手。每当翻开有关传教的杂志，我就为自己虽然早就决心辞去这里的工作，但仍然犹豫不决而感到遗憾。经过长期、严肃的考虑之后，4 个月前，我决定提前、即尽可能早地放弃这里的位置。为了使我的计划更为成熟，在给您写这封信之前，我已经等待了 4 个月之久。而且，今天晚上我还再次考虑了一切，我从内心最深处检验了自己：我的决定已经做出了，再也没有什么东西能够改变它。

我知道，公共传教团体在寻求完成了神学学业的传教士。同样，这些人也在寻找传教组织。如果您不要我的话，我就将供他们指派。因为与其他传教团体相比，我更爱巴黎传教协会。儿童时代，在父亲当牧师的福格森山谷的教堂中，我就听到了他在“传教时刻”所朗读的卡萨利斯的回忆。这个印象至今还留在我的脑海里。我感到，在与巴黎传教协会兄弟们的合作中，我将奉献出力所能及的一切。我认为，无论如何，归属于法国新教是我们阿尔萨斯新教徒的义务。德国新教的力量已经够大的了。

我是完全独立的。我的父母还活着：我的父亲是上阿尔萨斯明斯特的京斯巴赫的牧师。我有两个很好地成了家的姐妹，另外一个则住在父母家里。我还有一个当工程师的兄弟。我相信已经与您说过，我 30 岁了。我很健康，从未生过病，我不喝酒。

为了保持献身传教的自由，以及不违背自己的信念而改变计划，我还没有结婚。如果我承受得了那里的气候，我就将结婚。先前，为了完全自由地为我们的主服务，我不想把一个女子的命运与我的命运捆绑在一起。结果可能是，我承受不了，或者由于辛劳也许丧失工作能力。但即使这样，我也不会成为传教协会的负担，因为我始终能够回到阿尔萨斯担任牧师的工作，我在那里很受欢迎。我们的理事会主席库尔提乌斯先生，是我的一个很好的朋友，他经常来参加我的布道活动。

也许最近您在报刊上看到过我的名字，因为人们很关注我关于巴赫的论著，《巴赫》这本书是今年2月出版的。我忘记和您说了，我同时还是一个艺术家。我是维多尔的知心朋友，他要求我写一本关于巴赫的书，这部著作给我带来了700法郎的净收入，我已经把它储存起来，它应该用于我前往刚果的费用。这样，已经支出了那么多财力的传教协会的负担也会轻一点。

您不要惊讶，我从事神学和哲学的学术活动，甚至还是一个音乐作家。是的，我了解这一切：学术、艺术，学术的乐趣、艺术的乐趣。我懂得成就的崇高感，在27岁那年，我还怀着真正的自豪感作了大学的开课讲演。但是，这一切并不能满足我的渴望。我觉得，这不是一切，这没有什么。我日益成为一个纯真的孩子，我日益明确地认识到，惟一的真理和惟一的幸福是：在他需要我们的地方，为我们的主耶稣基督服务。我上百次地考虑着这个问题，我默念着耶稣，我问自己，是否能够在没有学术、没有艺术、没有知识的环境下生活下去，并且一直如此。而直至现在，我是一直处于这种环境之中的。所有的思考最终导致：一个愉快的“是”。

因此，我请求您接受我。我谈到了刚果，因为这一事业特别吸引我。当然，如果您需要我到别的地方去，我也同样听从您的指派。我有一个秘密的希望，我将不会一直孤军奋战。在我的学生中间，或早或晚，也许会有某个人追随我；并且会重新出现这样的时刻，阿尔萨斯将再次为巴黎传教协会提供它应该提供的传教士。

这里是我的计划！我不能立即放弃我的位置，合同不允许我这么做。而且，在没能提出一个年轻的阿尔萨斯人作为我的继承者之前，我也不想离开这里。否则就有这样的危险，人们让某个德国人来取代我的位置。我不是沙文主义者，我在德国和德语世界有许多可靠的朋友；可是，我不想由于我的离职而产生新的缺口，并使德国能够占领我们阿尔萨斯的机构。明年3月1日，我将递交辞呈，但将工作至9月。我还需要几个月的时间，用于完成关于教义史的著作。由于已经与莱比锡的出版商约定，我有义务完成这部论著。这本书涉及一项研究的第二部分，他已经出版了第一部分。

接下来我还想要6个月的时间，以掌握为传教所必需的一些基本知识，特别是一些医学方面的知识。在这方面，我有十分有利的条件，因为我的一些同事在斯特拉斯堡大学的医学系工作。他们是我的好朋友，很乐意让我到医院里去学习我所需要的重要知识。在下一个冬季学期，我就将开始这一学习。您不是也认为，医学知识是绝对必要的吗？科亚尔到处这么说。

这一过程也许将持续到1907年春季。

亲爱的博埃涅先生，我告诉您这一切，为的是从您那里得知：巴黎传教协会是否接受我，或者我应该听从德国协会的指派。当然，这是违背我的意愿的。此外，在3月1日，即我向教堂和大学递交辞呈之前，我不愿意您与别人谈起此事和我的名字，我不想再承担下一个冬季学期的工作，好像我可能起程一样。这样，人们就不会阻拦我，而问题也就解决了。但是，我想事先知道，您是否能够和想要用我；我想在8月前知道，这样我就可以作出相应的安排。

如果您认为这个计划好的话，在3月之后您可以调查我，无论是在斯特拉斯堡大学神学系，还是在圣尼古拉教堂的同事们那里。但是，在此之前，这仅仅是您和我之间两个人的事情。

10月我在巴黎。我是半个巴黎人，每年在巴黎生活一两个月，我们可以详细地讨论相关的一切。我怀着深深的激动和兴奋给您写下了这封信，并请求我们的主赞许我的计划，并使我值得竭尽谦恭为天国的到来而劳作。

以兄弟的友谊

您的阿尔贝特·施韦泽博士

……除了一个忠实的同伴之外，没有人知道我的打算。当由于巴黎的来信，人们得知此事时，我必须经受住与亲戚、朋友们的艰巨斗争。与我的行动本身相反，亲戚、朋友们更多地谴责我不信任他们，不事先与他们讨论我的计划。在那段艰难的日子里，他们用大量无关紧要的事情烦恼我。神学界朋友的事特别多，这使我感到有点荒唐。因为，他们所有人都对此进行过好的或很好的布道：根据《加拉太书》的记载，使徒保罗对于他要为耶稣所做的事，事先并没有与其最亲近的人讨论过。

亲戚、朋友们都认为我的行动是没有意义的。他们说，我是一个埋没和滥用自己才能的人。对于在荒芜之地的行动，我应该把它留给那些学术和艺术的知识才能不太突出的人去从事。维多尔，这位像父亲一样爱我的大师，斥责我是一个要拿着猎枪进入防线的将军。当时，人们还没有谈到战壕。一位富有现代精神的女士则向我证明，与我的行动计划相比，通过演讲，我能够为给土著带来医疗帮助的事业做得更多。现在，歌德《浮士德》的“太初有为”已经不再有效了，宣传成了行动之母。

在与那些基督徒和累人的对手进行的许多讨论中，我注意到，他们是多么地不理解这一思想：献身于耶稣宣告的爱的追求，会使人脱离其通常的生活轨道。尽管他们在《新约》中读到过它，尽管他们知道它在那里是完全正常的……

我勉强使他们了解我的决定据以产生的思想，通常也是无济于事的。他们认为，我这样做必定有其他目的。尽管没有任何证据，还是有人猜测我在发展过程中受到了挫折。实际上，在青年时代，我就得到了别人要终其一生的奋斗和劳作才能获得的承认。还有人认为，我的决定是出于内心的伤心经历。

对我来说，一种真正的善行不是那些试图探究我的内心秘密的人，而是把我看作有点丧失理智的有点老气的年轻人，并从而相应地善意取笑我的人。

实际上我也认为，亲戚和朋友们指责我的计划不合理，这一切都是对的。作为一个向理想主义要求现实性的人，我知道走上任何一条未开辟的道路都是一种冒险。只有在特殊的境遇下，这种冒险才会有意义和成功的希望。就我的情况而言，我觉得这一冒险是合理的。因为我不仅长期地、全面地考虑了这一计划，而且我还相信自己具有走上这条理想之路的必要条件：健康、冷静、体力、实践意识、坚韧、审慎、淡泊，等等。此外，我还具有承受意外失败的心理气质。

作为一个个人行动者，许多同样敢于这么做的人要求我提供意见和建议。对此，我很少直接鼓励他们。在大多数情况下，我必须确定："做一些特殊的事情"的需要是否出于不稳定的情绪。相关者是否想从事更伟大的事业，而其当下面临的事情则不能满足他们。事实上，经常有这种情况，他们的决定完全基于不成熟的考虑。因此，只有那些能够在任何行动中找到价值的人，只有那些以充分的义务意识献身任何行动的人，才有内在的权利把一种特殊的行动，而不是偶然要他从事的行动作为目标。只有那些把他的计划视作理所当然、而不是出人意料的人，只有不是英雄，而仅仅以现实的激情认识被承担的义务的人，才具有做一个精神历险者的能力，就像世界迫切需要他们那样，没有行动的英雄，只有放弃和受难的英雄……

那些有幸能够从事自由的个人服务的人，应该把这种幸运接受下来，并由此变得谦恭。他们必须想到别的也愿意并有能力这样去做的人，但没有被允许去做。……那些受到恩赐的人在此也应该是谦恭的：不是抱怨所遇到的障碍，而是把它作为"不可避免的境况"接受下来。决心做善事的人，就不能期待人们为他搬走路上的石头，而是必须扼住会把石头推向他的致命事件。只有通过这种障碍的经历而内在地纯洁和强大起来的力量，才能够克服这种致命的事件。简单地反抗它的力量则将在其中消耗殆尽。

在人类中存在的理想意愿中，始终只有一小部分才能够成为轰轰烈烈的行动，所有其他意愿注定是在默默无闻的状况下实现的。这些默默无闻的行动所一起体现的价值，不仅与轰轰烈烈行动的价值一样，而且还成千上万倍地超过了它。这两种行动之间的关系，就像深海与其表面发生的波涛的关系一样。这种默默起作用的善的力量体现在个人的直接服务中，个人不能使这种直接服务成为其生活中的职业，而只能是兼任的。许多人的命运是，为了维持其生存和得到社会承认，只得以一种意义不是很大的工作作为职业。在这种工作中，他们很少，或者几乎不能发挥其天赋。因为他们只能像机器人一样地工作。当然，这并不是说，任何人在任何条件下都不可能发挥其天赋。

重要的是，他们不能安于自己的命运，而是应该竭尽全力通过精神的行动，在不利的环境中保持人的个性。谁抓住机会，通过即使是默默无闻的个人行动，为需要人的人们而成为人，他就在其职业生活之外实现了其作为人的生活。由此，他就在为精神和善服务。没有命运能够阻止一个人去兼任这种为人类的直接服务，如果其中有许多事没有做的话，那么其原因在于被耽误了。每个人尽其所能地实现真正的人道：人类的未来就依赖于它。

任何时刻的耽误，都会使非同寻常的价值丧失殆尽。但是，其中成为意志和行为的东西，则意味着人们不应低估的财富。绝不如那些蠢话所断定的那样，我们人类完全是物质主义的。根据我对人的了解，可以确定的是：与已经表现出来的相比，人类中有着多得多的理想意志。就像与在地下流动的水相比，地表水要少得多一样；与人的未被“助产”的或者几乎未被“助产”的理想主义相比，已经实现的理想主义也要少得多。从而，帮助未被“助产”的生产出来，让地下水流到地表：人类期待着能够这样做的人。

朋友们认为，我计划中最为不理性的是，我要作为一个医生，而不是一个传教士前往非洲。因为这意味着在30岁以后，我还要有一个长期和艰辛的学习过程。[1] 这一学习过程是一个巨大的挑战，对此我毫不怀疑。我对接下来的日子也有些担忧。但是，我决定走行医服务之路的理由是这么地充分，以至于其他考虑都不能动摇它。

为了用行动而不是言论，我要做一个医生，长期以来，我已把精力都耗费在言论中。虽然对于自己能够胜任神学教师和布道者的工作，我是感到高兴的。但是，通过新的行动，我就能够不只是在口头上谈论爱的宗教，而能成为这一宗教的真正实行者。医生的知识允许我以最合适和最广泛的方式实现这一计划，走服务的道路也始终要求我这么做。就前往赤道非洲的计划而言，传教协会的呼吁特别指出，在我想去的那个地方，根据传教士的报告，最最迫切需要的就是医生。在传教协会的小册子中，他们反复述说，对于那些请求他们解除疾病痛苦的当地人，他们无能为力。因此我认为，为了成为这些受苦人的医生，学医是值得的。如果对我来说，为此牺牲的时间似乎太长了，那么我就告诫自己，为了向罗马进军，哈米尔卡尔和汉尼拔也作了长期占领西班牙的准备。

此外，从另一角度看，成为医生对我也是一种必要。根据我从巴黎传教协会那里了解到的情况，对于他们能否让我当一个传教士，我还是很没有把握的。虽然有人应他的要求自愿到刚果传教区工作，这使传教协会会长博埃涅先生很感动；然而，我很快就被告知，首先要做的事情是：必须澄清传教委员会委员对我的神学观点的疑虑。当我向他保证：我去那里只是“行医”，他才放下心来。可是过了不久，博埃涅先生又只得告诉我，一些委员会成员甚至反对接受这样一位传教医生的服务：他只有正确的基督教的爱，但没有正确的信仰。当然，我们两个人对此并没有很大的担忧，而是相信用不了多久，他们就会达到正确的基督教理性。

[1] 1931 年的《自传》改成作为一个具有基础医学知识的传教士前往非洲最初的打算。1905 年 7 月和 10 月之间的思想转变仍然没有提及。其原因在于：巴黎传教协会对其自由基督教观念的反对，医学教授建议其正规学医。

也许，比较开放的瑞士福音传教总会更容易接受我，无论是作为一个传教士，还是作为一个医生。但是，前往赤道非洲的召唤，我是通过阅读巴黎传教协会通讯中的那篇文章才得知的，因此我觉得必须努力加入到在那里活动的队伍中去。而且，对于解决这样一个问题的期待也吸引着我：基于耶稣的福音，一个传教协会是否可以认为，自己有权拒绝一位医生到他们的教区去为受苦的当地人服务，而其理由仅仅是他们自己认为，这位医生在信仰上似乎不够正确？

还有，为开始学医，日常工作和生活的要求也可能使我既无时间也无精力去做今后将要做的事情。

“……与疲劳作斗争”

当时的医学系主任费林教授，在我作为大学生向他报到时，还满怀好意地让我到精神病教授那里去问问。但是，在10月底的一天，我终于在浓雾中去上第一堂解剖学课。从此，我一直在与疲劳作斗争。开始，我还不能立即放弃我的神学教席和布道职务。这样，在学医的同时，我还在神学系上课，并且几乎每个礼拜天都得去布道。由于在神学课中着手探讨有关保罗理论的问题，因此在学医初期，上课占用了我特别多的时间。此外，人们也要求我更多地参加管风琴演奏的活动。因为古斯塔夫，这位由他和杜卡斯、福雷、维多尔、吉尔芒、丹迪和我在1905年创办的巴黎巴赫协会的指挥，坚持要我在其所有的音乐会中演奏管风琴。这样，好几年的冬季，我还得多次前往巴黎。尽管我只需要参加最后一次排练，并且能够在演出后的当天晚上就回到斯特拉斯堡。但是，每次音乐会还是至少要花去我三天的时间。有多少次圣尼古拉教堂的布道词，我都是在巴黎和斯特拉斯堡之间的火车上写成的！不久之后，我还成了巴塞罗那巴赫音乐会的管风琴师。总之，我现在比过去更多地参加演出。这不仅是由于那时我作为一个管风琴家已出了名，而且也由于我在失去了神学研究所所长的收入之后，必须挣一些外快。

巴塞罗那乐团指挥路易斯·米勒特，在与他第一次见面时，我就觉得他是一个杰出的艺术家和深刻的人，并与他相处得很好。通过他，我还与著名的加泰隆建筑大师高迪见了面。高迪正在建造其特殊的圣家族教堂。当时，这个教堂只建成了一个巨大的、有塔楼耸立其上的大门……当我看见大门入口处的一座名为“逃亡埃及”的石雕，并赞叹其中的一头在重负下仍然奋力向前走的驴子时，高迪对我说：“你理解艺术，你能够感受到，这头驴子不是被虚构出来的。其实，你在这里的石雕中看到的所有形象，没有一个是被塑造出来的；而是就在那里，就像你在现实中看到的那样，约瑟、玛利亚、耶稣圣婴、庙中的教士，都是我从遇见过的形象中挑选出来的，并且在按此做出石膏像后才最后雕成石像。关于驴子有一个复杂的故事，当知道我在寻找一头逃亡埃及的驴子时，人们就经常把巴塞罗那最漂亮的驴子带来给我看，但是，我不能够使用这种驴子。怀抱耶稣圣婴的玛利亚不会骑在一头漂亮而强壮，只会骑在一头瘦弱、衰老、疲惫的驴子上，并且是一头脸上流露出爱，对发生的事情有点懂的驴子上，我寻找的就是这样一头驴子。最后，我终于在一位卖去污砂的妇女的车前发现了它。驴子的头几乎垂到了地上，我好不容易说服了这头驴子的女主人，让她赶着驴子到我那里去。当石膏像按照驴子的样子被一段一段地做成时，这位妇女哭了。因为她认为，驴子也许要死了。这就是逃亡埃及的驴子。你注意到这头驴子，因为它不是虚构的，而是真实的。”

1906 年春，在完成了《耶稣生平研究史》的写作，并辞去了神学研究所的职务之后，我才有足够的时间用于学医。我满腔热情地钻研自然科学。后来，我意识到，在文理中学时代掌握就喜好的自然科学知识，真是一种幸运。我终于可以获得为使哲学具有现实基础的知识！

当然，与自然科学打交道不仅使我完善了知识结构，虽然这也是我渴望已久的。更重要的是，这对我是一种精神上的体验。我一直认为，这种状况在精神上是危险的：在我与之打交道的所谓人文科学中，没有自明的真理，只有以要求被当作真理的方式而出现的意见。在哲学史领域，真理始终是在现实意识和新发现力量之间的无休止斗争中得到论证的。客观的证据从来不能一劳永逸地宣告自己战胜了巧妙表达出来的意见，所谓的进步通常是，得到巧妙辩护的意见长期把真实认识挤到一边！

使我感到沮丧的是，必须一直观看这种戏剧，必须与各种缺乏现实意识的人打交道。现在，我突然来到了另一个领域。我与形成于现实的真理打交道，我处在那些认为任何论断都必须通过事实加以证明的人之中。我认为，这是对我精神发展的一种必要体验。

此外，陶醉于研究可确定的事实，并没有使我像其他人那样日益轻视人文科学。恰恰相反，通过学习化学、物理学、动物学、植物学和生理学，我比先前更强烈地意识到，除了可以明确地确认的事实真理之外，思想的真理是多么地合理和必要。尽管由创造性的精神活动获得的认识不可避免地具有主观的色彩，但它仍然高于纯粹事实的真理。

以下是施韦泽1907年11月17日《纪念死者》布道的摘要。这一布道表明了这位阿尔萨斯福音教会的神职人员(不久之后也是医生)对死的和解关系。

……很久以来，人们总是被告知，死是可怕的，对此应该乞灵于对永生的信仰。但结果呢？麻木，还是麻木，这一特殊的关于无所不在和难以把握的性命攸关的事实的词——死，被不断地重复着，终于丧失了影响：皮球被成百上千次扔向地面，最后它就不会再反弹起来；最好的医术天天在用，到头来会无济于事；真理被许多时代的人重复，最终就会失效。因此，我们周围的人既不会由于害怕死亡，也不会由于对永生的希望而有所变化。他们的惟一要求是，不要暗示死亡。在一定程度上，人们颁布了一个秘密的律法：对于别人，任何人都应一直这样去做，好像这个人会死亡的可能性完全不被考虑。任何关于交往的律法，都没有像这一条那样受到重视。因为，对一个垂死的人的最后的爱在于，人们这样去做，好像这种疾病本来就不危险。即使病人本人已经感到了情况的严重性，但他也始终喜欢听到相反的话。

在座的各位也许知道一位当代法国作家小说集中的一个激动人心的故事。每个礼拜四，一个年轻的孀妇总要带着孩子去看望一位远房的老年亲戚，这位老人答应把一部分遗产留给他们。一个礼拜四，孀妇带着孩子又走了五个小时的路，她发现老人的病情恶化了，老人本人的感觉也不好。老人对孀妇说，我是不是应该写遗嘱了？你不认为，你应该去请公证人了？但孀妇对这一问题有一种神秘的害怕。她答道：不，这只是暂时的。老人高兴地笑了。可是，第二天老人去世了，而且没有留下遗嘱。这样，老人的近亲就得到了一切。然而，孀妇可以感到欣慰的是，她在此给予了孩子所必不可少的东西，使老人免去对死亡的忧虑，她给予了老人最终的慈爱。

再说一遍，如果有人觉得死神即将来临，并感到有必要与人交代遗言，以准备后事，那么，人们就应该阻止他这么做，并且装出没有看到他病危的样子，直至他死去。这就是说，使他放弃这个念头，而他最终也不谈及此事了，这就是人们给他的帮助。人们使他独处，不去理他的这一要求。

实际上，在对死亡的自然观察中，就有一些使人宁静的东西。大家想过没有，如果我们的生命没有目标，而又一直持续下去，这将是一件多么可怕的事情？当然，为使一个人对生命不会终结产生反感，并不需要让他在生活中特别遭受不幸。大家可以想象，在我们目光所及的未来范围内，我们也许被陷于对这一生存的愿望和忧虑之中；而且那些与此相关的，我们的和别人的忌妒、仇恨和过失，也许会一直毫无遗漏地积聚起来？如果大家已经想到了这一点：在没有确定目标的情况下，我们的生命将是多么地难以承受。从而可以说，死亡对所有人，包括最幸运的人，不是敌人，而是拯救。

因此，如果我们想使自己的生命真正地卓越的话，我们大家都必须使自己信赖对死亡的思考。当然，我们不需要每时每刻都去思考死亡。但是，如果我们的生活道路把我们引向这样一个制高点，在那里近景消失了，而目光指向远方并直至终点，然后不是闭上眼睛，而只是休息一下再一直望着远方：从这种死亡思考中产生出对生命的真正的爱。如果我们信赖对死亡的思考，把每个礼拜、每天作为礼物接受下来，这样地让生命逐步逝去，那么生命是值得的。

信赖死亡思考的生存能导致摆脱外物的真正的和内在的自由。我们所有的并以奴隶的锁链束缚我们的虚荣、贪欲和嗜权，不能长期诱惑理解死亡的人。相反，他感受到终结的思考如何逐渐地使他成熟起来，使他摆脱较坏的自我、外物和别人，当然也使他摆脱对别人的畏惧和仇恨。如果我们在生活中通常是如此地软弱和丑恶，而且通常我们在别人身上看到的也是这些东西，那么其原因在于：死亡思考还没有使我们内在地摆脱生命。

然而，即使一个人摆脱了通常的死亡畏惧和对死亡进行了思考，并且能够面对死亡，即使他能够顺从死亡和了解由虔信的诗人令人感动地谈到的死亡渴望，那么他也许会内在地像使徒保罗一样，必然反对使这种渴望变得过分强烈。这就是说，他还懂得一种死亡畏惧：需要他的人被夺走的畏惧。人们不能够祛除这种畏惧，它有时会像闪电一样地到来。一个男人和一个女人尚且不能共同体验一切，当其中一个人在对另一个人的观察中，并没有这样的想法，但却面临着这样一个问题：没有我时，他会怎么样？同样，母亲也没有与孩子共同体验一切，当她不是突然地感到一种莫名的恐惧的话：没有我，孩子将怎么办？这就是人们达到的认识。但是，如果人们尝试追根寻底的话，那么在我们的生命中确定的东西：不是我们对其希望和愿望的东西，而是需要我们的或远或近的人。我们已经感到了这一畏惧，当我们关注和我们相关的人，我们恐惧地问自己：没有他们，我们的生命将会怎样？

审视这种畏惧，它就不会冲击到你思想的最深处。如果这种畏惧不是始终为你留着，而是敢于表达出来，每当为此的时间到来时，也就是说当在一起的人共同想到，每天、每时每刻都会把他们拆散，那么其中有着一些深刻和神圣的东西。由此，大家将始终看到，那些起初位于前列的，与留下来的人相关的忧虑，会退到产生于我们中的别的、更深的忧虑之后：我们是否相互给予了我们能够给予的一切？我们能够给予的一切是否都是我们想使它发生的东西？这一忧虑引起了关注。我们认为，如果这样相互对待，我们就能够承受分离。在世界中的人们之间，也许存在着很大的差别，但如果他们敢于相互关照并共同想到：一个人与别人会被分开；那么，正是在此，通过这种死亡，一个人对别人来说是得救了。

在哪里克服死亡？在最深刻的凝聚瞬间，我们这样观察和评价我们的生命及相属的人，好像我们必须把他们奉献给死亡，并又即刻从死亡那里收回了他们。

但这已不再是对死亡的自然观察，而是使徒保罗在其书信中作为基督宗教的原始秘密而宣告的：那些在灵魂中与主同在的人，通过一个内在过程，已与他一起体验了死亡和新生。现在，他们作为内在地摆脱了尘世的人在世上漫步，就像常人通过死亡摆脱了尘世一样。

那么不朽呢？“死亡”这个词经常出现，而另一个词“不朽”，人们通常立即把它用于消除对死亡的害怕，则没有说出来，这一点也许引起了大家的注意。事实上，人们也许太多和太经常地纯粹外在地使用“不朽”这个词，以使人们回避死亡，或者使他们轻视死亡。但是，人们仅仅把它作为一种慰藉而相信的不朽，不是真正的不朽。这种不朽留在人的思想中，就像人们画在墙上的水彩画一样，接着的一场雨就会把它冲刷得一干二净。这种不朽只是外在地告知人，而在人通过无思想回避其死亡畏惧之后，它也就立即不管人了。

但是，谁敢鉴于死亡而观察生命，谁逐步地从死亡中收回生命，并且把生命看作不是属于他的，而是被赐予他的？ 这就是那些在其思想中克服了死亡的人，他们有其内在自由与宁静平和的信念。 因为他们已经有了和体验了这些，并已从对其的和平和快乐中获得了力量和慰藉。 他不能够说事情如何发生，也不能够把自己的观念与传统观念协调起来。 但是，他肯定知道，我们心中的一些东西是不会失去的，即使我们自己死去了，但在精神之域，它仍然到处存在并继续起作用。 因为它现在就在我们心中活着并起作用，如果我们内在地通过死亡而获得生命。

1909 年 5 月 13 日[1]，我参加了学医后的第四学期医科大学预科考试。 对我来说，通过考试掌握这些所必需的知识是不容易的。 尽管我对这些学科的材料很感兴趣，但这无助于我摆脱这样一种事实：30 多岁人的记忆力是不能与 20 岁的大学生相比的。 我笨拙地强制自己的头脑进行纯粹科学的工作，而不是只为考试努力。 只是到了最后，我才听从同学的劝告，参加了一个复习小组，以熟悉教授们习惯提出的问题。 这些可能的考题是大学生概括出来的，并包括教授们喜欢听到的答案。

幸运的是，尽管我在考试期间感到极度疲劳，这是我终生难以忘怀的，但一切都比期待的要好。 在后来的临床学期中，我就感到没有先前那样累，因为科目集中了。

1908 年 6 月 10 日致卡托维茨音乐出版社经理古斯塔夫 · 冯 · 吕普克的信：

亲爱的朋友！

……三个礼拜前，我通过了医科大学的预科考试，现在已经是

[1] 作者的记忆错误。 医科大学预科考试在 1908 年。

一个医学博士的候选人了。我是在写作《巴赫》时准备这一考试的，有些章节甚至是在解剖室解剖尸体时构思出来的！作为医科大学生，我由此开始了第六个学期的学习。两年后，我将参加医科国家考试。

需要说明的是，三年前，那时我30岁，为了以后到刚果去行医，我做出了在担任神学编外讲师的同时开始学医的决定。我的一些熟人作为巴黎传教协会的传教士在那里服务。一个医生也许是必要的，因为那里的气候非常糟糕，而可怜的黑人实在是痛苦之子。昏睡病、饥饿导致的伤寒、化脓的伤口、眼疾等造成的痛苦是可怕的，而且那里没有医生，因此我要去。自20岁以来，我考虑这个问题已有10年了，并打算在30岁时做出决定。这一决定于1905年1月14日做出，当时我正在写作《从赖马鲁斯到弗雷德》。然后，我放弃了在神学研究所的工作，还通知神学系，我不再追求在学术上的发展，并于秋季开始在医学系学习。

但愿您使我高兴，并比常人看得深刻。……您发现，我做的事就像我本人一样理所当然。

对我来说，这事关宗教的存在与不存在。我觉得，宗教就是“做人”，做一个耶稣意义上的质朴的人。海外殖民地的情况令人绝望，我们基督教民族把社会渣滓送往那里，我们念念不忘的只是：如何从那里的人当中榨取更多。概括地说，那里的状况是对人类和基督教的嘲讽。如果应该为此赎一点罪的话，那么我们就应该派这样的人去，他们以耶稣的名义行善，不是“要使人信仰基督教”的教士，而是人们必须为穷人去做事情的人。只有这样，登山宝训和耶稣布道才是对的。如果基督教不去做好这件事，它也就失去了生命。

现在，我们坐在这里研究神学，为的是在以后争夺最好的牧师位置；我们写下厚厚的学术著作，也是为了成为神学教授。……而在海外发生的一切，那里事关耶稣荣誉和名义的斗争，则与我们无关。我不想为了成为一个“著名的”神学家，而把自己的生命一直耗在

“批判的发现”上，我不想一直培养坐在这里的牧师，我也不想有把他们送往那里做大事的权力。

我不能这么做，我已经长期地、反复地考虑过。最后，我终于明白了：我的生命不是学术，不是艺术，而是奉献给普通的人，以耶稣的名义为他们做任何一点点小事情……“你们为我的这位最微不足道的兄弟做的事情，就是你们为我做的事情。”空气流向“真空”的地方，理解精神法则的人，必然前往为人们所必需的地方。

这样，我就在自己的业余时间成为了一名医科大学生，现在又成为了一名医科博士候选人。最初认为我行为荒诞的人，现在不再取笑我了。当然，过去的三年是极不容易的。但是，我的内心宁静而又充满了幸福感。做一个普通的人！甚至当我坐在年轻的大学生中间参加预科考试，这样的艰难时刻也不能使我动摇。布道，现在对我来说是如此的简单！我就像一个普通信徒一样，极其质朴地布道。我的大量布道词，都是在学医期间起草的。我的生活是艰苦的，然而是美的。您不要认为我是一个耽于幻想的人，实际上，我是一个非常客观和冷静的人。但是，我从青少年时代起就反复思考了与宗教和基督教相关的事情，以及“耶稣使徒”布道中的意义。最终的结论是：关键在于行动。

我在给您的信中所写的一切，是如此的凌乱。但是，我必须花时间与您交谈，把事情说清楚。请您不要和“艺术家及音乐作家们”谈起我的计划，我要尽可能地不让公众知道这件事。当然，您可以与您的神学家兄弟谈及此事。现在，我必须打住了。因为我觉得，我已经说得这么多了，而且一直是我在说。请您考虑，您将发现，这一切完全都是理所当然的。关键在于，人们作为神学家敢于思考基本的思想。我不是神学家，而是投身于哲学、“思想”的人。这是一种美妙的，同时又是可怕的疾病，就像苏格拉底，这位除了耶稣之外我最推崇的人所说的那样……

衷心地问候……从礼拜六晚上起我将在斯特拉斯堡，现在我必须准备礼拜天早晨的布道。在我前往非洲之前，我们必须见一次面。

您的满怀忠诚和谢意的阿尔贝特·施韦泽

1911年10月[1]，我参加了医学国家考试。为了挣得考试所需的费用，我于9月参加了慕尼黑的法国音乐节的演出。在那里，维多尔指导我演奏了他不久前完成的为管风琴和管弦乐队创作的宗教交响曲。医学国家考试从10月开始，12月17日结束。在通过了马德隆教授的外科考试，也就是最后一项考试科目之后，我在冬天的夜晚走出了医院。当时，我几乎不敢相信，学医的可怕劳累终于可以过去了。我一直使自己确信，这一切不是在做梦，而是真的。有一次，我和马德隆教授并排行走，我就像在远方听到他在谈论别的事情："正因为您有这么健康的身体，您才能够做到这一点。"

写医学博士论文时[2]，我就已经开始为前往非洲行医做准备。1912年初，我辞掉了在斯特拉斯堡大学和圣尼古拉教堂的职务。1911—1912年的冬季学期，我开了最后一次讲演课，其内容为：宗教世界观与宗教历史研究的成果和自然科学事实的论争。

在圣尼古拉教堂作的最后一次布道中，我引用了保罗《腓立比书》中的祝词："上帝所赐出人意外的平安，必在基督耶稣里，保守你们的心怀意念。"多年来，我总是以此结束我所主持的礼拜活动。

不再布道和不再讲课，这对我来说是一种很大的牺牲。在前往非洲之前，我总是尽量避免路过圣尼古拉教堂和大学，看到这些永远失去的活动场所会使我十分难过。直到现在，我仍然难以正视大学主楼入口东面第二礼堂的窗口。因为正是在这一礼堂中，我经常作讲演。

[1] 实际上是1910年。
[2] 标题：《关于耶稣的精神病学的评定》，图宾根，1913年。这一论文是施韦泽惟一的医学出版物。

1912年6月18日，我与海伦娜·布雷斯劳结了婚。她的父亲是斯特拉斯堡的历史学家。接着，为了与她不在旅途中，而是在京斯巴赫我父亲的牧师住宅中共同生活最后几个月，我搬出了托马斯堤岸边的房间。在结婚之前，海伦娜就是我整理手稿和进行校对时的得力助手。这次修订所有在前往非洲前已完成的稿件时，她更是给予了我很大的帮助。

1912年初，我在巴黎学习热带医学，并开始采购为前往非洲所必需的物品。如果说，在开始学医时，我只是在学识上熟悉这些物品的话，那么现在必须从实际上去把握它，这对我也是一种体验。至今为止，我只从事过精神方面的工作，而现在则整天操劳，根据供货单下订单，在各商店奔波订货，检验货物，核对账目，开列出有关的详细清单。在购齐建立一个诊所所需的一切之前，例如工具、药品和绷带，等等，我根本没有时间和精力谈及为我和妻子在那里生活而必须共同做的准备事宜。开始，我觉得做这些事情是一种负担，但后来逐步体会到，全身心地处理实际事务也是值得的。现在，我甚至认为，一次理想的订货是一种艺术享受……

为了筹得在非洲行医的必要款项，我在熟人当中到处求助。为一项其合理性尚待证明，现在还只是一种意图的事业筹款，我感到十分的艰难。但是，大多数熟人和朋友帮助我摆脱了这一困境。他们对我说，愿意为这样一个冒险的计划捐赠，因为这一计划出自我。当然，我也遭遇过不快。在有些人的口气中，我好像不是一个拜访者，而是作为一个乞讨者来到他们那里的。然而，我在这一过程中体验到的爱，比我由此受到的不可避免的屈辱要多得多。斯特拉斯堡大学的德国教授为将在法国殖民地开办的事业捐赠了许多许多，这使我深为感动。同时要指出的是，所得款项中的大部分是从圣尼古拉教堂的教区成员中筹得的。

当确信已经能够筹到建立一个小诊所的必要资金之后，我就向巴黎传教协会明确地表达了自己的志愿：自费在兰巴雷内传教站统一领导的奥戈维河畔的传教区作为一个传教医生服务。

如同整个奥戈维河畔地区的福音传教活动都是由 1874 年来到那里的美国传教士主办的那样，兰巴雷内传教站也是由美国传教士和医生纳索博士于 1876 年建立的。在加蓬被法国占领之后，从 1882 年开始，巴黎传教协会取代了美国传教协会。因为美国传教士不能够按照法国政府的要求，用法语给学生们上课。

博埃涅先生的继任者，巴黎传教协会会长让·比昂基，以其质朴的虔诚和机智的领导为协会赢得了许多朋友。他用其全部权威主张，人们不能失去免费获得一个为加蓬所急需的医生的机会。但是，协会中严守教义的成员则表示反对。为此，他们决定让我前往传教委员会，接受一次信仰考试。但是，我不能同意这么做。因为，耶稣在召唤其使徒时，除了要求他们跟随他之外，从来没有提出过别的要求。于是，我主动提出逐个拜访委员会的成员。这样，以与我谈话为基础，也许可以弄明白，我是否真的对非洲人的灵魂和传教协会的名声有这么大的危险。这个建议被接受了，我则必须为此牺牲一些宝贵的下午时间。少数委员对我比较冷淡，大多数委员则对我说，我的神学立场使他们担心，特别是担心我可能用自己的学术观点搞乱传教士的思想，以及我也可能想在那里布道。我向他们保证，我只想做一个医生，而对其他问题则会像一条鱼一样保持沉默。沉默的鲤鱼形象使他们放下心来。通过这些访问，我甚至与一些委员建立了非常诚挚的关系。

从而，接受我志愿的前提是，我放弃可能干扰传教士和黑人基督徒信仰的一切。但尽管如此，还是有一位委员为此宣布退出了传教委员会。

还有重要的事要到殖民部去做：获得在加蓬行医的允许，尽管我只有德国的医学博士文凭。由于具有影响力的熟人的帮助，这最后的困难也被克服了。道路终于开通了！1913 年 2 月，被装好的 70

个箱子作为托运货物先送往波尔多。当我们整理随身行李时，妻子指责我坚持带上2 000马克的黄金而不是纸币。对此，我答道：我们必须考虑到战争的可能性。到那时，黄金在世界的任何地方都能够保持其价值，而纸币的命运是不确定的，可能被拒绝支付。

尽管我确认，无论是法国人民，还是德国人民都不想打仗，而且两国的议员也在寻找相互结识和展开对话的机会，但我还是考虑到了战争的危险。作为一个长期为增强德法两国之间相互理解而努力的人，我知道，正是在那时，人们为保持和平做了许多事情，并存在着可能成功的一些希望。但另一方面，我对此也不抱任何幻想，因为欧洲的命运已不仅仅由德法关系决定。

在前往非洲的一个礼拜之前，施韦泽完成了《从赖马鲁斯到弗雷德》修订本的写作。现在，此书改名为《耶稣生平研究史》。下面的段落摘自其中的“结论”：

在研究耶稣生平方面，值得注意的是：它的出发点是发现历史上的耶稣，并且认为能够把原本的作为导师和救世主的耶稣置于当代。它解开了千百年来把耶稣捆绑在教会理论山崖上的绳索，并为耶稣的再生和人化而高兴，它看着历史人物耶稣的来临。但是，耶稣并没有留下来，而是越过了当代回到了他自己的时代。这一切使近几十年来的神学家感到惊异和害怕。但是，即使用上了所有的牵强附会和强力行为，神学家们也不能把耶稣留在当代，而是只得让他离去。就像摆脱束缚的钟摆必然回到其原始状态一样，耶稣也必然回到他自己的时代……

对于耶稣生平研究已经取得的成就，人们没能足够高地加以评价。实际上，耶稣生平研究意味着一种惟一伟大的真诚行为，人类全部精神生活中最重要的成就之一。尽管有其错误，但现代—自由主义和通俗化的耶稣生平研究对于当代和未来的宗教性所做的一切，只有在人们深入把握几乎或完全没有被这些人所涉及的罗马文化和文学时，才能够得到合理评价。

当然，错误必然会出现。对于我们的能力，对于我们历史上的耶稣，对于我们的历史神学能够在精神上给世界带来东西的信心，我们的现代神学家太自信、太自负了。通过历史的认识，我们能够建设一种新的富有生命力的基督教，能够在世界上促进精神的力量，这一想法就像偏执观念一样支配着我们，并且使我们不能看到：我们由此承担的只是一种为伟大的宗教使命做准备的文化任务，而且要尽可能地把它完成好。我们认为，当代只有走过由我们所理解的历史上的耶稣的弯路，才能够走近耶稣。但是，真实的历史封闭了这条弯路……

如果我们使他摆脱了所有为了当代而对过去进行的错误编造，那么历史上的耶稣对于我们意味着什么？我们有这样的直接感受：尽管有其奇特和神秘的性质，但在世界还存在的任何时代中，即使人们的观念和认识在此期间已经发生了很大的变化，耶稣的人格始终是伟大的，对我们的宗教始终是一种深化和拓展。这种基本的感受应该被明确地表达出来，并且不要使它成为教条的独断和空话，也不要使历史研究始终被引导去进行新的无望的尝试，即把耶稣现代化，以及淡化和重释耶稣宣告中受时代条件限制的东西，好像这样做之后，耶稣就将对我们具有更多的意义……

耶稣的作为在于，他把自己天然的和深刻的德性与晚期犹太教末世论的观念结合在一起，并用当时的观念材料表达了对一个伦理上完善的世界的希望和意愿。而所有忽略这种世界观总体特性的尝试，以及把耶稣解释成在其对人的“神父”、“神子”等等的启示中为我们而存在，都必然会导致对其宗教的狭隘、怪异和难以使人信服的把握。实际上，耶稣对于我们来说，不可能是一位认识上的权威，而只能是一位意志的权威。耶稣的使命只能在于：作为一颗强有力的心灵，他提升和澄明支配我们及其邻人的意志和希望的动机；如果我们仅仅依赖自己，不受耶稣人格的影响，而我们的动机也达不到他的高度的话。从而，尽管观念材料极为不同，但耶稣仍然按其世界观的本质塑造着我们的世界观，并唤醒在其世界观中起作用的动能……

耶稣期待着一种能够超越尘世而被实现的尽善尽美的最终状态，而我们只能把这种状态理解为道德活动的结果，这一切是与观念材料中的变化有关的。人们并不试图通过解释的技艺用耶稣的话来发挥我们的“发达思想”。关键仅仅在于：我们以耶稣的勇猛精神思考通过道德活动而被实现的天国，耶稣正是以这一精神把对天国的期待从上帝干预转向自身；并且共同明确，我们必须能够为此奉献一切……

我们与历史上耶稣的关系必须也是一种真实的和自由的关系。我们承认历史的权利，并使自己摆脱它的观念材料。但是，我们服从在其之后的强大意志，并试图在当代为其服务。这一意志在我们的意志中生成为新的生命和活动，并为我们和世界的完善而努力。正是在其中，我们发现了与无限的道德世界意志的合一——存在，并成为天国的孩子……

对宗教和耶稣人格的这一把握，通常被认为是片面的道德主义和理性主义。对此的反驳是：如果这一把握确实是具有活力和伟大的，它就包含着全部宗教。因为人们对于拯救能够说的一切现实东西，最终都归结为：在我们与耶稣的意志共同体中，我们摆脱了世界和自己，并且发现了力量、和平与生活的勇气。人们并没有忘记，就其本质而言，耶稣本人就是一位生活在晚期犹太教形而上学中的道德和理性主义者。

从根本上说，我们与耶稣的关系具有神秘的性质。对于任何过去的人物，人们都不能够通过历史考察或者通过对其权威解释的考虑而使其活在当代。只有在一种共同意志的认识中，我们与其成为一体，在其意志中体验到我们意志的澄明、丰富和激活，并在其中再发现我们自己，我们才赢得与其的关系。在这一意义上，任何深刻的人际关系都具有神秘的性质。 从而，我们的宗教就其表现为特殊的基督教而言，与其说是耶稣崇拜，毋宁说是耶稣神秘主义。

只有耶稣创造了我们当中的共同体。 他这样做，并不是把它作为象征或某种类似的东西。 就我们之间与他共有一个天国高于一切的意志，并为这一信仰和希望服务而言，这一共同体是耶稣和我们，以及生活在这一思想中所有世代的人的共同体……

在晚期犹太教的观念材料中，人们把耶稣称为弥赛亚、人子和上帝之子，对于我们来说，这已经成为历史的比喻。 如果耶稣本人接受这些称号，那么也只是表明，他也受到时代的限制：耶稣认为自己是一位主宰者和统治者。 而我们认为，这些称号都没有表达耶稣对于我们所具有的本质意义。

就像耶稣在海滨走近那些不知道他是谁的人那样，他也是作为一个不知名的和没有名字的人走向了我们。 耶稣说着同样的话：你跟随我！ 耶稣把他在当代必须完成的任务交给了我们。 耶稣命令着。他将启示那些听从他的人，无论聪明与否，在其和平、行动、斗争和痛苦的共同体中，他们可以体验到什么。 作为一种不可言说的秘密，他们将体验到：他是谁……

1916 年

第四篇

丛 林 诊 所

（1913—1917）

白人“巫师”

水和丛林……！ 谁能够再现这一印象，我们好像在做梦一样。《圣经》中大洪水之前的风光，原先曾在一幅梦幻般的图画中看到过它，现在活生生地呈现在我们面前。 河流和土地连成一片，人们分辨不出哪里是它们的分界线。 盘根错节的大树，它们的根须延伸到河中，树干上缠满了藤蔓。 到处是棕榈科的灌木和树丛，其间生长着枝绿叶茂的阔叶树，还有一些高耸的云杉。 长着扇形大叶子的纸莎草有一人多高，十分茂盛，浓绿中的枯树凌空直上……水光通过每个空隙反射出来，各个河湾处都有新的支流。 一只鹭鸶慢腾腾地飞着，落在一棵枯树上。 白色和蓝色的小鸟掠过水面，上面有一对鱼鹰在盘旋。 那里，肯定不会弄错！ 从椰子树上垂下来和摆动着的，是两只猴子的尾巴！现在，这里的主人都可以被看到了，这里确实是非洲。

船一小时接着一小时地行进着，各个河角和河湾的风光差不多。到处是这样的丛林，同样发黄的河水。这里自然的力量使单调无以复加。人们闭上双眼，休息了一小时。当醒来之后，看到的仍然是先前的景色。奥戈维河不是一条河流，而是一个大的水系。有三四条莱茵河般的支流汇合在一起，其间还有大大小小的湖泊。在这种难以区分的水流中，黑人舵手是如何找到航路的，这对我是一个谜。他手握舵轮，不用地图，驾驶着汽船从大河驶向小河，从小河驶向湖泊，最后又从湖泊驶向大河……船就这样一直航行着。从16岁开始，他就在这里开船，甚至在月光下也不会迷航……

兰巴雷内位于赤道南部附近，其季节也按地球南半球划分。因此，当欧洲夏季时，这里是冬季；反过来也一样，如果欧洲是冬季，那么这里就是夏季。这里的冬季被称作旱季，从5月底开始持续到10月初。这里的夏季则是雨季，从10月初开始到12月中旬，再从1月中旬持续到5月底。圣诞节前后大约3至4个礼拜是持续的旱季，其气温是一年中最高的。

这里的平均气温，雨季的背阴处是摄氏28—35度，冬天的旱季则是25—30度。黑夜几乎与白天一样热，这种状况以及极为潮湿的空气使欧洲人很难适应奥戈维低地的气候。一年之后，欧洲人就会开始容易疲劳，并有贫血的症状。两至三年后，他就难以正常工作，最好是回到欧洲疗养至少8个月……

在兰巴雷内，传教士为我们安排了一个十分真挚的欢迎仪式(1913年4月16日)。但遗憾的是，他们不可能建造一间波纹铁皮棚屋。本来，我是应该在这间棚屋中开始行医的，他们找不到造棚屋的工人。因为当时奥戈维河地区的木材贸易十分繁荣，这就为比较机灵的当地人提供了收入高于传教站能够支付的工作。因此，开始时我只得把住宅旁的一间旧鸡棚当作诊疗室。直到深秋，我才能搬进一间位于河边低地的覆盖着树叶的波纹铁皮棚屋。这间棚屋 8 米长、4 米宽，包括一小间诊疗室，一小间手术室和一间更小的药房。随后，在这间棚屋的周围逐步出现了不少大竹棚，这里成了当地病人过夜的场所。白人则住在传教士和医生小屋中……

在我们到来之前，传教站就告知人们，要等到医生抵达这里 3 个礼拜之后，大家才能够找他看病。因为只有这样，医生才有时间做好相应的准备。但是，人们并没有听从这一要求。传教士埃伦贝格尔先生在码头上尽力劝说病人回家，也没有多大用处。每天总有一些病人悄悄地留下来，向我提出求助的要求。

然而，为当地病人治病并不容易。因为当时我只能依赖一个偶然过来的翻译。此外，我随身携带的药品很少。在医疗器械方面，我能够使用的也只有一小包，这包器械是斯特拉斯堡的朋友们送给我的。由于这是我收到的第一份捐赠，因此它对我具有特殊的意义：爱和珍贵。

我们托运的物品过些日子才到来。在 4 月 26 日至 27 日的深夜，人们终于听到了轮船的汽笛声。不过，我们的箱子却被卸在了奥戈维河主流边天主教传教站的地上。因为汽船的船长担心会碰到长在水下的树干，拒绝把船开进支流并停泊在我们的码头边。这样，我们就必须在 1 小时内把 70 个箱子装到独木舟中去。幸运的是，尚佩尔和佩洛先生以及来自恩戈莫的水手们热情地帮助了我们。一家设在当地的海外分理店友好地允许我们使用他们的一只最大的独木舟，以运送最沉重的箱子和钢琴。这只由一根树干制成的独木舟能够承载 3 吨重的货物。因此，它能够轻松地运送好几架钢琴……

与此同时，我也找到了一个翻译和助手。在我的病人中间，有一个看上去很聪明，法语也讲得不错的当地人，他引起了我的注意。这人告诉我，他是一个厨师，但由于健康原因必须放弃这一手艺。于是，我请他留下来帮助我，因为我们正找不到厨师。此外，他还可以作为翻译和助手帮助我工作。他的名字叫约瑟夫，人很机灵。出于老习惯，他总是用厨房语言来表达人体结构，这没有什么可奇怪的：“这个男人的右里脊肉痛。”“这个女人的左上排骨痛。”……

关于如何与当地人打交道，他还向我提出了许多宝贵的建议。然而，对于他认为是最重要的一个建议，我无论如何不能接受。他要求我拒绝收留看来已经无法医治的病人。他反复向我列举“巫师”的例子：为了尽可能维护自己医术的声誉，他们都是这么做的。当然，在这一问题上，我承认有一点他是对的，即对未开化地区的人来说，如果确实没有希望，就绝不能使病人及其家属还抱有希望。如果死亡是在没有任何提示的情况下到来的话，那么人们就会说，医生不知道这病会有这样的结果，也就是说医生不能正确诊断这一疾病。因此，必须向当地的病人直接说出真相。他们想了解真相，并且也能够承受它。死亡对他们来说是自然的事情，他们不害怕死亡，而是能够平静地面对死亡。如果不抱生还希望的病人脱离了危险，那么这对医生的名誉更为有利，这也适用于一个甚至能够治愈致命疾病的医生。

我妻子受过护理方面的培训，她在诊所中对我的帮助很大。她照料重病人，处理洗涤物和包扎材料，管理药房，整理医疗器械，为手术做好一切准备。在我动手术时，如果约瑟夫作助手的话，她还承担麻醉的工作。除了料理在非洲的复杂家务之外，每天还要为诊所忙上几小时，我妻子能够做到这一切，真是不容易……

幸运的是，我的第一个手术是成功的。几个月后，诊所每天要接待大约 40 个病人。但是，不仅为了这些病人，而且为了那些用独木舟把病人从远方带来、并留下来看护他们的陪同，在他们重新回家之前，我必须有能够接待他们的宿舍。

虽然我承担的工作也是很繁重的，但与随之而来的操劳和责任相比，似乎还没有那么困难。遗憾的是，我属于这类医生，他们不具备为医生这一职业所要求的硬心肠，而老是摆脱不了对重病人和手术病人的操心。我徒劳地尝试使自己保持冷静，对于一个沉浸在病人痛苦中的医生来说，这种冷静使他能够妥善地对待自己的情感。

在治疗过程中，我也要求黑人病人用行动来表达对所受帮助的谢意。我一直请他们想想，他们在诊所得到了善待，而欧洲的许多人则为此做出了牺牲，因此他们也应尽力为维持诊所做些事，我就这样不断地劝说他们。后来，我也能为发出去的药品得到一些礼物：钱、香蕉、鸡和蛋……

我也想，如果当地人自己也必须尽力为维持诊所作出贡献，那么与简单地不付报酬就得到帮助相比，他们也许能够更充分地理解诊所的价值。被要求的礼物具有教育意义，后来的经验更坚定了我的这一想法。当然，对于赤贫者和老人(年老和贫穷在未开化的人中是同义词)，我不要求赠品。

在当地的加洛阿语中，我的名字叫“奥甘加”，它的意思是“巫师”。当地人对医生没有别的称呼，因为有医术的黑人都是巫师。我的病人认为，即使距离很远，治愈疾病的人也具有把疾病招来的力量，这是合乎逻辑的。对于这种集好和危险于一身的人的思想，引起了我的注意。

当地的病人认为，只要不是魔鬼作祟，所有疾病都是由“虫”造成的。当病人被要求介绍其病情时，他们就开始叙述虫的故事：它首先如何出现在双腿中，然后进入了头脑，再从头脑转到心脏和肺部，最后在腹部安下家来，所有的药品都应该针对这种虫。例如，当我用鸦片酊为某个病人镇痛之后，过些日子他又喜形于色地到来，告诉我虫已经被从身体中驱逐了出去，但现在到了头脑中折磨着他。这样，我就又得给他针对头脑中的虫的药品了。

为使病人理解应该如何吃药，我失去了很多时间。翻译不断重复地指点他们；病人本身也必须把这些说明背诵下来；用药说明还被写在了瓶子或者盒子上。这样，在病人的村子里，识字的人就能够向他们转述这些要求。但即使如此，我最后还是不能确定：他们是否没有一下子就把整瓶药水喝下去，或者吃了外涂的软膏，而把吞服的药粉涂抹在了皮肤上……

最严峻的是，出现了各种皮肤溃疡。即使它部分地也与由白人带到非洲的疾病相关，但主要起因于各种在欧洲不再有的损伤。最严重的溃疡来自沙蚤的伤害，雌沙蚤叮咬人的手、脚并产子，由此导致皮肤凹陷开裂和感染化脓。由于在一条腿上经常有四十多个沙蚤叮咬，因此溃疡一下子就蔓延开来。当我抵达兰巴雷内时，就看到了十来个因沙蚤的伤害患了脚趾坏疽病的学童。麻风溃疡也大量地出现了……

对于当地的疾病，我首先关注的是疟疾，以及它的后果，肝、脾肿大和风湿性疼痛。有些人在服了几克奎宁之后，人们几乎认不出他们就是原来的病人。但是，在儿童那里，我发现他们的肝、脾都肿大了。

根据人们向我的叙述，昏睡病正在日益蔓延，我也看到了一些病例。病人主要是在奥戈维湖区伐木的工人。严峻的是，如果不采取相应措施的话，昏睡病就会传染到各个村子里去。

对于昏睡病在第一和第二阶段所引起的痛苦，人们不能够予以确切的表达。一个健壮的男人向我诉苦："几个月来，我每夜都在哭泣。"有些昏睡病人极端暴躁，必须由陪同把他按住。对于这些最为可怜的人，可以用水杨基酸系列的碳酸氢钠、溴盐和安眠药减轻其痛苦。为此，我已经听到了不少令人感动的感激话语。

我每天都得接待麻风病人。对他们的治疗，一般采取先洗涤身体，然后涂抹印度大风子油溶液的办法。当然，这不可能治愈麻风病。但尽管如此，病人的状况还是得到了明显和持久的改善，以至于他们的麻风病就像被治愈了一样。当地人很害怕麻风病，只要有几个红斑，他们就会从老远的地方过来看病。事实不断地证明，他们的这种担心是有道理的。

当地的心脏病和肺病患者也出奇地多。后来，当发现一些人这两种器官的状况还过得去时，我开始把它当作一件少见的好事。肺病频发的原因在于：在夜晚相对较冷的旱季，几乎每个当地人都患了支气管炎。大多数当地人家里没有被子，在潮湿的茅屋里，他们夜里很容易受冷，因此肺炎也经常发生。尽管在欧洲人看来，这里的夜晚应该说是很热的。

由于与长期流行的疟疾交织在一起，肺炎的状况也就恶化了。通常，这些病人的结局几乎都是死亡。我碰到过不少这类病人，他们主要是在湖区伐木的当地人，几个礼拜以来持续发烧。

除了疟疾之外，烈酒也损害了奥戈维人的抵抗力。如果不是立即制止烧酒贸易的话，那么当地居民的命运就没有希望。

我觉得，变形肿胀的象皮病，特别是双脚的象皮病，在当地也比在非洲其他地区更为流行。每天都有不少象皮病人到我这里来求诊，有些病人的双脚肿得很厉害，到了抬不起来的地步，因此只能悲惨地拄着棍棒勉强走路。

在前来就诊的疾病中，不能忘记疥癣，它给黑人也带来了许多痛苦。我诊治了一些病人，由于一直受到皮肤瘙痒的折磨，他们连续几个礼拜都不能入睡。有些病人浑身上下发痒，皮肤被搔破，然后化脓、溃疡。不过，对此的治疗倒是很简单的。礼拜一和礼拜三，疥癣病人在河中彻底洗净之后，我给他们涂上用棕榈油和沙丁鱼罐头油调成的硫磺软膏。我还把软膏放在原来装消毒牛奶的铁皮罐头中，每个病人得到一份，这样病人自己也可以涂两次。疗效是惊人的，瘙痒第二天就消退了。

当地人充满了信赖感。有时，他们甚至会由于自己对现代医学的信仰而感到羞愧。他们中的许多人也表达了其真诚的感激……

情况是严峻的。近来，一个年轻男子这么对我说："在我们那里，每个人都生病了。""这片土地在吃人。"一位老年酋长告诉我。……对此，也许他还能补上一句："自从白人来到我们这里之后。"因为白人带来的疾疫，以及他们毒化这片土地的劣质烧酒，夺走了民众的生命。在1872年之前，非洲根本不知道什么叫烧酒……

精神病人使我深为担忧，因为我不知道该把他们安顿在哪里。如果我让他们留在传教站中，他们就整夜吵闹。为使他们安静下来，我夜里只得反复起来打针。现在，我回想起一些糟糕的夜晚，它使我长时间地疲惫不堪。而在旱季，这个问题则有可能得到缓解，我让精神病人及其陪同到600米远的沙滩上过夜。当然，每天要让他们走动两次，这也十分费时和劳累。

由于当地人不知道如何对待精神病人，这些可怜人的命运是可怕的。把他们关起来，这办不到，精神病人随时随地都能够从竹棚茅屋中冲出来。因此，他们被用韧皮绳子绑住，但这只会使他们更暴躁。于是，结局始终是，人们以各种方式了结他们的生命。

传教士奥特曼先生告诉我，一个礼拜天，他在萨姆基塔听到邻村有人大声呼叫。为想了解那里究竟发生了什么事，他就去了邻村。相遇的一个当地人告诉他，没有什么，只是从几个小孩的脚中挤出了一些沙蚤。这样，他就安下心来回到家里。但过了些日子，他却得知，实际上那天有人把一个精神病人手脚捆住扔到河里去了。

一天夜里，我也碰到了这样一个不幸的精神病人。人们把我叫到一棵椰子树下，那里绑着一个老妇。全家人围着篝火坐在她的面前，后面就是丛林的黑墙。这是一个美妙的非洲之夜，闪烁的星空为这一场景洒下了一道银光。我立即命令松绑，周围站着的人战战兢兢、迟疑不决地按照我的要求做了。这个老妇刚能走动，就突然扑向我，为的是夺走我的提灯并把它扔掉，在场的人大喊大叫地逃向四面八方。当我把老妇抓住时，他们也不敢走近。经我劝说，老妇安静下来，躺在地上，我在她手臂上打了一针。接着，她跟着我走进一间茅屋，过了一会儿，她就在里面安静地入睡了。

这是一种间歇性发作的躁狂症，14天后，她的这次发作被治好了。此后，人们到处传说，医生的魔力很大，他能治愈一切精神病。

遗憾的是，不久之后我只得面对这样一种事实：对于当地的间歇性躁狂症，我们的药品几乎没有疗效。一天，有人带来了一个被捆绑起来的老年男子病人。绳子已经深深地嵌入到了他的肌肉中，其手脚上全是血迹和溃疡。我用了最大剂量的吗啡、莨菪胺、氯水化物和溴化钾，但对他没有什么作用，这使我感到奇怪。第二天，约瑟夫对我说："博士，相信我，他已经发疯了，因为他中了毒，对于这种人无药可救。他将越来越虚弱和狂躁，直至最后死去。"约瑟夫说得对。14 天之后，这个病人就死了。后来，我从天主教传教站的一位神甫那里得知，这个病人曾抢劫过妇女，因此中了毒。

此后，我经常碰到类似的情况。一个礼拜天晚上，人们用船送来了一个女病人，她由于痉挛而蜷缩起来。起先我认为，这只是一般的癔病，但过了几天，她也爆发了间歇性躁狂。在夜里，这位女病人开始狂呼乱喊，镇静剂对她几乎没有作用。不过，发作很快就结束了。在当地人看来，这就是中毒，这种说法是否对，我不能够肯定。

从我所听到的传闻来看，这里许多用中毒来解释的病例也许是有道理的。在这方面，居住在奥戈维和刚果地区之间的各个部族恶名昭彰。当然，有许多突如其来和病因不明的死亡，也被当地人不合理地看作是中毒。

无论如何，当地确实有一些植物的汁液，它会使人躁狂起来。从值得信赖的人士那里，我被告知肯定有这种情况：当地人在吃了某些植物的汁液和根茎之后，会整天狂欢般地不停划船，毫无饥渴和疲倦的感觉，并且越来越兴奋和胡闹。我希望，今后对这种"药品"能够有更多地了解。当然，这是很不容易的，因为这一切都是秘密。如果谁被怀疑泄露了这些秘密，特别是向一个白人泄露了这些秘密，那么他肯定要被毒死……

与欧洲相比，这里的风湿病人要多得多，所有患了慢性疟疾的病人同时都关节疼痛。"虫在各个关节中乱咬。"奎宁和水杨系列的酸碳酸氢钠制止了它的肆虐。

我也经常遇到严重的坐骨神经痛病人。我发现，在那些从干燥的山区来到河区打工的工人中，患这类疾病的病人特别多。两个月来，就有一个坐骨神经痛病人到我这里来就诊。

痛风的高发使我十分意外。我原先以为，这里不会有痛风病，因为当地人并没有大吃大喝，而且，他们也不可能过分地饮宴作乐。对于他们来说，也谈不上过量地吃肉。实际上，除了“吃鱼日”例外，整个夏季他们几乎只靠香蕉和木薯填肚子。

许多当地人还患有严重的慢性腹泻病。一些病人告诉我，几个月来，他们每夜几乎要腹泻10次。这样，病人的身体就立即垮掉了。铋、吐根粉、甘汞、鸦片对腹泻很有疗效。当然，由于人们无法给病人规定特定的食谱，要完全治愈腹泻也是很难的，病人只能一直吃香蕉。在治疗中喝牛奶是不可能的，因为1升牛奶至少要卖1.5马克。

使我难以相信的是，在当地我还得治疗尼古丁中毒。开始我根本不知道，该用什么方法来治疗严重的便秘。这种便秘起因于神经紊乱，并且由于使用各种泻药而变得更糟糕了。后来，我接待了一个患严重便秘的黑人政府官员，通过仔细地观察和询问，才弄明白滥用烟草是主因，他很快就康复了。这个病例引起了我的重视，因为这位病人多年来受到便秘折磨，几乎丧失了工作能力。从此，在治疗所有严重的便秘病人时，我总是首先问：“你每天抽几斗烟？”而且在几个礼拜之后就能够确认，尼古丁给病人带来了什么后果。

这里的烟草主要是烟叶，它在一定程度上可以当零用钱使用。例如，用大约价值5芬尼的烟草可以买两只菠萝。用烟草还可以支付所有较小的劳务。通行的是一种特别流行也特别浓烈的烟叶。我发现，在尼古丁中毒者中，妇女最多。约瑟夫对我说，许多当地人如果睡不着的话，他们就整夜抽烟，以麻醉自己。乘船时，烟斗从一个人的嘴里传到另一个人的嘴里。谁想使船开得快些，他就得答应给每个船员两张烟叶，这样肯定能够早一或两个小时到达目的地。

痔疮病在此也明显多于欧洲。

牙病也使当地人深受其害。由于牙肉化脓，许多人的牙齿松动了。但值得注意的是，与欧洲相比，对这种牙病进行治疗的效果要好得多。在欧洲，即使采取了最讲究的措施，往往也不能奏效。与此相反，当地病人的方法则很简单：在一杯水中加入几滴麝香草酚，做成一种酒精溶液，然后每天用它漱口7次。8天之后，就产生了疗效，而且以后不会复发。

令当地人难以置信的是，我居然能够拔下还没有松动的牙齿！当然，并不是所有人都相信闪闪发光的金属钳子。例如，在回家问过他的妻子之前，一位受牙疼折磨的酋长就不愿意让我给他拔牙。估计家庭会议对此作了否决，因为他后来没有再来过。其他人则相反，他们要求我拔掉所有的牙齿，然后装上来自欧洲的新牙齿。通过传教士的介绍，一些年长的当地人就装上了“由白人制作的”全副假牙，并成为别人羡慕的对象。

当地妇女小腹肿胀的患者也很常见。

我还经常治疗癔病患者。在一个礼拜天早晨，人们送来了一个正在严重发作的癔病妇女。当地人认为，她肯定没救了。但是，在用冷水等治疗之后，她清醒过来，并且安静地睡着了，大家对此感到非常惊喜。当我们在树下围着她坐在一起时，一个黑人对我说：“啊，博士，你在我们这里真好！我们渴望帮助，因为我们的病患太多。现在你来了。”……

我最频繁接触到的病人是疝病患者。与白人相比，非洲中部患疝病的黑人要多得多，至于其原因则不得而知。因此，他们也就比白人更容易得胀气的嵌顿疝病。由于胀气不能够被排出并日益膨胀，导致这些病人剧痛。而如果不能把受胀气影响的肠子复位，那么在一段受尽折磨的日子之后就是死亡，我们的祖先就懂得这种可怕的死亡。现在，这种嵌顿疝在欧洲已经不多见了。因为在我们这里，医生只要一发现有嵌顿疝的情况，就立即动手术。医学系的学生们被不断地提醒："在太阳下山之前，不能留下一个嵌顿疝。"然而，这种悲惨的死亡在非洲则是寻常的事情。非洲的小男孩都知道，如果一个男人整天在茅屋的沙地里打滚，那么只有死亡才是他的救星。相对说来，妇女患疝病的却要少得多。当一个男人感到自己得了疝病时，就会乞求家人把他放入独木舟到我这里来。

当这样一个可怜的人被送来时，我的心情难以用语言来表达！我是当地数百公里内惟一能够帮助他的人。因为有我在当地，我的朋友资助了我，从而他就像先前和以后来到我这里的其他疝病患者一样能够得到救治，否则他就会死于痛苦的折磨。我不说，我能够挽救他的生命，我们每个人都必然会死。但是，对于我可以降低他的痛苦，这对我是一种伟大的、常新的恩慈。痛苦是比死亡更可怕的统治者。

我把手放在哀号着的病人头上，对他说："静下来，一个小时之后你就会睡着。当你再醒来时，痛苦就消失了。"我先给他打了一针，然后叫来女医生，让她和约瑟夫一起作好手术的准备。在手术时，女医生负责麻醉，戴着长橡皮手套的约瑟夫则做我的助手。

手术结束了。在昏暗的睡房中，我看护着病人。当他刚醒过来，就惊讶地环顾四周，不停地说："我不痛了，我不痛了！"他抓住我的手，生怕它离去。接着，我开始告诉病人和坐在他旁边的人，是主耶稣让医生及其妻子到奥戈维地区来的。为了救治这里的病人，欧洲的白人也资助了我们。然后，我回答这一问题：谁是捐赠者，他们住在哪里，他们是如何知道非洲人受着许多疾病折磨的？透过咖啡树林，非洲的阳光照进了昏暗的茅屋。我们，黑人和白人坐在一起体验到："你们大家都是兄弟。"啊，在这一时刻，愿欧洲的捐赠者也在这里！……

最近，由于为当地人成功地施行了手术，我得到了一件珍贵的礼品，一些著名的外科医生也许会为此而羡慕我。事情是这样的，一位住在恩戈莫和兰巴雷内之间上了年纪的男子，突然发觉自己的后背肋骨下面生了一个拳头大小的肿瘤，同时腹部也剧痛。“这是疝病，”他对家人说，“赶快把我送到医生那里去，否则我要死了！”

于是他们连夜划船，大约有 10 小时，第二天早晨终于赶到了我这里。我只能证实，他这么做是对的，并决定冒一次险，在下午为他做一个少有的、风险很大的手术。当时，我多么想把他转给一个经验丰富的外科医生啊！我战战兢兢地开始，由于手术十分复杂，直到夜幕降临时，手术还没有结束。为了最后的缝合，约瑟夫甚至必须打着灯为我照明。

在手术后的第二天，我根本不敢走进这位病人睡觉的房间。除了他濒临死亡或者已经死去之外，我根本不期待还会有别的什么。就这样，我迈着迟疑的步子走近他的蚊帐。但是，出乎我意料的是，从这顶蚊帐中露出的是一张长着卷发、充满欢笑的脸：“医生，我的肚子不痛了！不痛了！”14 天之后，这位病人回到了自己的村里。

我对一个男孩的手术引起了很大的轰动。一年半以来，这个男孩的一段小腿骨严重化脓，流出的脓液恶臭无比，使他周围的人都受不了，男孩本人也瘦得皮包骨头。但现在他已经是一个健壮的男孩，并重新用自己的脚走出了第一步。

幸运的是，至今为止所有的手术都是成功的。这就以一种令我吃惊的方式提升了当地人对我的信赖。麻醉给他们留下的印象最深，他们对此的议论很多。例如，当地学校的女孩与欧洲的礼拜天学校建立了通讯联系，人们在其中的一封信中可以读到：“自从医生到了这里之后，我们经历了一些值得注意的事情。开始的时候他杀死病人，接着救治他们，最后又重新把他们唤醒。”……

约瑟夫则屈尊收集手术时用过的污血棉球，清洗带血的器械。可以说，约瑟夫能够这么做是极为开明的。这里的黑人一般不接触被脓、血污染过的所有东西，因为按照当地的宗教观念，如果谁碰了这类东西，那么他就不干净了……

黑人对我也有些不满，因为我太少用枪射击。一次，当我们乘船在河中看到一条鳄鱼，当时它正在一棵露出水面的树上睡觉，我仔细地看着它，但没有举枪射击，这下子我可犯了大错误。舵手让人告诉我："你什么也不做。如果我们和卡笛尔先生(传教士)在一起的话，他早就为我们打下一二只猴子或者一些鸟了，这样我们就有肉可吃。但你对鳄鱼则视而不见，连枪也不摸一下！"

我平息了他们对我的谴责。我不能射击在河上绕着圈子飞翔的鸟儿，猴子在我的枪下更是安全的。尽管人们经常用枪打死或击伤三四只猴子，但并不一定会把它们都拿到手。猴子通常仍然被挂在密集的树杈上，或者掉进了人难以进入的沼泽地中的灌木丛里。当人们找到死去的猴子时，常常也会发现一只可怜的小猴子，它哀号着紧紧抓住母猴的尸体……

我用枪主要是为了打蛇。在兰巴雷内我屋子周围的草地里，有数不清的蛇。此外这也是为了打一些猛禽，它们在我房子附近的树林里以鸟巢里的小鸟为食……

从施韦泽生平的时间顺序来看，以下应该是关于一只被驯化的野猪的故事，这只野猪名叫约瑟芬。但这段故事本身是由施韦泽于 1923 年才开始写下的，这种写作是施韦泽许多"业余"工作的一个例子。几十年来，在主要事业和日常工作之余，施韦泽还有许多业余工作，它通常典型地体现了施韦泽的幽默感。

一天，一个黑人妇女给我送来了一只大约只有两个月大的野猪，这只野猪已经被驯化了。她对我说："猪的名字叫约瑟芬，会像狗一样跟着我们在后面跑。"我们用 5 个法郎做成了这笔买卖。我的妻子这几天正好到别的地方去了，于是，我立即和约瑟夫以及我的女助手恩肯迪一起，在地上打了几根木桩，做成一个栅栏，并且深挖到地下，然后用铁丝网把它围起来。我的两个黑人助手笑了，约瑟夫说：“一只野猪不是被关在栅栏里，而是被埋在了地下。”对此，我回答道：“我想看看，小野猪从这只深挖到地下的栅栏中逃出来。”约瑟夫接着说：“你会看到它逃出来的。”第二天早晨，这只野猪真的逃走了。当然，对于它的逃走，我几乎感到松了一口气。因为我已经答应妻子，未经她的同意，不再为我们的动物园增添新的动物。我有一种预感，根据她的爱好，她是不会喜欢一只野猪的。

然而，当我在诊所吃好午饭回家时，在家门口却看到了约瑟芬，它也看着我，好像对我说：“你不必再做栅栏的游戏了，我会听你话的。”事情就是这样。

当我妻子来到时，小野猪耸了耸肩。约瑟芬从未受到我妻子的喜欢，当然也没有去追求过我妻子的喜欢。小野猪对同性有一种敌对的感受，后来，它也看出，要想留在这里的话，就不能出现在我房子的阳台上。

几个礼拜之后的一个礼拜六，约瑟芬不见了。晚上，传教士在住宅前碰到了我，并分担了我的忧伤。因为约瑟芬也向他表达了依恋。他对我说：“约瑟芬肯定已经在一个黑人村庄里被杀死了。”对于黑人来说，一只野猪，即使已经被驯化了，它也不是家畜，而仍然是他们要杀死的野兽。但是，当传教士还在说话时，约瑟芬却出现了，后面还跟着一个拿着猎枪的黑人。这个黑人说：“那边上方的林中空地上，原先盖有美国传教士的房子，我在那里看到了这只野猪。我已经用枪瞄准了它，但它却扑向我，抱着我的双腿。我想，这是一只特别的野猪，你看它后来做什么，它慢慢地走，我在后面跟着，现在我们就到了这里。这是你的野猪？幸好，这只野猪碰到了像我这样能够聪明地思考的猎人。”我理解了他的暗示，大大恭维他一番，并送给他一件很好的礼品。

约瑟芬的失而复得，使我很高兴。我与传教士一起逗着它玩，它也喜欢这样。但是，按照传教士的说法，我的野猪始终处于危险之中，这引起了我的担忧。这时，传教士突然对我说："您听着，医生！明天我将布道。在每次礼拜活动中，对于我们的黑人信徒，牧师都要谈到偷窃的罪恶问题。因此，明天我将把约瑟芬作为例子说明，一只动物原先是野兽，它可以成为任何人的财产。但是，如果它后来受到某个人的保护，成了私有财产，那就是不可侵犯的。"对于他选择这样一种富有教育意义的例子的方法来帮助我，我立即表示感谢。

第二天早晨，在布道词的第二部分中涉及了约瑟芬。黑人认真地听着，传教士如何分析复杂的情况，以及如何拓展他们的财产观念。正在这时，我感到糟糕的是，约瑟芬竟然出现在布道者的身旁！我们在兰巴雷内没有正式的布道坛，礼拜活动就在波纹铁皮棚屋中进行，这也是学生们上课的教室。布道者和听众一样站在地上，棚屋的门则始终开着，这样可以透气。因此，做礼拜时，鸡和羊都会进进出出，人们对此也习以为常。传教士的狗也是这样。对我来说，我的一条名叫"卡拉姆巴"的狗一直陪着我参加布道活动，这也是很自然的事。因为每当听到钟声和歌声时，它就不肯留在家里。如果有人把它锁住的话，它就会发出响彻整个传教站的嚎叫，这给布道造成的干扰远远大过它无声地在场。

令我吃惊的是，今天约瑟芬也来参加礼拜活动了。不过，我立即发现，约瑟芬并不知道自己在干些什么。它刚从泥潭里过来，浑身黑乎乎的。约瑟芬穿过坐着儿童的长凳，他们害怕得双手抱膝！接着，它跑到了妇女那里！后来是另一位传教士，还有穿着白裙子的传教士太太，并抓住了她的裙子。现在它到了我妻子这里，以及我的身边！但是，在我这里，它首次被踢了一脚。这一脚当然是我踢的，而且很厉害……

但是，这一脚并没有打消约瑟芬参加礼拜活动的乐趣。由于能够挣脱所有用于控制它的器具，因此约瑟芬既不能被关起来，也不能被锁住。只要钟声一响，它就跑到教堂里去。我相信，它也不会错过儿童早晨和晚上的祷告。为此，我向传教站长建议，杀死约瑟芬，但站长拒绝了。他认为，动物不应该由于本能而必须失去其生命。不过，随着时间的推移，约瑟芬也开始懂得应该在教堂里怎么做了。

约瑟芬，我该如何夸奖你的聪明！为了在夜晚不被蚊子叮咬，你已习惯进入男孩的睡房，躲在最好的帐子下面。由于你硬要和他们睡在一起，我已经给他们赔了一些烟叶！如果沙蚤在你脚中繁殖起来，那你可走不了了，只得一拐一拐地来到诊所，翻过身来，挨上使你脚痛的一刀，忍受碘酒的烧灼，这样人们可以擦洗你的伤口。衷心地谢谢你，这件事就这么过去了！

恩肯迪说："野猪长到6个月后，它就要吃鸡了。"我不很确定地答道："约瑟芬也会吃鸡吗？""是的，它肯定要吃鸡，因为它是一只野猪。"无可争辩的逻辑就是如此，但我仍然希望不是如此。——一个黑人过来对我说，他的一只鸡没有了，我知道他这么说的意思，于是送给他一件礼物，并请他保持沉默。传教士夫人也告诉我，她少了一只鸡，我知道她指什么。但我掩饰心中的想法，而是说："这里的蛇真是个祸害。"我就这样强制自己相信约瑟芬是无辜的。

但是，一天早晨，我正在诊所里用显微镜观察着病人的血液，突然听到外面鸡叫声和人的呼叫声响成一片。过了一会儿，侍者送来了我妻子写的纸条。这张纸条上写着："约瑟芬冲进了小厨房，咬死了三只小鸡，母鸡的尾巴也被咬掉了，这是我亲眼看见的。你知道，你都干了些什么。"我知道自己该怎么办，我也这么去做了。约瑟芬被吸引到诊所里来，我们抓住它，然后由恩肯迪迅速和十分在行地把它杀死了。在中午的钟声敲响之前，它的生命结束了。我算了一下，它在我们这里大约过了8个月。

我把它的肉切成块，撑上小木条，小心地把它制成熏肉，并把它放在罐头里密封起来，以便今后食用。

不久之后，一个为我办理签证事务的官员来到我这里，我请他吃了一顿午饭。他吃了熏肉："什么？熏肉？这个地方是很少见的。""先生，这是一只被驯化了的野猪的肉。因为它吃鸡，我只得杀死它。"——"您有一只驯化的野猪？我也有一只，从小用奶瓶喂养大的，花去了我好几罐瑞士牛奶。它像一只狗一样跟在我后面走，但后来被人偷掉了。我给它起了一个名字叫约瑟芬……"

"兄长"的观念

最近几个月的工作仍然繁忙。我的诊所所处的位置很好，上下游周围几百公里地方的病人，都能沿着奥戈维河及其支流被人用独木舟送到我这里来。病人的陪同和病人本身可以住在我这里。当然，他们也为充分发挥我这个诊所的效用作出了贡献。还有，除了有两三次为了照料重病的传教士及其家属，我必须到别的传教站去之外，通常我一直在家里。这样，从远方到我这里来的当地人，他们已经为此付出了人力和金钱，就肯定能够找到我。同政府医生相比，这是一个自由医生所具有的很大优点。政府医生经常被官方机构到处派来派去，相当长的时间还要随军出征。最近，一个随军医生在行军途中向我致意，并对我说："您与其他医生不同，不需要把许多时间花在书写、报告和统计上。对于这个优点，您现在根本体会不到。"

从出诊萨姆基塔返回后，我接受了一个被河马咬成重伤的年轻人。这位伤者任意地解下了脚上的绷带，并把它扔掉了，由于伤口严重化脓，整个人也处于虚脱状态，因此我只得对他进行截肢手术。遗憾的是，手术结束后不久，他就死于心力衰竭。

手术时，他的兄弟和一个陪同都在场。后者是与伤者同时到我这里来的，并一直和伤者在一起，这个陪同显得聪明和殷勤，我就让他帮着做些事情。动手术时，我也让他做帮手。可是，当我们为伤者注射樟脑油和输入生理盐水，为控制其心力衰竭作最后的努力时，伤者的兄弟突然用威胁性的眼光盯着陪同，小声地对他说了些话。这样，这个陪同就受到了扰乱和惊吓，以至于什么忙也帮不上我了。

伤者死后，这两个人就争吵了起来。约瑟夫把我拉到一边，告诉我怎么回事。原来，恩肯德叔，也就是陪同，和死者一起下河捕鱼，受到了河马的攻击。那天，正是他要求死者一起去捕鱼的。根据当地人的法律，陪同要对此负责并受到惩罚。为此，他必须放弃掉已经由他砍下的树，几个礼拜以来，一直留在伤者身边。现在，家属要用船把死者带回下游的老家，肇事者也必须一起前往。但陪同不肯去，因为他知道，这意味着去死。于是，我就向死者兄弟解释说，我想让恩肯德叔留在这里帮忙，不让他走。死者兄弟听了，就和我激烈地争辩。这时，死者已经被安放在独木舟中，其母亲和阿姨的号哭声也传了过来。死者兄弟明白了，人们不愿意恩肯德叔被杀死，而是愿意替他付赎金。但是，约瑟夫告诉我，这样的担保根本不起作用。我必须一直站在河边，直至船开走，否则，他们就会用暴力把陪同带回老家。

对于黑人在其兄弟死亡后，没有一点哀伤的情感，而只想到要采取法律措施，这不仅使我妻子感到震惊，而且使她反感。但我觉得，妻子这么想，对死者的兄弟是不公正的。其实，在兄弟死后，立即想到对其兄弟死亡负有责任的那个人要受到惩罚，死者兄弟这么做只是在履行一种神圣的义务。

在黑人看来，人们可以不为自己的行为作出相应的抵偿，这种观念不可想象。黑人的思维方式在此完全是黑格尔式的。在这类事务中，法律始终是黑人的主要手段。为此，他们在讨论法律案件上花去了很多时间。他们认为，小孩无罪责是欧洲最糟糕的愚蠢判例。当然，黑人并不是热衷于诉讼。毋宁说，驱使他们的是一种绝不可以中断的正义信念，欧洲人早就失去了这种信念……

因此，我并不阻拦死者的兄弟在兰巴雷内地区法院控告恩肯德叔，我要阻止的只是杀戮，而不是反对当地的法律观念，即使这种观念对于我们来说是难以理解的。由于这次捕鱼造成的事故，恩肯德叔必须向死者的家庭作出赔偿。虽然他对其死亡只负有间接的责任，但这样做在当地被看作是合情合理的。

我对约瑟夫一直很满意。他很聪明，做事勤奋，胆子也大，就像他自称的那样："兰巴雷内医生的第一助手。"他大约35岁，约瑟夫的父母是福音教徒，他本人则信天主教。上学时，由于担心挨老师打骂，父亲把他领回了家里，因此，约瑟夫不会读写。但尽管如此，如果让他到药房的架子上取药，约瑟夫是不会弄错的。他虽然不识字母，但能记住文字的字形，并把它们辨认出来。约瑟夫的记忆力很好，语言能力也突出，他掌握8种黑人方言，法语和英语说得也不错。

作为侍者、厨师和商人，约瑟夫几乎跑遍了整个加蓬。在利伯维尔，为了与白人一起生活，妻子离开了他。现在，约瑟夫想重新结婚，他已经在病人中看中了二三个合意的对象，但"买价"太高了。近年来，妇女的价格上升了。约瑟夫认为，为找一个合意的对象，始终必须花费大约600法郎，但他每个月只能挣到40法郎。其中过半要用于购买衣服、鞋子、领带、大米和糖等日常用品，根本谈不上供养一个家庭。由于我坚持要他重新结婚，就建议他采取分期付款的方式。约瑟夫不愿意，因为这是件"糟糕的事"。他告诉我："如果我们中的某人不能全部付清娶妻子的钱，他的日子就不会好过。妻子不会服从他，随时可以骂他。丈夫则对此无话可说，因为娶她的钱还没有被付清。"

像其他当地人一样，约瑟夫也不太懂得节约。因此，我为他开了一个专门用于娶妻子的储蓄卡，所有夜班和其他劳务的津贴，白人病人的小费，等等，都储在这张卡中。我一直希望，我们能以300或400法郎的价格找到一个比较合适的对象……

只需花上10分钟时间，人们就能够结束当地两个白人之间的谈话，而且这肯定已经涉及了工作的问题。欧洲的人们喜欢想象，在未开化地区，许多工人愿意为远远低于期望的工资工作，实际情况恰恰相反。在未开化的地区，最难找到工人。从劳动效率的角度来看，任何地方的工资都不如这里的高。

有人说，这是由于黑人懒惰。但是，黑人真的就这么懒惰吗？这个问题难道没有更深层次的原因吗？到过黑人村庄的人，看到黑人为了新的种植面积而砍伐丛林中的树木，就知道黑人能够全力以赴地工作几个礼拜之久。顺便说一下，这种最艰巨的工作，各个村子每3年就必须进行一次。高大的香蕉树特别消耗地力，因此，每3年必须开垦新的、用丛林草木灰增加了肥力的土地。

就我本人而言，自从15个黑人连续36个小时逆流而上，把一个患了重病的白人送到我这里之后，我就不再敢随意谈论什么黑人的懒惰了。黑人也能够很好地工作，但是，环境要求他们只工作这么多。自然之子，这就是为什么黑人只是临时工人之谜的答案。

只要经过少许的劳动，自然就几乎为当地人提供了其在村子里生存所需的一切。丛林里有树木、竹子、各种树叶和树皮，他们用来建造茅屋，以抵御烈日和风雨。此外，他只需种点香蕉、木薯，捕点鱼，打点猎，就能获得必需的食品，而用不着作为工人受雇于人，去挣一份工资。当地人找工作，那是由于他需要钱去实现一个特定的目标。例如，他要用钱娶一个妻子；他的妻子对好看的衣料、糖、烟草感兴趣；他本人需要买一把新的斧子，喜欢喝烧酒，想穿黄卡其制服和鞋子，等等。

这就是说，不是真正的生存斗争，而是除此之外的或多或少的各种需要，才促使自然之子去工作。没有一个特定的目标，他就不会外出挣钱，而是留在村子里。如果他在某地工作，并挣得了买得起心中所愿东西的钱，那么就没有理由再继续干下去。于是，他会回到故乡村子，这里衣食无忧。

黑人并不懒惰，他是自由人。因此，他始终是一个临时工人，任何正规企业都不能依靠他。在传教站里，在大大小小种植园主的家庭中，传教士、还有商人都经历了这一切。例如，当我的厨师挣得了一笔钱，能够满足其妻子和岳母的愿望，他就走了，而不考虑我们是否需要他继续工作。正当与危害可可豆的害虫作斗争的关键时刻，工人们离开了种植园。当欧洲发来一封又一封催要木材的加急电报时，木材商人就是找不到伐木工人。因为这时黑人村子里正在捕鱼，或者在开垦新的园地。我们所有人都对懒惰的黑人感到愤怒，但实际上，这只是由于黑人并不靠我们的雇用挣钱，所以我们找不到人手。

因此，在商业需要和自然之子是自由人的事实之间，存在着一种严重冲突。土地的财富不能被充分利用，因为黑人对此的兴趣很小。怎样教育他工作呢？怎样强迫他工作呢？

最近，为了在诊所里新建一间茅屋，我找了临时工。但是，当晚上去查看时，他们却什么也没干。到了第三天或第四天，我发怒了。其中一个表现不是最坏的黑人对我说："医生，请不要训斥我们，你自己对此也有责任。你和我们在一起，我们就会干了。如果你在诊所里治病的话，那么我们单独什么也干不了。"于是，我这么安排自己，每天抽出 2 到 3 小时去督促他们工作，他们干得满头大汗，这样，茅屋才被建造起来。

除了工人问题之外，还有解放问题。就我本人的意见而言，让当地的土著人接受广泛的学校教育，似乎是不必要的。在当地，文化的开端不是知识，而是手工艺和种植。只有在此基础上，才能为更高的文化创造经济条件。但是，为了在行政管理和商业事务中使用他们，政府和商业也需要具有进一步知识的当地人。这样，学校就必须确立比通常高得多的目标，以培养能够理解复杂的簿记和准确书写白人文字的人员。一些聪明的土著知识分子，他们掌握知识的能力是很突出的。例如最近，当一个传教士正好在我这里时，来了一个在政府当文书的黑人。在他走开后，传教士和我都说："在写作方面，我们不想和他竞争。”他的上司经常让他编写一些难度最大的文章，并处理复杂的数据，他总能令人满意地完成。

但是，这些人会变得怎么样呢？ 他们离开了作为其生存之根的村子，像其他人一样去异乡工作。 他们靠欧洲商行在当地的分理店生活，对于当地人来说，这就面临着变得欺诈和酗酒的危险。 他们也许能够挣许多钱，然而，由于要用这些钱购买所有食品，加上同样也有黑人的浪费习惯，因此他们的钱总是不够用，经常还很窘迫。他们既不再是平常的黑人，但也不是白人，而是处于这两者之间的“中间人”。 最近，上面提到过的那位黑人政府文书对一位传教士夫人说：“唉，我们土著人中的知识分子真糟糕：作为我们的妻子，这里的女人太没有教养了。 现在，人们要为我们从马达加斯加的上等阶层中进口妻子。”是的，失去已经获得的社会地位，是许多最优秀的当地人的不幸。

此外，由于欧洲进口商品的到来，也导致了社会问题。 本来黑人会各种手工艺，例如，他们用木料雕刻成耐用的家具，用树皮纤维做成牢固的绳子，等等，他们还会从海里取盐。 但是，随着欧洲商行把各种商品运进原始丛林，当地的许多手工业品就消失了，便宜的搪瓷盆罐取代了耐用的自制木桶。 在每个黑人村子周围的草丛里，到处都是这类生锈的器皿。 许多技能差不多已经失传了，只有黑人老妇才知道用树皮纤维做绳子，用菠萝树叶纤维做缝衣线，甚至制作独木舟的技艺也处于退化之中，当地的手工业就这样衰落了。 但是，也许只有技能熟练的手工业阶层的复兴，才是这里通向文化的真正道路……

通过与这一地区最有才能、经验最为丰富的白人的谈话，我形成了这样的看法：我们应该改善这里的法律和风俗。 但是，在不是迫切需要的情况下，不要去改变现有的东西。

关于白人与黑人的关系……一种观念。 以何种方式与黑人交往？应该平等相待，还是应该把他看作低于我呢？

我应该向每个黑人表明，我尊重每个人的人格尊严，他应该感受到我的这一信念。最重要的事实在于，兄弟之爱在精神上是存在的。至于它在何种程度上体现为日常交往的方式，这是一个合目的性的问题。黑人是儿童，没有权威，在儿童那里什么事也办不成。因此，我确定了一种能够体现我的天然权威的交往方式。对于黑人，我用下列观念来表达这种关系："我是你的兄弟；但是你的兄长。"

把友谊与权威结合起来，是与当地人正确交往的秘密所在。有一位传教士罗伯特先生，为了完全成为一个生活在黑人当中的兄弟，前几年退出了传教会。在位于兰巴雷内和恩戈莫之间的黑人村子里，他造了一间小房子，想被认可为村子里的一员。但是，从那一天起，他的生活就是一种牺牲。因为随着放弃白人与黑人之间的距离，他也就失去了影响力。他的话不再作为"白人的话"起作用，而是必须花上很多时间与黑人讨论一切，好像他只是黑人中的一员。

在我前往非洲之前，每当有传教士和商人向我谈起，人们在那里都十分重视外在地保持白人的权威地位。当时，就像在欧洲听到和读到这些的人一样，我总觉得这么做有些可怕和不自然。但现在我认识到，在这里，最伟大的热忱是可以和这种对形式的重视结合起来的。而且只有和它结合起来，这种热忱才能够取得成效。当然，拒绝不合目的性的信赖只是解决权威问题的方法，只有黑人敬重白人，白人才会有真实的权威。我们不能以为，由于白人比黑人的知识多、更能干，自然之子就会尊重我们。虽然与黑人相比，白人在这方面的优势是显而易见的，用不着再多说。但这并不意味着，由于白人会造铁路、汽船，甚至能够上天入海，每个白人都会因此受到黑人的敬佩。

约瑟夫说："白人是聪明的，他们能够制造所有东西。"即使黑人不能考量技术成就对于精神活动的意义，但对于一个白人，即对于一个他与之打交道的白人，是否是一个人物，是否有道德，黑人的感受是不会受到欺骗的。如果黑人感到，这个白人有道德，那么精神上的权威是可能的。如果他感受不到这一点，那么就谈不上什么精神权威。自然之子，由于没有像我们那样被教育坏，因此他们只懂得基本的尺度，并用这所有尺度中最基本的道德尺度衡量人物。这就是说，白人只有在被外在维持的尊严后面，表现出善良、公正和真诚的内在尊严，自然之子才会心悦诚服。否则，尽管他在表面上仍然卑躬屈膝，但内心里则说："这个白人和我差不多，因为他并不比我好。"

在此，我不想谈许多不合适和缺乏尊严的人来到了各个殖民地，而只想涉及这样一种事实：也有道德上的优秀人士和理想主义者努力在这里做他们要做的事。即使如此，也不能否认：在承担责任和时间紧缺的欧洲"劳动人"和不懂得责任和时间充裕的"自然之子"之间，存在着可怕的冲突，而我们这里的所有人则在其中精疲力竭。每年年底，政府官员都要设法使当地人在建造和保养道路、陆路和水路劳务、所纳的税收方面取得进展，商人和种植园主必须为其公司的投资赢得利润。但是，这些官员、商人和种植园主始终与之打交道的是这样的一些人：他们不分担让他们承担的责任，除了别人对他们的需要之外，不愿意多干一点点活；在对他们的监督稍有放松的情况下，就任意行事，而不考虑这会给别人带来多大的损害。正是这种与自然之子的时刻不停的冲突，使每个白人都面临着逐渐精神崩溃的危险。

因此，在这里坚持自己纯粹的、人道的人格，并由此坚持作为文化承担者的能力，是非常难的。就丛林中所发生的事而言，可以说是白人和黑人关系问题的重大悲剧……

正如我所期待的那样，巴黎传教协会理事会非常重视的教义问题，在传教士的布道中根本无足轻重。实际情况是，如果要使黑人听众理解布道，那么能够告诉他们的，就只能是遵循耶稣精神摆脱世俗的质朴福音，例如针对我们的登山宝训和保罗的精美格言。在向当地听众布道时，传教士必然首先把基督教作为道德宗教来宣讲。在每年两次由各个传教站轮流举办的传教大会上，相遇在一起的传教士讨论的焦点，是在教区中能够被实现的实践基督教问题，而不是教义问题。在信仰事务中，这位传教士的观念严格一点，那个传教士不那么严格，这在由他们共同进行的传教工作中并不重要。由于我根本没有想用我的神学观点来干扰他们，所以他们很快就放弃了对我的不信任；并且像我一样，对于服从耶稣的虔敬，对于质朴的基督教行动意志等问题，乐于达成一致。在我抵达兰巴雷内后没有几个月，他们就要求我也参加布道工作，从而解除了我在巴黎作出的承诺："像一条鱼一样地保持沉默。"

布道使我非常快乐。我觉得，能够向黑人听众宣讲作为其新道德的耶稣和保罗的话语，真是一件美妙的事情。在我布道时，传教站学校的黑人教师帮助我翻译。他们把我讲的每一句话立即翻译成加洛阿斯语和帕胡因斯语，或者先后翻译成这两种语言。

在兰巴雷内的第一年，我把很少的业余时间用于整理巴赫管风琴作品美国版的最后3卷。

我有一架很好的、特地为热带地区制作的装有管风琴踏板的钢琴，这是巴黎巴赫协会送给长期担任其管风琴师的我的珍贵礼物，我可以用它保持我的管风琴演奏技艺。开始时我还缺乏练习的勇气，因为原先我有这样的想法，非洲的活动意味着我的艺术生涯的结束；并认为只要我让自己的手指和双脚僵硬起来，这种放弃对我也不是那么难的。但有一天晚上，当我忧伤地弹着一首巴赫的管风琴赋格曲时，一个念头突然向我袭来：在非洲的业余时间里，我不正可以完善和深化我的演奏技艺吗？于是，我立即制定了一个计划，按次序练习巴赫、门德尔松、维多尔、恺撒·弗兰克和马克斯·雷格的作品，以熟悉这些作品的各个细节，直至能够凭记忆演奏它们。尽管我必须为此花上几周甚至几个月的时间练习其中的一些曲子。

现在，如果每天哪怕只有半小时，我可以不受音乐会的时间限制，在闲暇和宁静中练习弹奏，这对我是多么大的享受啊！

1914年8月5日，欧洲爆发了战争。当得知这一消息时，妻子和我已经在非洲过了两个旱季，因此我们已开始考虑在第三个旱季到来前回家度假的计划。当天晚上，我们被告知，也许应该把自己看作被拘留者。我们可以留在家里，但必须放弃与白人和当地人的任何接触。我们的住宅前出现了黑人士兵，作为看守者，我们必须无条件地服从他们的命令。像我们一样，一对同样是阿尔萨斯人的传教士夫妇，也被关押在传教站中……

白人把白人关押起来，并让黑人士兵看管他们，这对当地人来讲，是不可理解的事情。黑人看守以为自己是“医生的主人”，他们遭到了周围村民的多少责骂啊！

我们每个人都感觉到，许多当地人在思考，事情怎么可能是这样的：给他们送来爱的福音的白人，现在却相互残杀，无视主耶稣的律令？如果他们向我们提出这一问题，我们将无以回答。当思考着的黑人问起我时，我对此则不作任何解释和掩饰，而是说，我们面临着一些不可理解的和可怕的事情。白人在自然之子那里的伦理和宗教权威，由于这场战争而遭到了多大的损害，只有在以后才能够搞清楚。我担心，损害将是巨大的……

在诊所的工作被禁止之后，原本我想先完成关于保罗的著作。但这时，在我心中不由得出现了另一个问题。这个问题多年来就一直伴随着我，现在由于战争的爆发而变得极具现实意义了，这就是关于“我们的文化”的问题。因此，在对关押还感到十分吃惊的第二天，我就像在行医以前一样，清晨就坐在写字台前面，开始写作《文化哲学》了。

1899年夏季，我在柏林库尔提乌斯家的客厅中获得了写作《文化哲学》的冲动。一天晚上，赫尔曼·格林和别人正在那里讨论那天他们参加过的一次科学院会议。突然，有一个人……脱口而出："简单地说，我们大家都是模仿者！"当时，这句话就像雷电一样击中了我，它表达了我本人的感受……

19世纪末年，当人们为了确认和评价这一世纪的成就而回顾和考察各个领域时，流行的是一种我无法理解的乐观主义。人们似乎普遍相信，我们不仅在发明和知识方面走在了前面，而且在精神和伦理领域也达到了一个前所未有和再也不会失去的高度。但是我总觉得，在精神生活中，我们似乎并没有超越前人，许多方面我们都在靠前人的成就过活……而且，这些成就中的一部分还在我们的手中消失了。

终于有人说出了我默默的和不太自觉的对时代的看法！自从在柏林库尔提乌斯家中经历的那天晚上之后，除了其他工作之外，我也在考虑写一本著作：《我们模仿者》。有时，我也向朋友们谈起这一想法，他们总认为这是令人感兴趣的悖论和一种悲观主义的表达。后来，我就再也不暴露这一想法了。只是在布道中，我才表达了对我们的文化和精神生活的怀疑。

现在，战争作为文化衰落的结果来临了。

《我们模仿者》这样的书名也就失去了意义。因此，这部著作现在被构思为文化批判。它应该确定文化的衰落，并提醒人们注意它的危险。文化的灾难既已降临，那么对其十分显而易见的根源的考察是为了什么呢？

我想为自己写这本不合时宜的书，我不知道，人们是否会拿走我这个被拘留者的手稿？我更不知道，我是否还能回到欧洲？

在这种隔离状态中，我开始写作《文化哲学》。当我被允许走动和重新为病人治病之后，我仍在继续写作。

11月底，对我们的关押被解除了。后来我才知道，这是由于维多尔活动的结果。当然，在此之前，禁止我接触病人的命令并没有真正得到执行过。白人和黑人都抱怨，在没有明显理由的情况下，他们必须远离当地这位惟一的医生。后来，地区上尉也认识到了这一点，他命令看守我的黑人士兵，在必要时充当我的助手……

1915年夏季之初，我就像大梦初醒一样。我问自己，为什么只批判文化？为什么满足于把我们作为模仿者来分析？为什么不展开建设性的工作？从此，我开始探寻能够为文化意志及其实现能力奠定基础的认识和信念。《我们模仿者》也就扩展成为一部研究文化重建的著作。

我们是怎样丢失精神文化的呢？

为了理解这一点，我们必须追溯到有直接和富有活力的精神文化的时代，这条道路归结到18世纪。在从理性出发把握一切，并要按照理性思考对待一切的理性主义者那里，我们得到的一个强烈印象是，他们都确信：信念构成文化的本质。当时，他们也许已经处于近代知识和能力成就的影响之下，并已经赋予物质文化以相应的重要性。但尽管如此，理性主义者还是毫不犹豫地认为：精神是文化的本质和富有价值的方面。他们的兴趣首先在于个人和人类的精神教养进步，他们以充满信心的乐观主义相信这种进步。

启蒙时代人们的伟大在于：他们提出了完善个人、社会和人类的理想，并满腔热忱地献身于这种理想。他们为实现这些理想而期待的力量是人的信念，他们要求精神改造人和社会关系，并相信精神比现实更强大。

那么，理性主义者提出这种崇高的文化理想的动力，能够实现它的信心来自哪里呢？来自他们的世界观。

理性主义的世界观是乐观主义的和伦理的。他们的乐观主义在于：设定了一种普遍的、在世界中起作用的、指向完善的合目的性，个人和人类对物质和精神进步的追求在其中获得了意义、重要性和成功的保证。

这种世界观之所以是伦理的，是由于它把伦理当作某种合乎理性的事实，并以此要求人们放弃利己主义的利益，献身于一切可以实现的理想。它把伦理当作决定一切的尺度。人道信念是理性主义者的这样一种理想，他们绝不会出于某种权衡而背弃它。

18 世纪与 19 世纪之交，出现了对理性主义的反对和批判。人们谴责它的乐观主义浅薄，它的伦理学多愁善感。但是，理性主义不很完善地所做的一切，它鼓舞人接受建立在理性基础上的文化，批判和取代它的精神运动并不能继续推进它。这样不知不觉地，文化信念的动力衰退了。同样，理性主义的世界观也显得过时了。现实意识占据了主导地位。直到最后，从 19 世纪中叶起，理想不再来自理性，而是来自现实，我们因此也日益陷于无文化和无人道之中。这就是在我们的文化史中可以确定的最明显和最重要的事实。

数十年来，我们已越来越习惯应用相对主义的伦理标准，并不再让伦理参与对所有问题的讨论，我们把放弃对事实作出原则性的伦理判断当作客观性的进步。

这样，我们对世界和生命的肯定也失去了坚实的基础，现代人已不再有思考和实现一切进步理想的动力。他已对现实作出了广泛的妥协，他比自己所承认的更顺从命运。在这一方面，他甚至表露出悲观主义。实际上，他已不再相信仍然构成文化本质的个人与人类的精神和伦理进步。

近代伦理地肯定世界和生命的世界观怎么会变成非伦理的呢？对此，只能这么加以解释：它并没有真正地建立在思想的基础之上。产生近代世界观的思想虽然高贵和热情，但不深刻。对于伦理和肯定世界、生命的结合，它更多的是感受和体验，而不是论证。它承认肯定世界、生命和伦理，但并未真正证实它们及其内在联系。

由于这种高贵和富有价值的世界观更多的是一种信仰，而没有扎根于探究事物本质的思想之中；因此，随着时间的推移，它必然会衰落，失去对精神的力量。所有后来出现的关于伦理及人与世界关系的思想也不例外，它们同样具有这种世界观的弱点，并加入了其崩溃之中……

敬畏生命

我就这样进入了1915年的夏季。现在的情况怎么样？至今为止被认为是不可解决的问题，现在可以解决吗？……从根本上我确信，文化的世界观所坚持的肯定世界和生命与伦理的结合，虽然至今仍然没有被实现，但是它基于一种真理的预感。从而，以一种新的、自然的和真实的思想，把迄今只是作为被预感、被相信的，即使经常也似乎被证明的真理作为思想上必然的真理来理解，从事这样一种尝试是值得的。

在这一尝试的过程中，我觉得自己就像一个身在漏船里的人，靠这条船是不可能驶向大海的。因此，必须造一条新的、更好的船，但我不知道该怎么开始。

几个月来，我一直在紧张地思考。即使诊所里的日常工作没能使我分散心思，但我的思索也没有取得任何进展。肯定世界、生命和伦理？它们的共同本质？我迷失于灌木丛中，找不到出路。我顶着坚硬的铁门。

我从关于伦理的哲学论著中所了解的一切，对此也毫无助益。这些论著所发挥的善的观念都缺乏活力，背离基本，狭隘和空洞，根本不可能与肯定世界和生命结合起来，也不可能很好地探讨文化和世界观之间的关系问题。对这些论著来说，近代的肯定世界和生命是不言而喻的，没有感到有必要去论证它。

从而使我感到意外的是，我必须确认：反思文化和世界观把我引入的哲学中心部门，原来是一个未被研究的领域。我尝试着从各个点深入内部，但毫无结果，我已智穷力竭。也许我已经预感到了与此相关的认识，但把握不住它，也不能够把它表达出来。

在这种状况中，我必须乘船在河上航行一段时间。1915年9

月，由于妻子的健康问题，我与她前往滨海的洛佩斯角。在那里我被告知，恩戈莫传教站的佩洛夫人病了，等着我去治疗。这样我就必须在奥戈维河中乘船向上游行驶200公里。一条正要启程的小汽船，它拖着一条超载的驳船，是我能够找到的惟一交通工具。船上除了我之外，只有几个黑人，其中有我在兰巴雷内结识的朋友埃米尔·奥古马。由于仓促，我没来得及准备口粮，他们就让我吃他们的食物。

船慢慢地在河流中行驶。当时正值旱季，我们必须在沙滩之间寻找水路。我心不在焉地坐在驳船的甲板上，苦苦思索着在哲学中找不到的基本和普遍的伦理概念。只是为了能集中于这一问题，我逐页写着并不连贯的句子。第三天傍晚，在落日的余晖中，一群河马游过驳船旁，我的脑海里突然出现了一个概念："敬畏生命"。铁门倒下了，灌木丛中的小径出现了。现在我面对着这样一个观念，它能够把肯定世界和生命与伦理结合起来！我意识到，伦理地肯定世界和生命的世界观及其文化理想能够在思想中得到论证。

人的意识的最直接事实是："我是要求生存的生命，我在要求生存的生命之中。"[1]在反思自身及周围世界的每一瞬间，人都把自己理解为生命意志之中的生命意志。在我的生命意志中，存在着人们称之为快乐的向往，即对生命意志持续和神秘的提升的向往，存在着人们称之为痛苦的恐惧，即对生命意志毁灭和神秘地伤害的恐惧；同样，我周围的生命意志也是如此，无论他是否能够表达出来或者保持着沉默……

从而，有思想的人体验到必须像敬畏自己的生命意志一样敬畏所有的生命意志，他在自己的生命中体验到其他生命。对他来说，善是保存生命，促进生命，使可发展的生命实现其最高价值。恶则是

[1] 在这个位置上，施韦泽简要地概括了其理论。他是在1931年作这一回顾概括的。按照我们这本自述性读本的编年进程，它在第五篇《放弃和鼓舞》(1917—1923)中展开。

毁灭生命，伤害生命，压制生命的发展。这是思想必然的、绝对的伦理原理。

过去所有伦理学的重大错误在于：它认为伦理只涉及人对人的行为。但关键在于，人如何对待世界和他所接触的所有生命。只有人认为植物、动物和人的生命都是神圣的，只有人帮助处于危急中的生命，他才可能是伦理的。体验到对一切生命负有无限的责任，只有这种普遍的伦理学才有思想根据。人对人行为的伦理学绝不自足自为，它只是产生于普遍伦理的特殊伦理。敬畏生命的伦理学包含所有能够被想象的德行：爱、奉献、同情、同乐和共同追求。

但是，这个世界却是生命意志自我分裂的残酷战场。生存必须以其他生命为代价，即一个生命只有通过毁灭其他生命才能持续下来。只有在有思想的人中，生命意志才懂得其他生命意志，并要与它休戚与共。然而，他不可能完全做到这一切。因为即使人也受制于神秘的、残酷的规律，人的生存也必须以其他生命为代价，并由于毁灭和伤害生命而始终负有责任。作为伦理的生命，人应该始终努力尽可能避免这种必然性。作为自觉和慈善的人，他总是力所能及地扬弃生命意志的自我分裂，他渴望能够捍卫真正的人道和解救痛苦。

从而，产生于有思想的生命意志的敬畏生命把肯定世界和生命与伦理融为一体。它的目标是：实现进步和创造有益于个人和人类的物质、精神、伦理的更高发展的各种价值。现代的、无思想的肯定世界和生命迷失于知识、能力和强权的理想之中，而思想地肯定世界和生命则把人的精神和伦理完善作为最高的理想，所有的其他进步理想只有通过这一最高理想才能有真正的价值……

1915 年是艰难的。在最初的几个月中，除了日常工作之外，又增加了特殊的工作。暴风雨冲刷了建有最大的病人棚屋的场地，为了避免它被冲垮，我必须围绕这块场地砌一道墙，并挖一条贯穿整个诊所的水沟，把从附近山上流下来的水排出去。这需要许多大石材，其中一部分由船运来，另一部分则采自山上。在采集和接收石材时，我必须始终在场，并一起干。接着是砌墙，一个有点泥工手艺的当地人帮着我做。幸运的是，传教站里有一桶还能用的水泥。4个月后，这项工程终于完工了。

我想，现在可以放松一点了，但事情并没有这么简单。因为我发现，尽管采取了所有可能的预防措施，蚂蚁还是爬进了装有药品和绷带的箱子里。这样，许多箱子就得被打开重装，花去我整整几个礼拜的业余时间。所幸的是，我及时发现了这一问题，否则损失要大得多。蚂蚁特别敏锐的嗅觉引起了我的注意：箱子外面看不出什么来，蚂蚁是从箱子底下的小孔爬进去的。然后，蚂蚁再从这只箱子爬到上面的或者旁边的箱子里面。也许是一只装有医用糖浆的瓶子，它的软木塞松了，从而把蚂蚁引了过来。

哦，与非洲的爬虫作斗争，人们采取了多少措施，花去了多少时间啊！但即使如此，还是斗不过它们。对此，人们只能感到愤怒和束手无策。例如，为了能够把面粉和玉米放在密封的罐头里，我的妻子学会了焊锡。然而，甚至在被焊好了的罐头里，也会有成千上万只可怕的小虫。

这里的一些小蝎子及会蜇人的小虫也很危险，人们必须小心，不能像在欧洲那样，随意地用手在抽屉和箱子里摸东西。只有在仔细察看之后，手指才不会受到伤害。

著名的大蚁是危险的敌人，我们深受其害。大蚁行进时，规模庞大，秩序井然。我曾在自己的住宅附近看到过大蚁进军的队伍，它的分列式竟然持续了整整36个小时！当队伍经过开阔地或十字路口，牙齿厉害的兵蚁就会在两边列队，构成一个通道，让其他大蚁带着幼蚁通过。这时，兵蚁头朝外、背向里，就像保护沙皇的哥萨克骑兵一样，兵蚁保持这个姿势有好几个小时之久。大蚁进军时，通常并排有3或4支独立的队伍，每支队伍彼此之间相隔5至50米。在某个瞬间，队伍突然散开，把整个场地都覆盖住了。我们不知道命令是如何发出的，但能够看到：大蚁所到之处，一切都消失殆尽，连树上的大蜘蛛也不能幸免于难。因为这些危险的强盗能够爬到树梢顶上去捕食大蜘蛛，大蜘蛛挣扎地从树上跳下，但又成了地上大蚁的牺牲品。这场活剧真是残酷，丛林中的军国主义几乎可以与欧洲的军国主义媲美。

我们的住宅位于大蚁行军的主要道路旁边。通常，大蚁是在夜间散开捕食的。鸡的刨响声和特别的叫声使我察觉到危险的来临。现在还来得及！我立即从床上跳起来，冲向鸡舍，把门打开。还未等门全部开好，鸡就飞了出来。大蚁捕食鸡时，先爬到鸡的鼻子和嘴巴里面，使它窒息。接着就是咬食，很快就只剩下一堆白骨。在一般情况下，小鸡都成为这些强盗的牺牲品；而大鸡尚能抵挡一阵，直至有人来救助它们。

这时，我妻子把挂在墙上的法国号拿下来吹三下，这是一个信号。听到这个信号后，恩肯迪和诊所里体力好的男人就应该用桶到河里取水。接着，我们把一些来苏尔倒在水中，混合一下，然后把它浇在我住宅的周围及下面。即使如此，我们还是受到了这种大蚁“武士”的狠狠虐待，它们爬到我们身上到处咬。一次，我数了数，发现身上差不多有 50 只大蚁，大蚁叮咬得十分紧，我们难以把它们甩掉。如果硬要把它们拉走，那么肉也会跟着被撕掉一点。因为大蚁的牙齿紧紧地嵌在肉里，只有十分小心才能把它们去除。黑夜中，在我妻子提灯的灯光下，这场战斗一直持续着。最后，大蚁终于走了，它们受不了来苏尔的气味，上千只大蚁死在药水中。有时，我们甚至在一个礼拜遭受 3 次这样的袭击。

约瑟夫离开了我。来自斯特拉斯堡的资助被切断了，我只能负债维持诊所，这样，我就觉得有必要把他的工资从 70 法郎减到 35 法郎。我向他解释，由于处在最困难的境地，我才不得已采取这一措施。但尽管如此，约瑟夫还是不肯留下：“因为尊严不允许他为这么少的钱工作”。于是，为娶妻子而开设的账户中的200法郎也被取走。几个礼拜后，约瑟夫就把它挥霍一空，他住到了对岸父母的家里。

我们的健康虽然还谈不上恶化，但也每况愈下。热带贫血的症状自然已经出现，它表现为特别容易疲劳。例如，当我从下面的诊所走到山坡上的住宅时，就会感到筋疲力尽。实际上，这段路只有4分钟而已。伴随热带贫血而来的还有引人注意的神经过敏，也出现在我们身上。此外，牙齿的状况也不好，妻子和我两个人相互为对方做些临时补救。如果说，我还能在一定程度上帮助妻子的话，那么没有人能够为我做一些必须做的事情，因为我的两只蛀牙必须被拔掉。丛林和牙痛，其中有多少故事可以讲啊！……

当然，尽管在身体上有诸如贫血、疲劳等各种不适，我显然保持着原有的精神活力。如果白天不是特别紧张的话，在吃了晚饭之后，我还能花上两小时的时间，用于撰写关于人类思想史中的伦理和文化的著作。为此所必需的参考书籍，由苏黎世大学的斯特罗尔教授替我收集，因为我不可能把它们全部都带到非洲来。这是一项使人惊奇的工作。我的书桌放在通向阳台的栅栏门前，这样我可以尽量地享受到晚间微风的吹拂。棕榈树沙沙作响，和蟋蟀等蛉蟾类动物的叫声汇合成响亮的乐曲。丛林中不时传来难听和陌生的吼声，为了引起我的注意，阳台上忠诚的狗，卡拉姆巴轻轻地发出了呼噜声。桌子下面，我的脚边躺着一只矮种小羚羊。……丛林中的寂寞，我如何才能够感谢你对我的意义啊！……

午饭后和下午在诊所继续工作之间的休息时间，我把它献给音乐，礼拜天下午同样如此。由此我也感受到了远离世俗的工作对我的赐予。因为与先前相比，我在这里学会了更质朴和更内在地把握许多巴赫的管风琴作品。

为了能够在非洲坚持下去，人们必须有精神的劳作。值得注意的是，有教养的人比没有教养的人更能够承受在丛林中的生活。因为前者的身心得到了恢复，而后者则没有。通过阅读严肃的书籍，人们不再是整天陷于与当地人的懈怠和爬虫的纠缠作斗争之中的物，而是重新成为人。啊，在此不能够回归自己，凝聚新的力量的人是不幸的！他毁于非洲可怕的单调生活……

这里的报纸令人难以承受。报纸上那些针对前些日子的讲话来到这个时间似乎静止的地方，显得有些荒诞。无论我们是否想要这样，这里每个人的经历每天都在如此轮回：自然就是一切，人则是虚无。这种反对欧洲人欲望的不安和虚妄的观念，也对人们包括少数有教养的人的世界观产生了影响。在地球的另一端，自然是虚无，而人才是一切，当地的人们认为这有些反常……

在这些日子里，我们在当地得知，那些从奥戈维回到欧洲服兵役的人，其中已经有 10 个阵亡了。这一事件对当地人的影响很大。一个帕胡因老人对我说："已有 10 人在这场战争中死去了！为什么这些部族不坐下来谈判呢？他们怎么能够赔偿所有死者呢？"在非洲人那里，对于阵亡者，无论属于战败方还是属于战胜方，都必须由对方作出赔偿。

当有邮件到来时，我们的厨师阿洛伊斯问我："医生，还是战争吗？""是的，还是战争。"然后他悲哀地摇摇头，自言自语地叹息着。他属于灵魂受到战争思想创伤的黑人。

三年多来，我一直生活在传教站中。对于在传教中获得的经验，我是怎么想的呢？原始丛林中的人们，是如何理解基督教的呢？基督教又是如何理解当地人的？在欧洲的时候，我一直听说，对于土著人来说，基督教太高级了，这一说法一直使我不安。现在，从经验出发，我可以对此说："不"。

首先，我要指出的是，与人们通常的设想相比，自然之子会思想得多。即使他们不会读和写，但他们所思考的事物，比我们所认为的要多许多。在诊所里，我与当地老人进行的关于终极关怀的谈话，深深地触动了我。我觉得，如果我们与原始丛林中的人们探讨我们与自身、与他人、与世界、与永恒的关系问题，那么，白人和黑人、有教养者和无教养者之间的区别就消失了。最近，一个白人对我说："黑人比我们深刻，因为他们不看报纸。"确实，在这一悖论中蕴涵着一些真理。

因此，对于宗教的基础，存在着一种天然的、巨大的接受能力。从历史角度看，基督教当然离土著人较远。他们生活于一种无历史的世界观中，他们不能够估量耶稣和我们之间的时间。对于根据上帝的创世计划，拯救应该以何种方式被准备和实施的信仰命题，他们也不容易理解。但是，他们对于拯救本身有一种基本意识。对于他们来说，基督教是照耀到其畏惧的黑夜之中的光芒。基督教向他们作出担保，不再会受制于自然神、祖先神和巫师的暴力。没有人拥有对别人的可怕权力，上帝的意志管理着一切。

我身陷囹圄，你来给我自由。

以上引证的是保罗·格哈特的《基督降临节之歌》中的诗句，最好地表达了基督教对于土著人的意义。我在传教站参加礼拜活动时，总是想到它。

在自然人中，蕴藏着伦理的理性主义者。对于善的概念，以及与宗教相合的观念，他有一种天然的感受性。虽然卢梭和启蒙时代的人把自然之子理想化了，但在他们关于自然之子具有善和理性能力的观点中，还是有一些真实的东西。

在兰巴雷内的棚屋教堂中，当可以向当地人解释耶稣的登山宝训和比喻，以及使徒保罗关于我们转向新生活的格言时，我最深切地感受到了耶稣思想中的信心和基础。

那么，作为一个基督徒，黑人究竟在何种程度上成了一个"新"

人呢？虽然在受洗时，他发誓要放弃迷信。但迷信是与他的个人生活、社会生活融为一体的，不可能在一天之内就和它割断联系。当然，也有一些土著人基督徒，无论从哪个方面看，他们都具备了道德人格。我每天会碰到这样一个当地人，他的名字叫奥耶姆波，我们这里男童学校的老师。我觉得，他是我所认识的人当中最正派的。奥耶姆波的意思是“歌曲”。[1]

也许，没有别的名字比这位黑人老师的名字更美了。我立即感到，他是一个聪明、善良和谦虚的人。他是如此的正派，以至于当他在场时，人们甚至有点自愧不如。3个住在老师的竹棚房子里的黑人小男孩，受到了多好的教育。

奥耶姆波是我在礼拜时布道的翻译。礼拜六晚上，他来到我这里，一起准备明天的布道。我必须一句一句地把整个布道词念给他听，看看其中是否有他不理解的，或者不能译成黑人语言的词句。在那里布道，人们必须避免谈到黑人根本无法想象的事物，必须舍弃或重写许多耶稣的比喻，因为奥戈维地区的黑人不懂得什么葡萄或种植谷物的土地。

战争末期，传教站的资金短缺，必须削减职员的工资。奥耶姆波就放弃了教职，回到他那位于丛林中偏僻湖边的村子。由于工资微薄，他一直担心是否能够维持自己及家人的生活。为了养家糊口，现在得挣点钱了，他考虑投资种植业。

1924年，当我重新回到非洲时，在海滨遇到了奥耶姆波。他与村里的男人一起，撑着大木筏顺着奥戈维河而下，把它卖给荷兰公司赚钱。我说：“奥耶姆波，你发财了。现在你做木材生意，这可是致富的捷径。”他以其质朴的方式回答说：“我现在还可以。”

还没有等我来得及询问他妻子和孩子的情况，奥耶姆波就急着要

[1] 1938年，施韦泽在他出版的《非洲史》中也包括小说《奥耶姆波，丛林中的教育家》。它被插入在其中。

走了。因为在向荷兰公司交付木筏时，他必须在场，我自己也必须为货箱办理入关手续。我们之间已不再有许多话可说，我觉得这完全是正常的。啊，奥耶姆波，木材商人，现在对我来说，已经不再是那个当教师的奥耶姆波了。在对黑人青少年的教育方面，我们大家都曾对他寄予很大的希望。我们的期待是：他能够向所有只知赚钱的同龄人表明，除此之外，还有一些更高尚、更有价值的活动。和他一起在传教学校高级班受过训练，并通过考试的其他人都拒绝当教师。因为以可怜的工资维持生活，从早到晚和不听话的黑人儿童打交道，这对他们是没有吸引力的。他们也许知道，当地是多么缺乏本地人教师。传教士也请求他们，能够把培养家乡的青少年看得比自己赚钱更重要。当然，他们每个人都有自己的借口，为什么现在必须考虑，把在传教学校高级班学到的知识，首先用于去谋取政府和木材行业中的文员这样一个收入较高的位置。例如，这个人必须偿付他兄弟的债务，那个人自己借了钱，第三个人要娶妻子，第四个人则要把钱投资于种植业，等等。

只有奥耶姆波不去挣钱，而是选择了收入低和辛苦的教师工作。但是，由于发生了战争，奥耶姆波最终也成了一个木材商人。我不指责他，只是为他感到惋惜。

这件事一直困扰着我。虽然想了解奥耶姆波的近况，但我不想和兰巴雷内的传教士谈起他。然而，每当我路过站内男孩小学的棚屋时，想起过去奥耶姆波经常从里面走出来与我说话，我的心就像被针扎了一样。

终于有一天，传教士们谈起了奥耶姆波，当时我也在场。我说：“啊，就是那个成为木材商人的人！他这样做，比任何人都使我伤心。”

一个传教士问我：“变成木材商人了，您怎么看？”

我说：“这样的，我在洛佩斯角遇到过他。他和村里的人把自己砍下的木筏卖掉，他本人也对我说，现在他在做木材生意。”

这位传教士说："是的，他在做木材生意，但是他并没有放弃教师的职业。他现在从事的教育活动，比您在兰巴雷内认识他时要重要得多。"

现在我才了解到下面的情况。当奥耶姆波回到老家的村子后，带领村民砍伐了一片树林，开垦了一块较大的用于种植香蕉和木薯的园地。在当地，砍伐丛林是很不容易的。因此，黑人通常只是开垦一小块园地，只要能够免于饥饿就可以了。这样，在那个地区就经常发生饥荒，为了强制村民多开垦土地，政府经常派黑人士兵到各个村子里去。

因此，在老家的村子里，奥耶姆波也带领村民从事砍伐树木的艰苦工作，以开辟较大的种植园地。当战争结束后，木材生意重新开始，种植也有了收成。现在，不仅村民自己有了足够的食物，而且还能为伐木工人提供香蕉和木薯。正是通过奥耶姆波，大家有了工作，生活也改善了。

生活得到了保障之后，奥耶姆波在村里办了一所学校。他自力更生，没有为办学经费而去请求政府和传教站的补贴。通过课余时间在园地里劳动，学校里的学生还能为自己挣得食物和书费。由于种植园地经营得好并不断扩大，除了香蕉之外，现在也种植咖啡和可可；因此，在这个被开垦的地方出现了一所兴旺的学校。作为一个福音教徒，礼拜天他还主持礼拜活动。

奥耶姆波不仅教育小孩，而且也教育大人。他引导村民建设新的村子。通常，黑人住在竹棚里，直至它烂掉倒下。然后，他们急忙收集必不可少的材料，尽快重建一间棚屋。为了尽可能减少工作量，他们把棚屋造得尽可能的小。现在，奥耶姆波带领村民合理地建造，几个月后，一个由结实和宽敞的棚屋组成的村子出现了。

就像我所了解到的那样，从很远处就能够把奥耶姆波的村子和其他村子区别开来。通常的黑人村子，只有当人们进入丛林时才能看清，灌木丛一直长到棚屋旁边，把村子周围的树木伐掉，是一项艰巨的工作。因此，当地人往往只是把村子周围几米内的树木砍掉，而不是辟出一块较大的空地。

但在此之后，还有更多的事情要做。在被砍掉的树木的位置上，会不断长出灌木和象草，必须定时把它们铲除。由于每个月都要搞一次，因此人们很快就对这种难以承受的艰辛产生了厌倦！他们听任这些灌木和象草在村子周围疯长，而不管它会影响住宅的通风，以及生长其中的蚊子会给村民带来危险的疟疾。

通过逐渐为人们所接受的权威，奥耶姆波终于使位于湖边的村子周围出现了一大片空地。当然，在开辟空地的过程中，这位丛林中的领导也有一些反对者。懒散的人拒绝听从他的安排，甚至出现了流言蜚语，中伤他让村民劳作是为了自己发财。但奥耶姆波说服了这些反对者，他并没有在村民大会上压服他们，奥耶姆波可不是演说专家，他是通过其本质的真诚和善良赢得支持的。

当木材贸易重新繁荣起来时，奥耶姆波提议，在他的领导下，村里的男人们一起做木材生意。先前，村民就这么做过，但一直处于混乱状态，没有人愿意听从别人指挥。每当树木倒下，应该被运入河中扎成木筏时，许多人就会以各种借口逃避工作。对他们来说，重要的是分到白人木材商为订购的木筏所预付的款项，至于今后是否能够按期交付木筏，他们是根本不加考虑的。因此，有些树木没有被及时运到河里，而是一直留在树林中，直至烂掉。此外，木筏被交付之后，又会发生如何分配到手款项的争执。

现在，由于奥耶姆波的领导，一切得到了改观，整个劳动过程被组织起来，所有的劳务、支出和收入都被登记在册。每个人得到保证，他将获得与其劳动相应的收入，有序代替了无序。人们现在干得更多，收入也更高了。

在听到奥耶姆波的教育活动之后不久，他来到诊所看我。我觉得，现在他又是原来那个奥耶姆波了。对于他的活动，我表达了自己的喜悦，并想从他本人那里了解更多的相关情况。但他没说什么，他不愿谈论自己。 由于要把诊所搬迁到一块更大的空地上，无法脱身，因此，原本到离兰巴雷内150公里远的村子里看望奥耶姆波的计划，我也不能实施。

但是，正像我们的主所说的那样，山上的城市不可能被掩埋起来。 在返回欧洲的船上，我听到了奥耶姆波的故事。 我和一些木材商人、一位传教士坐在一起，相互交谈在奥戈维地区的经历。 这些木材商人有着讲不完的故事：他们向黑人预付了款项，但没有得到已被承诺了的木材；他们买下了木筏，但事后得知，黑人又把它卖给了别的竞争者，并同时从那里收取了费用；他们拿到的是以次充好的木材，等等。 “但是，”其中一位木材商人打断了这连篇累牍的诉说，“不是所有的黑人都是这样的。 我至少认识一个可以绝对信任的人，他住在恩戈密地区。 如果您到他那里，签订了一个供货合同，那么您可以放心，一定会按时得到合格的木材。 不同于只想勒索定金的一般黑人，他甚至拒收定金。 一次，当他对我说，在收到订购的木筏之前，我不需要支付任何费用时，我怀疑自己是不是听错了。”

“这个黑人名叫奥耶姆波。”传教士插话说。 “是的，他叫奥耶姆波。”那个白人答道。

“关于这个奥耶姆波，我也有一个故事可讲。”另一个木材商人插话说，“一天，在村子旁边的湖上，我在一只小平底船中突然遭遇了风暴的袭击。 大风从岸边扑向我们。 看来，我们只得放弃靠向岸边的希望。 我们已经进水的小船什么时候被波涛掀翻，也只是一个时间问题了。 和我们在一起的黑人，大部分来自内陆，因此不会游泳。 对于岸边的村子，我根本不抱希望，黑人不会为了别人而拿自己的生命去冒险。 并且，他们该如何帮助我们呢？ 也许，如果有一条大船，他们才敢于冲向这狂暴的湖中。 但黑人没有这种船，他们没有费力去造它。”

“正在这绝望的时刻，透过滂沱大雨，我看见一只大船离岸向我们驶来。 当小船开始下沉时，它靠上了我们，船上的人不仅救了大家，而且还帮助我们打捞箱子。到了村里，我们得到了很好的安顿，穿上了干净的衣服，吃到了可口的食物。在我休息的棚屋里的领头人，让人把打捞起来的箱子送了过来，打开了它，以便把里面的东西晾干。你们在非洲遇见过这种事情吗？第二天早晨，当我整理自己的东西时，居然一样也没有少掉。你们在非洲肯定没有碰到过这样的好事，但是，现在最好的事情发生了，我们的小船也被打捞了起来。当我准备启程时，该如何向救命恩人告别和表示感谢呢？我问那个领头人，我欠他们多少？这个人答道：他们这样做，只是尽了人和基督徒的义务，不需要什么礼物。这就是我与奥耶姆波的接触。”——由此，奥耶姆波成了村民的教育者，他的影响远远超出了村子……

在欧洲，人们常常把传教站想象为丛林中的乡村基督教堂区。但实际上，传教站的范围和任务要广泛和复杂得多：一个主教驻地、一个学校中心、一个农业企业和一个市场！

一个通常的传教站包括：一个作为站长的传教士，一个负责巡回宣讲福音的传教士，一个作为男童学校教师的传教士，一个女孩学校的女教师，一个或两个手工业传教士，可能的话还有一个医生，只有这种规模的传教站才能够做些事情。而一个不完整的传教站，它虽然也投入了人力和物力，但难以取得相应的成果。

在热带地区，人的工作效率明显降低了。与在合适气候条件下能够做的相比，他在这里最多只能达到其一半的程度。如果他被迫做各种工作，那么他很快就会筋疲力尽。虽然他仍在现场，但并没有真正的工作精力，因此，这里特别需要有明确的分工。尽管从另一方面来看，在必要的情况下，每个人也必须重新去做所有的事情。一个传教士，如果他不懂一点手工业、种植和医疗知识，那么他的传教站是不幸的……

在站内和附近的村子里主持礼拜活动，管理学校和站内的种植业，这一切都属于站长的任务，传教站几乎一天都离不开他。站长必须到处察看，在任何时候与每个人谈话。对他来说，最乏味的要数买卖东西了。站内的学生、工人和船工以及我们自己所需的食品，我们没法用钱购买，只有在当地人得知，我们这里有一些好东西时，他们就会带着木薯、香蕉和鱼干过来和我们交换。因此，传教站必须有一个商店。通常，每个礼拜有两到三次，当地人拿着水果和鱼来换取盐、灯油、钉子、渔具、烟草、锯子、刀子、斧子和衣料等物品，我们这里没有烧酒。传教站长整个上午就干这件事。

向欧洲准确地订货，精确地核算，支付船工和工人的工资，管理站内的种植园，这费去了他多少时间啊！如果他不能及时地做好这一切，又会造成多大的损失啊！盖屋顶时，这里没有干燥的、编织好的棕榈叶；造房子时，这里没有屋梁和地板；为了准备砖瓦，他又失去了多少宝贵的时间！也许，站长已经耽误了准时为学童熏制鱼干；或者在一天早晨，他发现鱼干上爬满了蠕虫，不能吃了。总之，一个传教站能否合理地、经济地运作都取决于站长。

对于一个为了传播基督宗教而来到这里的人来说，这一切是多么的乏味啊！如果他不再主持学校的晚间和早晨祈祷，以及在礼拜天布道，人们几乎就会忘了他还是一个传教士。但是，正是由于站长在这些日常事务中体现了基督教的友谊和温良，他才发挥了其最大的影响力。通过站长无言的布道，传教站展现了它真正的精神。

关于学校的情况。在当地开办学校，如果学生既想上学，又要住在家里，从距离上看，是不可能的。因为属于兰巴雷内传教站的村子，散布在其周围大约有100公里，甚至还有更远的。因此，学生必须住在传教站内。10月份，父母把孩子送来。7月份，当鱼汛开始时，又把他们接回去。这样，为了解决他们的食宿问题，学生们就必须在传教站承担一些劳务。

学生们的日程是这么安排的：早晨7点到9点，他们割草和铲除灌木。为了保存传教站而向丛林作斗争，是他们的主要工作。当学生们清除了一块场地上的杂草灌木之后，就要到另一块重新茂密起来的场地上继续去干。9点到10点是休息时间。在一个大棚下，他们按照非洲人的习惯煮食香蕉，每5个人或6个人组成一个伙食小组。就餐后的10点到12点开始学习。12点到下午1点是休息时间。学生们大部分在河中洗耍和捕鱼。如果下午2点到4点继续学习完了，学生们还得劳动1个半小时。他们在可可种植园帮忙，也经常当手工业传教士的助手，帮他准备砖瓦、运送建材、平整地基，等等。然后，他们分得第二天的食物。晚上6点后进行晚间祈祷，接着晚餐。9点学生们上床睡觉，他们的木板床上有蚊帐。礼拜天下午划独木舟，这时，女教师也有她的女子运动队。旱季时，则在沙滩上搞活动……

对于基督教的传教活动而言，它的最大困难在于：它必须以天主教和基督教两大教派的形象出现在世人面前。如果没有这种区别，两大教派不是相互竞争的话，那么以耶稣名义进行的活动要好得多！在奥戈维地区，两大教派的传教士之间保持着适当的、有时也是友好的关系。当然，扰乱黑人信仰和损害福音事业的竞争还是存在的。

我经常到天主教传教站行医，因此对那里宣讲福音和上宗教课的方式也有相当的了解。比较起来，就组织工作而言，我觉得天主教在有些方面做得比新教好。而在目标的追求上，如果要我比较双方的区别的话，那么我也许要说：新教的传教工作主要追求基督教人格的形成，天主教则首先关心建立可靠的组织。也许新教确立的目标更高，但与天主教的目标相比，它较少考虑现实可行性。为了持续地展开教育活动，需要有一个稳定可靠的组织。由于有来自基督教家庭的后裔，这一组织会以自然的方式得到扩大和加强，整个教会史都说明了这一点。但是，就像新教的弱点在于此一样，它的伟大不也正在于此吗：它是一个太个人化的宗教，并且太少组织化了？

1934 年

第五篇

放弃和鼓舞

(1917—1923)

回到故乡的山谷

1917 年 9 月，当我在兰巴雷内重新开始诊所的工作时，突然来了一道命令：我们必须被立即押往一艘正要到来的船，遣送到欧洲的集中营里去。幸运的是，这艘船迟到了几天。这样我们就有时间，在传教士和当地人的帮助下，把药品和器械等物品装入箱子，并把它们存放在波纹铁皮棚屋中。

当时，我无法考虑把《文化哲学》的手稿随身带走。在任何一次检查中，这些手稿都可能被没收。因此，我把手稿托付给了当时在兰巴雷内的美国传教士福特。福特先生坦率地向我承认，他认为哲学是多余的和有害的，因此最好把这包沉重的东西扔到河里。但是，出于基督教的爱心，福特答应我很好地保存它，等到战争结束后还给我。尽管如此，为了预防万一，我还是花了两个夜晚的时间，用法文对手稿的基本思想和已经完成的部分作了摘要。通过相应的章节标题，我还使这个摘要看上去像一项关于文艺复兴的历史研究。这样，对于要检查它的官员来说，这份摘要就与现实无关，并且也无伤风化了。事实上，我确实由此使它避免了多次要实施的没收。此外，临行前的两天，在已经装好和装到一半的箱子之间，我还得迅速地为一个嵌顿疝病人动手术。

在我们被带上汽船，当地人在岸边祝福着与我们告别时，天主教传教站的一位神甫主管来到了甲板上。他以威严的表情斥退了企图阻止他走近我们的黑人士兵，紧紧地握住了我们的手："在我还没有对您和夫人在这里做的所有好事表示感谢之前，您不应该离开这个地方！"后来，我们再也没有见过面。战争爆发后不久，他就与把我们带回欧洲的那艘船"非洲号"一起沉没在比斯开湾中。

这四年半经历的最终结果是什么呢？

对我来说，一切都证明：自己退出学术和艺术活动、走进丛林的决定是正确的。为了打消我的念头，朋友们曾经对我说："生活在自然怀抱里的非洲人，不像我们有这么多的疾病，也没有像我们那样感受到痛苦。"但是，我已经看到，事实并非如此。实际上，我们在欧洲所患的大多数疾病，非洲都有。有些由我们带到那里去的丑恶疾病，它造成的痛苦要比在欧洲严重得多，自然之子像我们一样感受到痛苦。如常言所说，人受制于名叫"痛苦"的主人的可怕暴力。

在非洲，病痛到处都是很严重的。由于欧洲的报纸避而不谈，我们就有权对此闭上眼睛不闻不问吗？在我们这里，如果有人病了，立即可以去就医；如果需要动手术，医院的大门就会马上打开。但让我们想象一下，非洲成百上千万人，他们患病时，根本不抱得到救助的希望，这意味着什么？每天，有成千上万人忍受着巨大的痛苦。本来，医疗技术是能够使他们摆脱这些痛苦的。在许多许多遥远的茅屋中，充满了我们能够加以祛除的绝望。 如果他们在没有医生的情况下等死的话，那么我们每个人也只是敢于想象他们在家里的最后10年，如此而已！ 因此，我们必须从睡梦中醒来，看清我们的责任。

在远方行医，如果我把这看作我的人生使命的话，那么我就履行了耶稣及其宗教的命令。 同时，我也就依据于基本的思想和观念。那些应该在黑人那里做的事情，对于我们来说，不应该是一种“善功”，而是一种不可推卸的义务。

自从发现新大陆以来，所有白人民族对有色民族都干了些什么呢？ 以耶稣名义美化自己的欧洲人所到之处，许多民族灭绝了，还有许多民族濒临灭绝，或者人口锐减！ 对于欧洲人到来的几百年中，他们遭受到的不公和残暴，又有谁去描写过呢？ 谁敢于计算一下，我们带去的烧酒和恶疾，对他们造成了多大的痛苦！

如果要在一本书中描述发生在白人和有色民族之间的一切，那么无论讲过去还是现在的事情，由于其中许多章节包含着太残酷的内容，人们将无法卒读。

我们和我们的文化负有很大的罪责。 对于我们是否要为海外的人们做些好事，还是不做？ 我们根本没有权利选择，我们必须去做！ 我们为他们做一些好事，并不是善行，而是赎罪。 每一个造成痛苦的人，都必须到海外去从事救助。 即使我们做了力所能及的一切，也没有赎去我们所犯下罪恶的千分之一。 这就是使我们的一切“爱的事业”得以升华的基础。 ……

我们必须有这样的医生，他们自愿到有色民族和绝望之地那里去，放弃家乡和文明世界的一切，过艰苦的生活。 基于亲身的经验，我可以对他们说：对于所放弃的一切，都可以在力所能及的一切好事中得到足够的回报。 当然，在海外的穷人中，他们通常不能或者不能完全筹得活动和生活的资金。 因此，家乡的人们必须给予他们必要的资助，我们所有人对此都有责任。

在波尔多的一个兵营里，这个现在关押战争期间被俘外国人的地方，我们度过了3个礼拜。一进去，我就在那里患了痢疾。幸好我行李里有依米丁，可以控制一下，但它还是给我留下了较长时期的后遗症。

不久之后，我们被转移到比利牛斯山脉地区加赖松的一个大拘留营。转移那天，由于我们没有搞清楚，在夜间出发的命令是要立即执行的，因此当两个宪兵和运送我们的车子午夜到达时，我们什么都没有收拾好。由于这两个宪兵认为我们不服从命令而有点不快，加上在昏暗的烛光下，打包的速度也很慢，于是，他们开始不耐烦起来，甚至想让我们留下行李走人。但是，最终他们还是表现出了对我们的同情心，甚至帮助我们一起收拾东西和装箱子。后来，在我感到有可能不耐烦的时候，经常会想到这两个宪兵，于是督促自己在与人打交道时要有耐心！

当我们被押送到加赖松时，一个值班的低级军官来检查我的行李。为了研究文化哲学，我随身带了一本法文版的亚里士多德《政治学》，现在落到了他的手里。“这是不允许的，”他大声呵斥道，“现在有人居然还把政治书籍带到了拘留营里来！”我小心地向他解释，这本书写于基督诞生以前很久。“这是真的吗？你这个学究？”他问站在旁边的一个士兵。那个士兵证实了我的说法。“什么，人们那时候就已经在搞政治了？”他反问道。在得到了我们的肯定回答之后，他说：“现在的政治一定不同于过去，因此我认为，你们可以保留此书。”

加赖松过去是一个大修道院，许多病人从远方来到这里朝圣。自从教会和国家分离以来，它就开始萧条和败落了。因此，当战争爆发时，就有几百个敌对国家的人员，包括男人、妇女和儿童被关押在这里。在一年的时间里，由于被关押者当中有一些手艺人，经过他们的努力，这个修道院得到了一定程度的修复。我们被关押期间的拘留所所长，一个名叫维希的退休的殖民地官员，是一个神智学者，不仅以其公正，而且以其由于前任的严厉和僵硬而更得到承认的善意，履行着自己的职责。

在我们转移到加赖松后不久，一些来自被解散的小拘留营的人也到了这里。这些人很快就抱怨伙食糟糕，指责同为被拘留者的厨房帮工没有认真工作，而那些从巴黎高级宾馆和饭店来到加赖松的厨师也使他们十分失望，事情闹到了所长那里。当所长问抗议者，他们之中谁是厨师时，结果谁也不是。他们的头领是鞋匠，其他人则是裁缝，或者是做帽子、编篮子、制刷子的。在原先的拘留营里，他们自己做饭，并学会了像开小灶一样，烧出大量的美味饭菜来。

于是，以所罗门式的智慧，所长决定：在 14 天的时间之内，让他们在厨房里试试自己的手艺。如果他们比别人做得好，就让他们执掌厨房。否则的话，他们就将作为破坏秩序者而被关禁闭。结果，第一天，他们就以土豆和白菜证明自己没有瞎说。而且，每一个后继者都有自己的特色。由此，鞋匠就被任命为厨师，而职业厨师则被驱逐出了厨房。当我问鞋匠，他们的秘密是什么时，鞋匠回答我："每个人都会做饭，但关键在于要有爱心和细心。"从此之后，当我听到又有一个没有相关知识的人被任命为部长时，我就不会像以前那样激动了，而是使自己激起这样的希望：他也许能够像加赖松的鞋匠一样胜任自己的工作。

值得注意的是，我是被拘留者当中惟一的医生。开始，所长最严厉地禁止我接触病人。这是由官方指派的拘留营医生的事，他是一位当地年老的乡医。但后来，他允许我像我们当中的几个牙医一样在拘留营里行医，他甚至为此提供了一个房间让我使用。由于我行李中装的主要就是药品和器械，下士在检查后都还给了我，因此我几乎有了诊治病人所需的一切。对于那些被从殖民地遣送回来的病人，以及那些患有热带病的海员，我的疗效特别好。

如果谁在一定程度上仍然是健康的，并且也没有失去活力，那么拘留营也能够给他带来一些有趣的东西。因为，在拘留营中，来自许多民族和几乎所有职业的人集中在一起。其中有学者和艺术家，特别是战争期间在巴黎被突然抓起来的画家；曾经在巴黎大公司工作的德国和奥地利鞋匠和女装裁缝；银行经理、宾馆经理、咖啡馆招待、工程师、建筑师、手工业者和商人，他们定居在法国及其殖民地；来自撒哈拉的天主教传教士和修士，他们穿着白制服、戴着非斯帽；利比里亚和非洲西海岸其他地区的商人；北美洲、南美洲、中国和印度的商人，他们是在海上被抓住的；德国和奥地利商船人员，他们的命运相同；土耳其人、阿拉伯人、希腊人和巴尔干国家的人员，他们由于各种原因而被驱逐出东方地区。其中还有戴头巾的土耳其妇女。拘留营里每天两次的集中，是一幅多么丰富多彩的图画啊！

在拘留营里，人们没有可用于自我教育的书籍。但对于人们想要知道的一切，这里有各种专业人员，我利用这一绝无仅有的机会学到了不少东西。我在此获得有关银行、建筑、磨房建造和磨房业、谷类种植、炉子建造和许多其他方面的知识，都是我以前也许根本不可能学到的。

使手工业人员最为痛苦的是，他们没事可干。当我的妻子搞到一块厚衣料时，许多裁缝都自愿不要报酬为她做衣服，只是为了重新拿起针线……

当漫长的、艰难的冬天终于过去，春天来临时，把妻子和我转移到普罗旺斯圣雷米的命令下来了，那里有一个专门关押阿尔萨斯人的拘留营。为了留住我这个医生，而且我们也愿意继续被关在这个已经习惯了的地方，所长要求撤销这个命令，但这一切都是徒劳的。

3 月底，我们被转移到了圣雷米，那里的拘留营不如加赖松那样世界主义。它关押的主要是教师、森林管理员和铁路官员。我在那里遇见了一些熟人，其中有京斯巴赫的年轻教师约翰·伊尔蒂斯，还有一个名叫利布里希的年轻牧师，他曾经是我的学生。在礼拜天，利布里希被允许主持礼拜活动，作为他的助手，我也多次进行了布道。

这里的拘留营所长是一个来自马赛的退休警官，他的管理方式相当温和。他的和蔼方式集中表现为，当人们向他请示这件事或那件事是否可行时，他的回答总是："没有什么事是被允许的！只要你们自己理性地行事，都是可以的！"由于他不能准确地发"施韦泽"的音，因此他叫我传教士阿尔贝特。

拘留营过去也是一个修道院，我们整天可以坐在它的底层大厅里面。当我们第一次进入这一大厅时，我觉得它空荡荡和难看的样子有点似曾相识。我在哪里见过这铁炉子及其贯穿整个大厅的管道呢？最后想起来了，是在凡·高的一幅画中。我们所在的这个修道院，有花园高墙围着。直至前不久，它还在收管神经和精神病人。那时，凡·高也在其中。后来，正是用他的画笔，凡·高使这个我们现在围坐其中的大厅得以永恒。当北风刮来时，他就像我们一样在这石板地面上挨冻！像我们一样，他也在花园高墙之间走来走去！……

由于有一个被拘留者是医生，刚开始我没有什么事，可以整天坐着起草关于"文化国家"问题的纲要。在这位同行作为战俘被交换掉，可以回家之后，我就成了拘留营医生，但这里没有像在加赖松那样忙。在加赖松山区的清新空气中得到了相当恢复的妻子，受不了普罗旺斯的刺骨冷风。此外，她也无法适应这里的石板地面，我本人的状况也不太好。自从在波尔多患了痢疾之后，我日益虚弱无力，对此无可奈何。我十分容易疲劳，并且像我的妻子一样，没有力气去参加拘留营的走步。本来，只是在特定的日子，还要在士兵的监视下，我们才被允许进行这种走步的。由于被拘留者都想增加自己的运动量，在规定的时间里多走一些路，因此这种走步的速度很快。对于所长本人那些天与我们及一些身体虚弱的人一起走路，我们深为感激。

大约在7月中旬，我们被告知，所有被拘留者，或者说几乎所有被拘留者都将被交换，并且可以很快地通过瑞士回到家乡。对此，我非常高兴，特别是为我那受不了关押而思乡的妻子感到高兴。……在塔拉斯孔火车站，我们必须在一个空仓库里等待接运我们的火车到来。我和妻子艰难地拖着行李在轨道之间的砾石中行走，费了好大的劲才能向前几步。这时，我在拘留营里照料过的一个贫穷的残疾人，前来帮我们提行李。他一无所有，因此也没有行李。我激动地接受了他的帮助。当我们在灼人的阳光下并排走时，我发誓要记住这个人，今后在火车站看到行李多的人时，也帮助他们，就像今天有人帮我一样。不过，有一次，在我想帮人提行李时，竟被怀疑是要偷东西。

在塔拉斯孔和里昂之间的一个火车站里，我们受到了一个委员会的女士和先生们的亲切接待，我们被领到放着丰盛饭菜的桌旁。当我们津津有味地吃饭时，主人们却显得尴尬起来。经过商量后，他们很快就退场了。原来，他们被告知，我们根本不是他们要接待的客人，他们要等候的是来自法国被占领区的人。这些人曾经被德国军队关押过，现在经过瑞士回到法国，应在法国南部安顿一下。当一列"拘留营列车"到站停下来时，这个专门为照料那些过路的被驱逐者而成立的委员会就认为，他们的客人到了。但是，当吃饭的人说的不是法语，而是阿尔萨斯德语时，他们知道自己弄错了。这一情况是如此的有趣，以至于出了错的委员会最后对此也一笑了之。不过，更妙的还在于，由于事发突然，而且又只顾自己吃，我们当中的大多数人根本就不知道发生了什么事情，在表达了为他们准备的饭菜的谢意后离去了。

康斯坦茨给我们的印象是可怕的。在这里，我们第一次看到了饥荒的景象。过去，我们只是对此有所耳闻。街上到处是没有血色、皮包骨头的人！他们疲惫、虚弱，根本坚持不下去！

我的妻子得到允许，她可以和到这里接我们的父母立即前往斯特拉斯堡。我本人则必须和其他被交换者在康斯坦茨等一天，以办理所有与我们相关的手续。夜晚，我抵达了斯特拉斯堡。城里的房子里没有灯光！为了避免空袭，整个城市必须保持一片漆黑。我来不及到妻子父母的郊区花园住宅那里，只能摸黑向圣托马斯教堂菲舍尔夫人的房子走去。

由于京斯巴赫处于军事行动地区，因此在办了许多手续之后，我才被允许去探访父亲。[1]火车只能开到科尔马，从那里到福格森山的15公里，我只能步行往回走。

在1913年的耶稣受难节，我告别了京斯巴赫，那时它可是一个和平的山谷！现在，山上传来了沉闷的炮声，街上的人们必须在铺上秸秆的铁丝栅栏之间穿来穿去。这种高墙般的铁丝栅栏主要用于阻挡福格森山冈上敌方炮兵的视线，以掩护山谷里的交通。到处都是防御机关枪的工事，还有被打得千疮百孔的房子。我记忆中长满树的山冈，现在则是光秃秃的一片，只留下一些幸免于炮火的树木。在村里，人们接到了命令：每个人都必须随身带着防毒面具。

京斯巴赫，这个人们跨进战壕前的最后一个驻扎点，由于周边山岭的掩护，因此至今尚未毁于福格森山冈上的大炮。在许多士兵和被摧毁的房屋之间，居民们仍然忙着自己的事情，好像没有发生过战争一样。白天，他们不能到草地上收拾草垛，只能在夜晚把它们运回来，这已经习以为常了。同样，在警报拉响时，居民们应该躲在地窖里。而且，他们还随时会接到命令，由于敌人将要进攻，大家必须立即丢弃一切逃离村子。对于这一切危险，我的父亲已经无所谓了。当枪炮声响起时，他不像别人那样寻找地窖，而是继续留在自己的书房中。现在，军官和士兵住在他的牧师住宅里，他也不去想象过去的日子了。但是，这些对战争已经麻木的人们，对今年的收成则深感忧虑。当时的旱情十分严重：谷物枯萎，土豆干死，许

[1] 先前已经报道过，母亲死于战争，终年74岁。

多草地上已无草可割，饥饿的牲口在圈棚里发出哀鸣。如果远处降了暴雨的话，这里也不会有雨点，只有刮走地表上最后一点湿气的狂风，以及预示着饥荒的尘土。

在此期间，我的妻子也被获准来到了京斯巴赫。在故乡的山谷中，我原本希望能够恢复健康，不再虚弱无力，在圣雷米后期出现的时轻时重的发烧也会消退，但这一切都落空了，我的情况一天比一天糟糕。大约在8月底，由于在波尔多患上的痢疾的后遗症，高烧和折磨人的疼痛促使我立即去接受一个外科手术。在妻子的陪同下，我艰难地走了6公里路，到科尔马才乘上了火车。9月1日，斯托尔茨教授在斯特拉斯堡为我动了手术。

当我初步恢复了工作能力之后，斯特拉斯堡市长施万德给我提供了一个市民医院助理医生的职位。我高兴地接受了这一工作，因为我不知道自己能够靠什么生活。我被指派负责医院里皮肤科的两个妇女病房。同时，我还担任了圣尼古拉教堂的助理牧师。……停火之后，阿尔萨斯由德国回归法国管理，有一段时间，我必须全力以赴地在圣尼古拉教堂工作。因为格罗尔德牧师，由于他的反德态度已经被德国政府撤职，而法国政府的命令还没有下来；克尼特尔牧师的继任者恩斯特牧师，由于缺乏足够的法国信念，从而必须放弃他的职位。

在停火的日子里，以及后来的两年中，我成了莱茵河桥海关官员的熟人。那些日子，我经常背着满满一袋食品前往克尔，为的是让在德国挨饿的朋友得到一些补充。我特别为科西玛·瓦格纳夫人、高龄的画家汉斯·托马及其妹妹担心。多年前，通过他青年时代的朋友的遗孀夏洛特·舒曼夫人的介绍，我结识了汉斯·托马。

伟大的自白

1919年2月，施韦泽这位从非洲回到故乡的游子，在其原来的教区，连续两个礼拜天作了关于“敬畏生命”的布道。这是他对其后半生世界观的基本命题的首次宣示。在1923年的《文化哲学》以及后来的许多报告和论文中，施韦泽不断地对这一基本命题作了新的发挥。

为了促使在场虔敬的人们思索基督教道德问题，我想和你们一起思考：所有道德的基本命令、基本信念是什么？对于这个问题，在远方孤独的丛林中，我曾经对它进行过深入的思考。今天，在这次圣尼古拉教堂的礼拜活动中，我想以回忆和希望的方式与你们谈一下。

当代迫使我们思考道德的基本问题。我们无法否认：基督教道德在世界中已经失去了力量。对于这一事实，先前世代的人们和我们本身始终感到害怕。但是，如果我想真实地生活的话，我们就不能回避它。基督教道德没有深入人心，它更多的只是在表面上被接受，更多地在言辞中得到承认，而不是在行动中得到实施。对于现在的人来说是这样，耶稣的律令似乎是不存在的，道德似乎是根本没有的。

要使耶稣的律令最终得到普遍的承认，如果人们只是简单地重复和解释它，那么这是根本无济于事的，这就好像把美丽的色彩涂在潮湿的墙上。因此，我们必须首先创造理解它的前提，并使人们形成这样的信念：耶稣的道德律令是重要的。当然，通过解释使耶稣的律令在实际生活中得以应用，这绝不是简单的事情……

这就是我们为什么要一起思考善本身的原因：我们要理解，如何使耶稣的很高的要求在日常生活中成为可实行的，如何使它成为人本身的理所当然的义务？我们要理解道德的基本本质，要从它及一个最高的律令中引申出所有道德行为。那么，道德究竟是哪些东西呢？它不是内心事实吗？它不是在爱之中吗？这一切，人们不是已经向我们重复了两千年了吗？现在，结论是什么呢？

让我们考察一下周围的人们，无论是整体还是个体，为什么他们在许多事情上都不坚定？为什么包括其中最虔敬的人在内，他们会不由自主地受偏见和大众激情的影响，做出判断和从事行动，而这一切恰恰都与任何道德无关？因为他们缺乏以理性为基础的，通过理性论证的道德；因为道德对于他们，并不是那种对于理性生物来说理所当然的东西。

如果真正的道德要起作用的话，理性和心就必须相互作用。解决所有一般道德问题的关键在于此，决定日常生活事物的关键在于此。

心说，道德以爱为基础。让我们来论证这一命题。爱意味着生命和谐、生命共同体，它原本只适用于人的范围。人以各种方式天然地相互从属，他们相互生存于内在的关联之中：儿童和父母，丈夫和妻子，他们亲密友好地生活。据此，即使对于我们不认识的人，我们也不可以采取疏远的态度，甚至对于我们不仅不认识，而且不喜欢的人，或者对我们抱有敌意的人，我们同样不可以采取疏远的态度，而是必须把他们看作是与我们有着密切关系的人。这就是说，爱的命令最终意味着：对你来说，没有陌生人，只有人，他的幸福和痛苦都有赖于你。这个人和我们关系密切，那个人和我们毫不相干，这种情况对于我们来说似乎十分自然；但是，难道这种自然的事要让道德失效吗？耶稣早就彻底地否定了这种疏远性。他说：别人与你，必然和你与自己一样密切；对于别人的事情，你必须像对自己的事情一样去直接地体验……

现在理性说，去探求，在对事物的思考中，道德能在何种程度上规定我们的行为。它将迫使我们吗？它是出于我们自身的吗？好像我们没有什么道德传统似的。

对此，人们通常听说，只有利己主义是在理性中得到论证的。我如何使自己做得好？这是理性的智慧，别的就没有什么了。在最好的情况下，理性能够教给我们某种正直和公正，因为这多少也属于幸福的情感：理性是认识的需要和幸福的需要，两者内在地、神秘地相互依赖。

认识的需要！努力论证你周围的一切，直至人类知识的极限，并最终遇到某种不可论证的东西。这种不可论证的东西就是生命！这种不可论证的东西是如此的不可论证，以至于知识和无知之间的区别是完全相对的。

一个用显微镜观察最微小和最不可预料的生命现象的学者，还有一个几乎既不会读、也不会写的老农，如果在春天的阳光下，看着园子里树上的花朵，他们之间的区别何在呢？两个人都面对着生命之谜，只是其中一个人不能够像另一个人那样，对此作出进一步的描述；但是，这里对两个人相同的在于：生命之谜是不可论证的。所有知识最终都是关于生命的知识，所有认识都是对于生命之谜的惊异——对具有无限、常新构造的生命的敬畏。一些生命产生了，存在着，消失了，这一切是什么？在别的生存中不断地翻新、消失、产生、永不间断，从无限到无限？我们能够做一切事情，我们也会一事无成，因为我们的智慧不能创造活的东西，只能生产死的东西！

生命意味着：力量，来自根源的、在其中不断生成的意志；生命还意味着感情、感受、承受。如果你深入生命，如果你透视强力的、有生命的混沌，那么它就会使你迷失方向。但是，无论如何，你看到的总是自己。死在路上的甲虫，它是像你一样为生存而奋斗的生命，像你一样喜欢太阳，像你一样懂得害怕和痛苦。现在，它却成了腐烂的机体，就像你今后也会如此。

下雪天，你走到外面，随意地把袖子上的雪花抖掉。但是，你一定会看到：你手上有一朵晶莹的雪花。无论你想看与否，你都将看到，美丽的雪花在闪亮。然后是一阵颤动，雪花碎裂、消失，它在你手上融化了，死去了。从无垠的天空中落在你手上的雪花，在那里闪亮、颤动和死亡，这就是你。你所看到的生命的一切——这就是你！

从而，最高深和最天真的认识都是：敬畏生命，敬畏我们在万物中面对的不可把握者。虽然像我们一样，生命在外表上千差万别，但它和我们具有共同的内在本质，和我们极为类似，具有极为密切的亲缘关系。扬弃我们和其他生命之间的疏远性。

敬畏生命的无限性，扬弃疏远性，共同体验，共同承受痛苦。这一切表明，认识的最终结果在根本上是与爱的命令同一的。如果我们愿意和敢于成为力图把握事物深处的人，心和理性就是和谐的！理性发现了爱上帝和爱人之间的连接处——对造物的爱，敬畏所有存在，和所有生命共同体验，即使从外部看它们和我们非常不同。

我只能敬畏所有生命，我只能与所有生命共同感受：这是所有道德的基础和开端。谁体验到了这一点，并继续体验到这一点；谁体验到这一点，并始终体验到这一点，这就是道德。这样的人心中不可失去地拥有道德，道德在其心中开花结果。谁没有体验到这一点，那么他只有一种被灌输的道德，而不是在其心中生根的、属于他的道德，这种道德是会离开他的。我们的世代只有被灌输的道德。在应该保持道德的时代中，这种道德已经离我们而去。几百年来，人们只有被灌输的道德。从而，人们是粗野的、无知的、没有心肝的；当然也就不知道，由于没有对生命的普遍敬畏，就没有道德的尺度。

你应该共同体验生命和保存生命，这是最高命令的最基本形式。其他则是否定的表达形式：你不应该杀生。但是，虽然有了这种禁令，我们还是容易杀死生命。因为我们会漫不经心地采摘花朵，漫不经心地踩死可怜的昆虫，然后陷入可怕的盲目，因为一切都会自食其果，即我们也会漫不经心地蔑视人的痛苦和生命，为渺小的世俗目标牺牲生命。

当代，人们都在谈论塑造新人类。什么是新人类的塑造？除了把人导向真正的、自己的、不会失去的、可以发展的道德之外，不会是别的什么。但是，如果人们不是出于内心，不是从盲目变成清醒，而只是死记硬背伟大的命令，伟大的、简单的命令：敬畏生命，人们就不可能走向这种道德。这样，敬畏生命就会更多地作为先知的律法，而不是爱的整个道德，就会失去其最深刻、最高的意义。正是在这种意义中，敬畏生命才会对个人和人类万古常新。

……真正的心思考，真正的理性感受。善，归根结底是对我们称之为生命的神秘的基本敬畏，是对所有生命现象的敬畏，无论它是最微小的、还是最宏大的。我们发现，正是在这一点上，心和理性是一致的。因此，善是保存和促进生命，恶是阻碍和毁灭生命。如果我们摆脱自己的偏见，抛弃我们对其他生命的疏远性，与我们周围的生命休戚与共，那么我们就是道德的。只有这样，我们才是真正的人；只有这样，我们才会有一种自己的、不会失去的、不断发展的和方向明确的道德。

“敬畏生命”、“扬弃疏远性”、“保存我们周围生命的冲动”，这些普通的表达方式，让人听起来似乎有点过分冷静和清醒。但是，即使它们不太引人注意，却具有丰富的内涵。种子也不显眼，但它包含着其后来发芽、长大的谷物。同样，在这些并不引人注意的表达中包含着基本观念。从这种基本观念中会发展出整个道德，无论个人对此意识与否。从而，道德的前提是：我们不仅体验和共同体验人，而且体验和共同体验我们周围的所有生命，并迫使自己去做为保存和促进生命而能够做的一切。

道德的大敌是麻木不仁。儿童时代，在对事物理解的范围内，我们具有同甘共苦的基本能力。但是，这种能力并没有随着年龄和知识的增长而提高。相反，它使我们感到有点不快和困惑，我们看到许多不再具有这种能力的人。由于我们失去了方向，因此，为了和别人一样，为了不和别人两样，我们就压抑自己的敏感性。这样，许多人就像关了店门的老板一样，冷漠地、疏远地望着街道。

坚持善就是坚持清醒！我们把所有人比喻为在冰天雪地里行走的人。如果为了消除疲劳和打瞌睡，他坐了下来，那么他就要倒霉了，他将不再醒来。同样，如果我们对与周围的生命同甘共苦感到厌倦，那么我们就不再是道德的人。如果我们丧失了敏感性，我们就要倒霉了：我们最广泛意义的良心，即我们的应该意识将趋于毁灭。

敬畏生命、生命的休戚与共是世界中的大事。自然不懂得敬畏生命，它以最有意义的方式产生着无数生命，又以毫无意义的方式毁灭着它们。包括人类在内的一切生命等级，都对生命有着可怕的无知。它们只有生命意志，但不能共同体验发生在其他生命中的一切；它们痛苦，但不能共同痛苦。自然抚育的伟大生命意志陷于难以理解的自我分裂之中，生命以其他生命为代价才得以生存下来。自然让生命去干最可怕的残忍事情。自然通过本能引导昆虫，让它们用毒刺在其他昆虫身上扎洞，然后产卵于其中；那些由卵发育而成的昆虫靠毛虫生活，这些毛虫则被折磨至死。为了杀死可怜的小生命，自然引导蚂蚁成群结队地去攻击它们。看一看蜘蛛吧，自然教给它的手艺是多么的残酷！

从外部看，自然是美好和壮丽的，但认识它则是可怕的。它的残忍毫无意义！最宝贵的生命成为最低级生命的牺牲品。例如，一个儿童感染了结核病菌。接着，这种最低级的生命就在儿童的最宝贵机体中繁殖起来，结果导致这个儿童的痛苦和夭亡。在非洲，每当我检验昏睡病人的血液时，我总是感到吃惊。为什么这些人的脸痛苦得变了形并不断呻吟：我的头，我的头！为什么他们必须彻夜哭泣并痛苦地死去？这是因为，在显微镜下人们可以看见10‰～14‰毫米的白色细菌，即使它们的数量很少，以至于为了找到一个，有时人们得花上几个小时。

由于生命意志神秘的自我分裂，生命就这样相互争斗，给其他生命带来了痛苦或死亡。这一切尽管无罪，但却是有过的。当然，自然也教导生命，在自己的后代需要时给它们以爱和帮助。只是在这短暂的时间内，残忍的利己主义才得以中断。但是，更令人惊讶的是，动物能够与自己的后代共同感受，能够以直至死亡的自我牺牲精神爱它的后代，但拒绝与非其属类的生命休戚与共。

受制于盲目的利己主义的世界，就像一条漆黑的峡谷，光明仅仅停留在山峰之上，所有生命都必然生存于黑暗之中。只有一种生命能够摆脱黑暗，看到光明，这种生命是最高级的生命——人。只有人能够认识到敬畏生命，能够认识到休戚与共，能够摆脱其余生物苦陷其中的无知。

这一认识是存在发展中的大事。 真理和善由此出现于世，光明驱散了黑暗，人们获得了最深刻的生命概念。 共同体验的生命，在其存在中感受到整个世界的波浪冲击，达到自我意识……结束作为个别的存在，使我们之外的生存涌入我们的生存。

我们生存在世界之中，世界也生存在我们之中，这个认识包含着许多奥秘。 为什么自然律和道德律如此冲突？ 为什么我们的理性不赞同自然中的生命现象，而必然形成与其所见尖锐对立的认识？ 为什么它必须在自身中发现完全不同于支配世界的规律？ 为什么在它发挥善的概念的地方，它就必须与世界作斗争？ 为什么我们必须经历这种冲突，而没有希望有朝一日调和它？ 为什么不是和谐而是分裂？ 等等。 上帝是产生一切的力量。 为什么显示在自然中的上帝否定我们认为是道德的东西，即自然同时是有意义地促进生命和无意义地毁灭生命的力量？ 如果我们已经能够深刻地理解生命，敬畏生命，与其他生命休戚与共，那么，我们怎样使作为自然力的上帝，与我们所必然想象的作为道德意志的上帝、爱的上帝统一起来？

使徒保罗说，我们的知识是不完整的，它教给我们的东西太少了。 但更糟糕的是，我们的知识是对不可消解的对立的认识……一切都归结于这样一条规律，按照它所发生的，都与我们认为和感到是道德的毫无关系。 因此，我们不能够在一种完整的世界观和统一的上帝概念中坚定我们的德性，我们必须始终使德性免受世界观矛盾的损害，这种矛盾像毁灭性的巨浪一样冲击着它。 我们必须建造一条大堤，而它会保存下来吗？

危及我们休戚与共的能力和意志的是日益强加于人的这种考虑：这无济于事！ 你为防止或减缓痛苦、保存生命所做和能做的一切，和那些发生在世界上和你周围，你又对之无能为力的一切比较起来，是无足轻重的。 确实，在许多方面，我们是多么的软弱无力，我们本身也给其他生命带来了多少伤害，而不能停止。想到这一点，真是令人害怕。

你踏上了林中小路，阳光透过树梢照亮了路面，鸟儿在歌唱，许多昆虫欢乐地嗡嗡叫。但是，你对此无能为力的是：你的路意味着死亡。被你踩着的蚂蚁在那里挣扎，甲虫在艰难地爬行，而蠕虫则蜷缩起来。由于你无意的罪过，美好的生命之歌中也出现了痛苦和死亡的旋律。当你想行善时，你感受到的则是可怕的无能为力，不能如你所愿地帮助生命。接着你就听到诱惑者的声音：你为什么自寻烦恼？这无济于事。不要再这么做，像其他人一样，麻木不仁，无思想，无感情吧。

还有一种诱惑：同情就是痛苦。谁亲身体验了世界的痛苦，他就不可能在人所意愿的意义上是幸福的。在满足和愉快的时刻，他不能无拘无束地享受快乐，因为那里有他共同体验的痛苦，他清楚地记着他所看见的一切。他想到他所遇见的穷人，看见的病人，认识到这些人命运的残酷性，阴影在他快乐的光明中出现，并越来越大。在快乐的团体中，他会突然心不在焉。那个诱惑者又会对他说：人不能这样生活。人必须能够无视发生在他周围的事情，不要这么敏感。如果你想理性地生活，就应当有铁石心肠。穿上厚甲，变得像其他人那样没有思想。最后，我们竟然会为我们还懂得伟大的休戚与共而惭愧。当人们开始成为这种理性化的人时，我们彼此隐瞒，并装着好像人们抛弃的都是些蠢东西。

这是对我们的三大诱惑，它不知不觉地毁坏着产生善的前提。提防它们。首先，你对自己说，互助和休戚与共是你的内在必然性。你能做的一切，从应该被做的角度来看，始终只是沧海一粟。但对你来说，这是能赋予你生命以意义的惟一途径。无论你在哪里，你都应尽你所能地从事救助活动，即解救由自我分裂的生命意志给世界带来的痛苦；显然，只有自觉的人才会从事这种救助活动。如果你在任何地方减缓了人或其他生物的痛苦和畏惧，那么你能做的即使较少，也是很多。保存生命，这是惟一的幸福。

另一个诱惑，共同体验发生在你周围的不幸，对你来说是痛苦的，你应这样认识：同甘与共苦的能力是同时出现的。随着对其他生命痛苦的麻木不仁，你也失去了同享其他生命幸福的能力。尽管我们在世间见到的幸福是如此之少，但是，以我们本身所能行的善，共同体验我们周围的幸福，是生命给予我们的惟一幸福。最后，你根本没有权利这么说：我要这么生存或者那么生存，因为你认为，这样你就会更幸福些。你必须如你必然所是地做一个真正的、自觉的人，与世界共同生存的人，在自身中体验世界的人。你是否因此按流行的看法比较幸福，这是无所谓的。我们内心神秘的时刻并不需要幸福的生存——听从它的命令，才是惟一使人满足的事情。

我这样和你们说，是为了不让你们麻木不仁，保持清醒的头脑！这与你们的灵魂有关。如果这些表达了我内心思想的话语，能够使在座的诸位撕碎世上迷惑你们的假象，能够使你们不再无思想地生存，不再害怕由于必然认识到敬畏生命和伟大的休戚与共的重要性而失去自己，那么我就感到满足，而我的行为也将被人赞赏。尽管我也许知道，明天我就将被禁止布道，或者我的布道至今并没有什么效果，而且今后也不会有什么效果。

我这个通常害怕影响别人的人，由于在此承担的责任，很想有吸引你们的力量，使你们能够共同感受，直至你们每一个人都能够体验不能摆脱的巨大痛苦，知道去共同承受痛苦。这样我就可以对自己说，你们走在善的路上，并且不会再失去善。我们没有人只为自己活着，但愿这句话促使着我们，不让我们停顿，直至人们把我们葬入坟墓。

在等待留在非洲的《文化哲学》手稿时，我开始研究世界宗教及其世界观问题。就像我回顾了整个哲学史，考察了它在多大程度上包含了作为文化动力的“伦理地肯定世界和生命”一样，我现在试图确定：在肯定世界和生命、否定世界和生命，以及伦理方面，犹太教、基督教、伊斯兰教、查拉图斯特拉宗教、婆罗门教、佛教、印度教和中国思想的宗教性持什么观点。在此我发现，我的关于文化归结为伦理地肯定世界和生命的看法，得到了充分的证实。

几年之后，即1922年，施韦泽这位神学家和哲学家在伯明翰向未来的传教士报告了上述研究的成果。这个报告于1924年被编成小册子出版：《基督教和世界宗教》。

……从青年时代起，我就确信：所有宗教的真理最终必然也能够被理解为思想上必然的真理。因此，我认为，在与思想和其他宗教的论争中，基督教不应该自以为有特权，而是应该在观念斗争中采取中正的立场，仅仅信赖自身所包含的真理的力量。

对于婆罗门教、佛教、印度教和中国思想的宗教性，这些包含着关于神和世界的深刻和独特思考的宗教，基督教是如何同它们展开论争的呢？

如果我们要进行有序的讨论，那么关键在于：相互比较各种宗教的典型的基本思想。我们关注的是世界宗教的理想，至于它们实际上在多大程度上落后于自己的理想，这里不予考虑。基督教本身，作为历史现象，它也远远落后于自己的理想。因此，基督教必须为接近自己的理想而努力，就像它至今所做的那样。

在各种高等宗教的基本思想中，出现了决定其宗教道路的三种区别。第一种是乐观主义和悲观主义的区别；第二种是一元论和二元论的区别；第三种区别则涉及其伦理动机的强度。

乐观主义是这样一种宗教观念，它认为在自然世界中的支配力量归结于一种完美的、善的原始力量，这种力量把自然发展中的所有事物导向完善。

悲观主义的观察方式则认为：宗教思想不能把在感性世界中的支配力量理解为上帝的善良和完美的结果。因此，悲观主义不把希望寄托在感性世界的发展可能性上，而是退出这个感性世界，寄希望于纯粹精神存在的世界。

一元论作为一种宗教观念，它把上帝看作宇宙中所有支配力量的总和，并认为通过认识宇宙，我们就完全能够认识上帝。就其本质而言，一元论是泛神论。

从一开始，二元论就放弃了完全从自然世界中的支配力量出发认识上帝本质的意愿，而要按照我们内心关于它的理想观念思想上帝。这就必然导致：在某种矛盾中把上帝想象为在自然中支配的力量。对于思想来说，这种观念本身就包含着很大困难：我们内心中作为理想的上帝，是一种伦理的人格；出于在世界中支配力量的上帝，却没有伦理的性质。从而，二元论宗教观念就一神论地思考。

以上探讨的两种区别更多地涉及宗教的观念方式，而伦理的内容则决定其内在的本质。因此，任何宗教面对的重大问题是：它们在何种程度上具有始终和深刻地促进内在完善和伦理行为的动力？任何思想的宗教都必须选择：它想成为伦理的宗教，还是解释世界的宗教？我们基督徒认为伦理的宗教更有价值，我们放弃了逻辑的、自圆其说的宗教观念。我如何既能在世界中又能在上帝中，对于这个问题，耶稣的福音是这样回答的：你在世界中生活，并作为一个不同于世界的人活动……

由此，通常的逻辑思维之桥断裂了，走向天真、悖论的道路开通了。但是，我们坚定地和自信地走在这条路上。我们坚持绝对地、深刻地富有活力的伦理宗教，即坚持一条迫切需要的道路，即使这条路上的“世界解释”成为废墟。在基督教中作为天真出现的那些东西，就是这条道路的深刻所在。

存在着两种天真：一种是还没有把握所有问题，还没有叩开知识之门的天真；另一种是更高的天真，它以深入所有问题的思想为基础，听取所有知识和认识的建议，然后发现：我们并不能解释什么，而是必须通过内在价值追随督促我们的信念。

与东方的逻辑宗教相比，耶稣福音是不合逻辑的。福音以上帝为基础，上帝作为伦理的人格在一定程度上处于世界之外。这一伦理的人格与世界中的支配力量的关系如何，对于这一问题的回答是神秘的。一方面，它必然坚持：上帝是世界中所有支配力量的总和。这就是说，存在的一切都在上帝之中。因此，从根本上说，耶稣福音也必然一元论地和泛神论地思考。但是，另一方面，耶稣福音并不认为：上帝仅仅应该是在世界中支配力量的总和。因为一元论和泛神论的上帝，即关于世界的自然思想的上帝是非人格的，并不具备伦理的性质。由此，基督教就包含着二元论的所有困难，它是伦理的一神论，认为上帝是一种不同于世界的意志，并促使我不同于世界地生活。

在耶稣福音产生的世纪中，它始终试图把来自自然思想的观念和上帝的伦理观念协调起来，但它从来没有成功过。耶稣福音包含着一元论和二元论、逻辑的和伦理的宗教之间的不可解决的矛盾。

关于悲观主义和乐观主义的问题，耶稣福音也没有作出明确的决定。耶稣福音是悲观主义的，这不仅由于它像婆罗门教和佛教那样，认为不完善、苦难和痛苦属于自然世界的本质。更重要的毋宁在于，耶稣福音发现，人的意志不符合伦理的上帝的意志，从而是恶的。

基督福音又是乐观主义的。由于它不放弃这个世界，从而不像婆罗门教和佛教那样退出世界而否定世界和生命，而是要人投身世界，并命令人在世界中按照伦理的上帝的精神而生活与活动，并赋予人在世界中履行上帝给世界和人确定的使命的确信。当然，对于这一切是如何被提出来的，基督福音自然不能加以解释。因此，虔敬的人的伦理生存和伦理活动在无限的世界过程中意味着什么？它在世界中的目的是什么？关于这些，我们只能承认：除了上帝的意志由此被遵循之外，我们没有别的回答。

所有宗教问题最终归结于此：我内心里体验到的上帝，不同于我在世界中认识到的上帝。在世界中，我面对的是作为神秘的、奇妙的造物力量的上帝；而在内心里，上帝作为伦理的意志启示着我。在世界中，上帝是非人格的力量；在内心里，上帝则是启示我的人格。在关于世界的思想中被认识的上帝，与作为伦理意志而被我体验到的上帝合不在一起。这两个上帝是一，但我不理解，他们是如何合一的？那么，对上帝的决定性认识究竟是哪个呢？是我作为伦理意志而体验到的那个上帝。我们基于自然的对上帝的认识始终是不完整和不适当的。因为在自然中，我们只是从外部观察事物。我看到树木发芽生长、枝繁叶茂，但我并不理解促成这一切的力量，塑造它的力量对我一直是个谜。

在内心里，我则从内部认识事物，产生和保存一切存在的力量，以一种我通常不认识的方式，即以伦理的意志，以在我心里的造物力量的方式启示着我。对于我的思想、意志和理解来说，这种被体验到的神秘是决定性的。因此，对于认识世界和世界中我的存在的全部神秘，没有得到解答并是不可解答的，这对我并不很重要。相反，我的生活完全并一定是通过一种在我心里被体验到的神秘决定的，即作为伦理意志的上帝启示着我，支配着我的生活……

大洋的水冰冷，波澜不惊。但是，大洋中还有暖流，有从赤道流向两极的热水。像河岸之间一样，大洋的水流之间也有暖流在流动，即在不动的、冰冷的海水中有热水。对于这种现象，如何从物理学上加以解释，如果您去问所有的学者，他们都回答不了。同样，在作为支配世界力量的上帝中，有爱的上帝，既与其合一，但又完全不同于他。我们被这种暖流所吸引并被带着走。

确实，基督教也始终试图解释尽可能多的东西。对于第一种基督徒来说，答案在于：上帝很快将把这个世界变成完美的天国。他们以其炽热的渴望期待着，看到上帝和世界以这种方式实现和谐，而自己也同样完美地生存于世界和上帝之中。但是，他们的希望不能实现。就其发生的事件而言，世界继续走着它通常的道路。上帝对他们说："我的思想不是你们的思想。"

此后，基督徒一直试图把基督教发挥成一种理论，它能够把上帝的统治和自然的世界过程协调起来，但从来没有成功过。现实不断地埋葬了由信仰提出的理论，就像波涛拍打着堤岸，直至把它冲垮一样。

基督教必须放弃一些世界解释。它认为自己已经拥有这些解释，其实这并不符合它的本质。相反，基督教这么做了，就更符合自己的本质。在一种强有力的精神化过程中，基督教日益从幼稚的天真走向深刻的天真。基督教越是放弃解释，它的福分也就越高。"虚心的人有福了。"这就是基督教的祝福。

如果基督教思考什么是自己最内在的本质，那么就会认为它是出自内在必要的虔诚。最高的认识是：我们周围的一切都是神秘，没有什么知识和希望能够给予我们的生命以支柱和希望。我们服从伦理的、启示着我们内心的上帝，我们的意志奉献给上帝的意志，对于基督教来说，只有这一事实是确定性的。

所有深刻的宗教都是神秘主义。只要我们没有麻木不仁，那么，通过在上帝中的存在而摆脱世界，这就是我们心中的渴望。当然，用理智的认识来实现在上帝中的存在，就像在东方宗教中的那样，始终只是一种死的精神，它不会使在上帝中的再生成为一种富有活力的精神。从而，富有活力的精神真正地摆脱世界，仅仅来自在上帝中由伦理规定的存在。东方宗教是逻辑的神秘主义，只有基督教才是伦理的神秘主义……

最初的基督徒等待着天国的迅速到来，等待着尘世彻底变成完美的天国。我们则已经平和得多了，我们不再企图把天国扩展到世界中。我们只把天国限于人类，并期待着这样的奇迹出现：所有人类的信念都服从上帝的精神。我们的前辈希望而且也相信，这一奇迹能够在持续的、缓慢的发展中实现。但是，处于所有残酷、毫无意义状况中的我们却感到：由于惊涛骇浪的冲击，我们已经远离了天国的码头，从而必须顶着风浪向前划进，但并没有抵达天国彼岸的保证。就像对待最初的基督徒一样，上帝也用可怕的话语教诲我们："我的思想不是你们的思想。"他要求我们做艰难的事情，我们忠诚于看不到，但仍然信仰的天国。如果我们听从上帝的命令的话，我们能够做到这一点……

在前往非洲之前，有10年之久，我在斯特拉斯堡的圣尼古拉教堂给学童上坚信礼课。战争爆发后，其中有些人到我这里来表示感谢。我曾明确地告诉他们，宗教并不能解释一切。因此，他们就不像在战壕里的许多人那样，由于对不可解释的事情没有准备而离弃了基督教……

为了与世界宗教交锋，基督教必须以其质朴的全部深度面对它们。相对于那种逻辑的宗教思想，基督教不能简单地自认为是历史的启示。可以说，这是一种危险的防卫。因此，对于逻辑的宗教思想，基督教只能如其所是地证明自己是更深刻和更具宗教性的思想。基督教不仅必须基于历史的启示，而且同时也必须基于与其相应的、持续不断地证明着自己的内在启示。基督教应该表明，它放弃作为逻辑上封闭的认识，这是必然的。同样，基督教所具有的矛盾和未完成性，也不是思想上的缺陷，而是深入事物的思想的不可避免的不完善性。对于在逻辑的还是伦理的宗教之间的抉择，基督教必须作出明确的决定。基督教必须坚持：伦理的宗教是最高的宗教，并且是惟一具备富有活力的精神性的宗教。从而，基督教以其具有的真理的全部力量表明，自己是这样一种宗教：它穿透和超越了所有认识，并由此达到了富有活力的、伦理的上帝。对于这种上帝，人们在世界中不可能认识他，上帝只是在人的内心中启示着……

深刻的真理并不是苛刻地出现的。此外，我们在海外传播福音的人，也面对着严厉的非议。“你们伦理的宗教在哪里？”无论是丛林中的土著，还是远东文明的人，责问着我们。由于基督教不能教育基督教民族热爱和平，在战争中，基督教本身也表现出许多世俗和丑陋的观念，并且直到今天也不能够摆脱它们，因此，基督教作为爱的宗教而做的一切也就烟消云散了。基督教以可怕的方式背离了耶稣的精神，在海外传播福音的地方，我们既不否认、也不掩饰这些可怕的事实。由于太容易自以为拥有耶稣的精神，我们已经堕落得很深了。现在，我们应该最严肃地追求耶稣的精神。

当今，福音在海外被宣告着，我们是打了败仗，必须重新振作起来的军队的前哨。但我们要成为有勇气的前哨，人的任何错误和不忠都不能夺去耶稣福音所包含的真理。并且只有在我们自己那里，只有在不同于世界的真实存在中，听从富有活力的、伦理的上帝的存在启示着，那么，耶稣的真理就会从我们之中而出……

来自瑞典的召唤

在从事《文化和伦理》的写作时，即1919年圣诞节的前几天，我收到了纳坦·瑟德布卢姆大主教的邀请。他请我在1920年的复活节之后，根据“奥拉斯·佩特利基金会”的委托，在乌普萨拉大学作一系列讲演。这一要求完全出乎我的意料。在回到战后的斯特拉斯堡的日子里，我一直生活在封闭的状态中，感到自己就像一枚滚到家具下面再也找不到的硬币。当时，我只有一次与外界重新接触的机会：1919年10月，在费了九牛二虎之力之后，我幸运地得到了护照，把身边所有的钱凑了起来，前往巴塞罗那，为的是让那里的朋友再次听我演奏管风琴。通过这次重新出场，我感觉到自己作为一个艺术家还有点用。

作为在乌普萨拉大学讲演的题目，我选择了“哲学和世界宗教中的肯定世界和生命与伦理问题”。在我为这次演讲做准备时，留在非洲的《文化哲学》手稿还没有寄来，因此我只得重写。开始时我为此感到很不幸，但是到后来，我觉得重写也是有好处的，就顺从命运了。直到1920年夏季，在我从乌普萨拉回来之后，非洲的手稿终于到了我的手中。

在乌普萨拉，我心中酝酿了五年之久的思想，第一次在公众中产生了反响。当我作关于敬畏生命伦理学基本思想的最后一次讲演时，我是多么地激动，以至于只有通过尽力克制才能够继续讲下去。

前往瑞典前，我是一个疲惫、忧郁和患病的人。为此，1919年夏季，我必须接受第二次手术。乌普萨拉的清新空气，接待妻子和我的大主教家里的友好气氛，使我身心恢复，又成了一个乐于工作的人。

但是，战争期间为在非洲行医，我向巴黎传教协会和巴黎的朋友们借钱留下的债务，仍然压在我身上。在与我一起散步时，大主教得知了我的这一忧虑。他建议我在瑞典举行管风琴音乐会（因为战后的瑞典比较富）和进行讲演，并为我向各个城市作了推荐介绍。一个年轻的神学系大学生，埃利亚斯·瑟德斯特卢姆（几年以后他作为传教士去世）自愿陪同我前往各地。在讲台上，他站在我的旁边，逐句生动地翻译着我关于丛林诊所的报告，听众们很快就忘记了他们是在听一个翻译的报告。我在兰巴雷内的礼拜活动中掌握的通过翻译讲话的技艺，现在是多么地有用啊！……

瑞典的老式管风琴虽然不是很大，但音质极好，非常适合我演奏巴赫作品。

通过几周的演讲和演奏，我很快就筹到了还清那沉重债务所需的款项。7月中旬，当离开如此厚爱我的瑞典土地时，我已经决定重新开始在兰巴雷内的事业了。原先，我根本不敢想象还能再回到非洲去，而是考虑如何重新回到学术生涯。在前往瑞典讲演之前，有迹象表明我的这一希望有可能在瑞士实现。1920年，我被授予苏黎世大学神学系的名誉博士学位。

在瑞士旅行之后，怀着能够重新开始兰巴雷内事业的信念，一本回忆非洲的小书《水和丛林之间》于1921年问世了。在这本书的结尾，施韦泽写道：

……自1918年以来，我的健康状况就一直不太稳定，在经过两次手术之后，现在康复了。战争期间，我举债维持在兰巴雷内的诊所。通过演奏管风琴和进行讲演，现在我筹得了偿还债务的资金。从而，我自己可以决定，在不幸的远方继续我的事业。当然，我建立的诊所在战时已经崩溃了。而且，共同为这一诊所作出努力的各国朋友，由于世界的变化而被长期分开；其中有些仍然愿意资助诊所的人，由于战争也失去了财产。因此，筹得相应款项是困难的。此外，由于物价比以前高了3倍，现在所需的款项也要增加许多。这样，我只能在较小规模的范围内考虑今后的计划。

然而，我始终有勇气。我所看到的痛苦给了我力量，对人类的信赖则给予我信心。我相信有许多人，由于他们被别人从病痛中解救出来，也会帮助那些还在受苦的人……

1921年，复活节前的星期日，传来了一个喜讯。在巴塞罗那，也是在整个西班牙首次上演巴赫的《马太受难曲》时，人们让我演奏管风琴。1921年4月，我辞掉了在斯特拉斯堡的两份工作，重新靠手中的笔和管风琴来维持生计。为了能够集中精力写作《文化哲学》，我们夫妇俩带着女儿(她于1919年1月14日出生，和我的生日同一天)，回到了京斯巴赫我父亲舒适的牧师住宅。在斯特拉斯堡，由于经常要长时间地在图书馆工作，我就住在克诺布洛赫路老房子中的迪茨-黑特牧师夫人的阁楼里。

《文化哲学》的写作由于我多次在路上奔波而被中断。许多大学邀请我去作关于文化哲学或原始基督教问题的讲演。当然，通过在各地讲述兰巴雷内诊所，我也筹措到了继续这一事业的资金。此外，为了保证在非洲行医期间全家的生活，我还得通过演奏管风琴挣钱……

我这些年的经历多么有意义啊！ 当我去非洲时，我已准备做出三种牺牲：放弃管风琴艺术，放弃我心爱的学术活动，失去我的物质方面的独立性，今后的生活依靠朋友的帮助。 我已做出了这三种牺牲，只有最了解我的人才知道，我是多么难受。

但是，我的情况就像亚伯拉罕准备牺牲自己的儿子时一样。 像他那样，我的牺牲也被免除了。 巴黎巴赫协会送给我的装有管风琴踏板的热带钢琴和我经受住了热带气候的健康允许我保持管风琴技艺。 在四年半孤独的丛林生活中，我可以和巴赫一起度过许多安宁的时光，深深沉浸在其作品的精神之中。 这样，回到欧洲时，我并不是一个业余爱好者的艺术家，而是一个比以前更好的艺术家。

对于我放弃在斯特拉斯堡大学的教学活动，已经通过我在一些大学所作的关于自己思想的讲演而得到了补偿。 在我有一段时间失去了物质上的独立性之后，通过管风琴和笔，我又重新把它争取回来了。

我得以免除这三种已经做出的牺牲，深深鼓舞了我。 在那致命的战后时代给我和许多其他人带来的灾难困苦中，它鼓舞我坚持努力，自我牺牲。

1923 年初，我的《文化哲学》前两卷写好了，并于同年出版。第一卷书名为《文化的衰落和重建》，第二卷书名为《文化和伦理》。 在《文化和伦理》中，我展示了欧洲思想的悲剧性努力和伦理地肯定世界和生命的世界观。 ……在这本书中，我还有意避免使用所有的哲学专业术语，我为思考的人写这本书，它应唤起对每个人提出的存在问题的基本思考。

在《文化和伦理》第 21 章(最后一章)，施韦泽阐述了“敬畏生命”的伦理学，这一论述在精神上与 1919 年的两次布道类似，但在语言风格上则不同，它没有牧师与其教友进行对话的密切感。

错误、迷途的伦理思想必须回归的道路是复杂、艰难的。当然，如果它一开始就有着正确的方向，而不是迷途于看上去舒服的捷径，这种回归就会容易些。这样做要注意三个方面：伦理思想绝不对世界作伦理的解释，伦理思想是宇宙论和神秘主义的；这就是说，对于一切在伦理中起作用的奉献，伦理思想认为它们是对世界的内在的、精神关系的体现。伦理思想不沉溺于抽象思维，而是把献身于世界看作人类生命献身于与其有关系的所有生命，并由此仍然是基本的思维。

伦理产生于：我试图彻底地思考和实现与肯定生命一起天然地在我的生命意志中的肯定世界。从而成为伦理的就是真实地思想。思想是发生在内心的意志和认识之间的论争……所有真实的认识都转变成体验。我不认识现象的本质，而是通过与我心中的生命意志的类比而把握它。这样，对我来说，对世界的认识就成了对世界的体验。成为体验的认识使我不再固执于作为纯粹的认识主体而与世界相对立，而是迫使我与世界建立内在关系。它要求我敬畏一切充满神秘的生命意志，使我思想和惊异，成为体验的认识引导我不断地攀登敬畏生命的高峰。它不放开我的手，但也不能一直陪伴着我。因此，现在我的生命意志必须单独地在世界中寻找自己的道路。

思想并不告知我，这种或那种生命现象在世界总体中意味着什么，并使我认识对世界的关系。思想是在内在的，而不是在外在的范围内影响我。通过让我的生命意志把周围的一切共同体验为生命意志，思想使我与世界建立内在的关系……只有当人必然帮助他能够帮助的所有生命，避免对生命作出任何伤害时，他才是真正伦理的。他不问，这种或那种生命在多大程度上是值得同情的；他也不问，它是否或在多大程度上具有感受能力。生命本身对人就是神圣的，他不撕下树叶，他不采摘花朵，并避免踩死昆虫。如果夏季他在灯下工作的话，他宁可关闭门窗，呼吸发霉的空气，也不愿意看到成群的虫子带着烤焦的翅膀掉在桌上。

当雨后走到街上，看到误爬出来的蚯蚓，他想到，如果蚯蚓不及时地回到它能够进入的泥土里，就会在阳光下被晒干。于是，他就把蚯蚓搬离会给它带来死亡的石块，让它爬进草丛。他在路上看到一只掉进水池的小虫，就抽出时间，让它爬上救命的树叶或草茎。

他并不害怕因此会被人嘲笑为多愁善感，这是一个受到嘲笑的对象在承认真实前的命运。先前，认为有色人种也是真正的人，他们必须得到人道的对待，也被看作是愚蠢的，现在这种愚蠢已经成了真实。如今，始终考虑到所有生命直至其最低级形式的所有生命，并认为这是合乎理性的伦理要求，也被看作是太过分了。但是，这样的时代正在到来：那时，对于人类需要这么长的时间才能把无思想地伤害生命看作是违背伦理的，人们将感到惊奇。

伦理就是扩展为无限的对所有生命的责任。就其普遍性而言，作为敬畏生命中的行为，对伦理的这一规定使人觉得太冷静了，但这是惟一完整的伦理。相比之下，如果要作为一个关于伦理的总概念，同情就太狭隘了。同情仅仅表述了对痛苦的生命意志的同感。但是，对生命意志的所有状态和努力的共同体验，包括对其快乐、对其充分发展的渴望、对其追求完善的冲动的共同体验，也属于伦理。

爱则表达了更多的内涵，它包含着同情、同乐和共同追求。但是，爱也只是在比喻的意义上表述着伦理，即使这个比喻是自然和深刻的。爱把通过伦理产生的团结类比于：在两性生物之间，及其与它们的后代之间，自然以其天生的方式使之暂时出现的“爱”的现象。

因此，思想必须努力表达伦理的本质，由此它把伦理规定为敬畏生命，即奉献给生命。即使敬畏生命这个词太普通，听起来不够生动，但它所表达的内容永远留在思考过它的人心中。同情、爱和一切富有价值的热情都包含在敬畏生命之中。敬畏生命使受其影响的信念富有活力，使人不麻木不仁，再也不放弃自己的责任。就像水中的螺旋桨推进着船一样，敬畏生命也这样推动着人。

出于内在的必要，敬畏生命的伦理学并不依赖于它能构想出哪种令人满意的生命观。它不需要回答这样一些问题：在世界发展的总体过程中，伦理的人保存、促进和提高生命的活动会有什么结果？与自然强力每时每刻对生命的巨大毁灭相比，伦理的人对生命的保存和改善是微不足道的。但是，这种比较绝不会使敬畏生命的伦理迷失方向。敬畏生命伦理的关键在于行动的意愿，它可以把有关行动效果的一切问题搁置一边。对世界来说，重要的是这一事实本身：由于已经变得伦理的人，充满敬畏生命和奉献给生命的生命意志出现在世界中。

普遍的生命意志在我的生命意志中的体验，不同于它在其他现象中的体验。在那里，就其出现在我从外部观察到的个体化形式而言，它只追求自身的充分发展，而不追求与其他生命意志的合一。从而，世界是生命意志自我分裂的残酷舞台，这个生命意志的生存以其他生命意志为代价，这个生命意志毁灭别的生命意志。只有在无知的情况下，一个生命意志才对其他生命意志采取善意的态度。但是，在我心中，生命意志知道其他生命意志，普遍地追求与自身统一的渴望，存在于我的生命意志之中。

为什么生命意志只是在我心中有如此体验？其原因在于我已经具有思想存在整体的能力？在我心中已经开始的进化将导向何方？对于这些问题，没有答案。在一个造物意志同时是毁灭意志，毁灭意志同时是造物意志的世界中，敬畏生命地生活，这对于我仍然是一个令人痛苦的谜。

生命意志在我心中要与其他生命意志合一。除了坚持这一事实之外，我不能做别的事情。对于我来说，这一事实是黑暗中的光明。世界陷于其中的无知已离我而去，我从世界中摆脱了出来。通过敬畏生命，我被抛入如同无知不认识世界的不安之中。我从中接受了世界不能给予我的祝福。如果在不同于世界的其他生存的温良中，别的生命意志和我在理解和原谅中帮助我们，那么生命意志的自我分裂就被扬弃了。否则，生命意志在此就将折磨其他生命意志。如果我从水池里救出一只小虫，那么生命就奉献给生命，而生命的自我分裂也就被扬弃了。在我的生命以任何方式奉献给其他生命的地方，我的有限的生命意志就与所有生命在其中合一的无限生命意志合一了。我得到了精神的甘泉，由此避免了受生活荒漠的煎熬。

因此，我把听从生命意志在我心中的更高启示作为我的生存使命。作为行动，我选择了在力所能及的范围之内扬弃生命意志的自我分裂。关键在于要知道，我应把世界之谜和我在世界中的生存之谜放在一边。

对所有深刻的宗教观念的预感和渴望都包含在敬畏生命之中。但是，敬畏生命的伦理并不把它构建成一种封闭的世界观，而是满足于让它成为一座未完成的大教堂。当然，其中的圣坛建成了。这样，富有活力的、不间断的礼拜活动的虔诚在其中展现……

敬畏生命的伦理使各种伦理观念成为一个整体，并由此证明自己的真诚性。对于人来说，没有一种伦理的自我完善只追求内心修养，而不需要外部行动。只有外部行动和内心修养的结合，行动的伦理才有所作为。敬畏生命的伦理能做到这一切，它不仅回答学生的问题，而且能深化伦理的见解。

康德把对自己的真诚置于伦理的中心，这表明了其伦理感受的深度。但是，由于康德没有把对伦理本质的探寻推进至敬畏生命，他也就不能够把握对自己的真诚和行动伦理的关联。

事实上，对自己的真诚已经悄悄地成为了对其他生命的奉献。对自己真诚的伦理迫使我采取奉献的行动，而通常的伦理则从奉献中引申出这种行动。

为什么我要原谅一个人？通常的伦理说，因为我们同情他。它让人在原谅中变得极为善良，并允许人表达使别人感到屈辱的原谅。由此，通常的伦理就使原谅成为奉献的尝到甜头的凯旋。

但是，敬畏生命的伦理排除了这种不成熟的观点。它认为，所有宽恕和原谅都是出于对自己真诚的必然行为。在不原谅中，我将对自己不真诚。例如，我这样做，似乎无欠于人；而别人这么做，就有欠于我似的。所以，我必须无限制地原谅。这就是说，因为我在生活中经常说谎，我必须就针对我的谎言表示原谅。因为我本人经常冷漠、恶意、诽谤、欺诈、傲慢，我就必须对所有针对我的冷漠、恶意、诽谤、欺诈、傲慢表示原谅，我必须默默地和悄悄地原谅。当然，我根本不原谅自己乱原谅，这不是夸张，而是对通常伦理的必要扩展和细化。

向人类的恶作斗争，我们不应该针对别人，而应该针对自己。和我们自己作斗争，对自己真诚，这是我们影响别人的手段。我们默默地引导别人，为深刻的、出于对自己生命敬畏的、精神的自我保存而努力。力量并不喧嚷，它在那里并起着作用。真正的伦理开始于不滥用辞藻的地方。

行动伦理最内在的东西，即使以奉献的形式出现，它还是出于自己真诚的必要，并在其中保存着自己的真正价值。不同于世界的存在的整个伦理，如果它来自这个源泉，那么它以后也流回这个源泉。我不是出于对别人的善意而温良、平和、忍耐和友好，而是由于我在这些行为中实现了我的最深刻的自我保存。敬畏生命，敬畏自己的存在；敬畏生命，我自我奉献地敬畏别的存在，这两方面密切相关。……

对于奉献的内在必要和自我保存的必然性之间的冲突，敬畏生命的伦理是如何对待的呢？

我也受生命意志自我分裂的束缚，我的生存与其他生命处于多种多样的冲突之中，我无法避免消灭生命和伤害生命的必然性。如果我在一条僻静的小路上漫步，我的脚就会毁灭聚集在这条路上的小生命，或者给它们带来痛苦。为了维持自己的生存，我必须抵御妨碍我生存的生命。我成了我房子里小老鼠的追捕者，成了要在那里筑巢的虫鸟的杀戮者，成了会威胁我生命的细菌的大规模毁灭者。通过消灭动物和植物，我获取营养，我的幸福由对旁人的伤害构成。

在这种束缚我的生命意志自我分裂的必然性中，伦理如何坚持下去呢？

通常的伦理寻求妥协。它要确定：我必须在多大程度上牺牲自己的生命和幸福，又可以在多大程度上以别的生命及其幸福为代价，保存自己的生命和幸福。通过这种决定，它创造了一种应用的、相对的伦理。由此，那些不是伦理的东西，而是非伦理的必然性和伦理的混合，就作为伦理而出现。它支持了一种重大的混乱，导致了伦理概念的日益模糊不清。

敬畏生命的伦理不承认相对的伦理。对它来说，只有保存和促进生命是善。对生命的任何毁灭和伤害，无论是什么情况下发生的，都是恶。在其仓库里，敬畏生命没有随时随地可以实现伦理和必然之间平衡的东西。在人之中，敬畏生命的绝对伦理始终以常新的、原创的方式对待现实。它不为人免除冲突，而是迫使人在任何情况下自己作出决定：自己在何种程度上保持伦理，又在何种程度上受制于毁灭和伤害生命的必然性，并由此必须承担起责任。人在伦理中的进步，不是通过被引导到实现伦理和必然之间的平衡，而只是通过：他日益响亮地听到伦理的声音，他日益渴望保存和促进生命，他在抵抗毁灭和伤害生命的必然性中变得日益坚强。

在伦理冲突中，人会作出主观的决定。没有人能够为他作出规定：坚持保存和促进生命可能性的具体极限在哪里？人作出判断的根据仅仅在于，他在此承担起对生命的最高责任，我们绝不可以麻木不仁。如果我们日益深刻地体验到冲突，我们就处于真实之中。良心是魔鬼的发明。

对于人与其他生物之间的关系，敬畏生命说了些什么呢?

在任何伤害生命的地方，我必须弄明白这是否必要。即使在看起来微不足道之处，我也绝不可以超出不可避免性。在大草地上割了许多花草饲养其牲畜的农民，应该避免在回家的路上浪费时间、采摘花草。因为他这样做，是在没有必然强力的情况下伤害了生命。

给动物做实验手术，让它们服用实验药品，或者使它们染上某种疾病，由此获得的成果虽然有助于人类，但是对于这类残酷行为，人们绝不可以由于它会带来有用的结果而心安理得。在任何情况下，人们都必须慎重考虑，是否真的有必要为了人类而牺牲这些动物。而且即使在不可避免的情况下，人们也必须尽可能减轻动物的痛苦。由于为节省时间和精力而耽误了麻醉，在科研机构中发生了多少犯罪行为啊！仅仅为了给大学生演示一些众所周知的现象，又有多少动物备受折磨！正是由于动物作为实验动物以其痛苦为医治人的病痛提供了有益的借鉴，从而在它们和我们之间，一种新的、独一无二的团结关系被建立了起来。由此，对于我们每个人来说，也产生了尽可能善待动物的必要。

我帮助一只处于困境中的昆虫，这样做无非就是减轻了一点人类不断伤害动物的罪过。在动物以各种方式被迫为人类服务的地方，我们每个人都必须慎重对待由此给动物带来的痛苦。在力所能及的范围内，我们每个人都不能让承担不了责任的痛苦发生。如果他因此管了闲事，那么没有人可以对此放任不管；没有人可以闭上眼睛，把自己视而不见的痛苦当作没有发生一样；没有人减轻得了其承担的责任。如果有这么多虐待动物的事情发生，如果在铁路运输中饥渴的动物在哀叫，如果我们在屠宰场野蛮粗暴，如果动物在厨房的生手中痛苦至死，如果动物受到冷酷的人的折磨，成为儿童残酷游戏的玩具，那么我们所有人都对此负有罪过。

我们担心，由于被人发觉我们对人给动物带来的痛苦非常不安，而显得与众不同。在此，我们觉得，别人已经变得比我们“更理性”，并且能够对使我们不安的状况感到习以为常和不言而喻了。但是，他们也会突然向我们表明，他们也受不了这种状况。这样，原先疏远的他们，现在和我们心心相通了，我们在其中相互欺骗的面具掉了下来。现在，大家都知道：我们摆脱不了不停地发生在周围的残酷。哦，这已经是众所周知的了！

但是，敬畏生命的伦理阻止我们，通过保持沉默彼此相信：我们不再能够体验作为思想的人必然体验的东西。它促使我们，在这种遭遇中相互提醒，共同无畏地按照我们所接受的责任言论和行动。敬畏生命的伦理让我们共同寻找机会，鉴于人类给动物带来的这么多痛苦，给动物提供一些帮助，并由此哪怕在一瞬间摆脱不可理解的生存的残酷。

就对人类的行为而言，敬畏生命的伦理要求我们承担起直至无限的责任，不再有关于被许可的自我保存范围的理论。敬畏生命的伦理告诉我们，在任何情况下都要坚持奉献的绝对伦理。按照我内心体验到的责任，我必须决定是奉献出自己的生命、财产、权利、幸福、时间、安宁，还是为自己保留其中的一些东西……敬畏生命的伦理告诉我们，要想到别人，并让我考虑，自己是否有这种内在的权利：采摘我的双手够得上的所有果实。当然，会出现这样的情况，由于关心别人的生存，我做了一些通常人们认为的蠢事。是的，在我的放弃并不一定会有利于别人的情况下，这也许是蠢事。但是，我是真诚的。敬畏生命是最高的主管。它所命令的，即使看起来愚蠢和徒劳，也是重要的。我们大家先后做的蠢事，表明我们内心履行了更高的责任。伦理的信念在我们之中起作用的程度，与按通常计算我们缺少理性的程度成正比，并由此使原先不可解决的问题得到了解决。

敬畏生命也不赐予我幸福。在我想无忧无虑地欢乐的瞬间，它提醒我思考看到的和预感到的痛苦。敬畏生命不允许我排除干扰，就像潮水不能独自存在一样，它始终是大海波涛的部分，我也不应该只为自己体验我的生命，而始终应该在对周围生命的体验中体验我的生命。一种可怕的理论悄悄地告诉我真正的伦理。它说，你是幸运的，为此你被召唤要多作贡献。对于健康、天赋、才能、成就、美好的童年、和谐的家庭关系等方面，你比别人多得到的一切，你不可以把它作为理所当然的东西接受下来，你必须为此付出代价，你必须使自己为生命作出特殊的奉献。

如果他们敢于听从它，那么真正伦理的声音对于幸运者是危险的。它并不抑制在幸运者内心冲动的非理性，无论它是否能够让幸运者脱离原来的生活轨道，或者使他们成为奉献的冒险者(这样的人在世界上太少了)，真正的伦理总是以此袭击着他们……

敬畏生命是一个无情的债主！如果它发现一个人除了有些许时间和些许空闲之外一无所有，敬畏生命也要把它没收掉。当然，它的铁石心肠是善良和明确的。许多在职业中作为工作机器的现代人，由于他们无法作为人活动，从而就陷入了盲目的、利己主义的得过且过的危险之中。他们中的有些人感受到了这种危险，为其日常工作与精神和理想的目标根本无关，也不允许他们发挥自己的人性因素而痛苦。其他人则麻木不仁。除了职业活动之外，没有别的义务的思想使他们感到舒服。

但是，对于摆脱了人们之间奉献义务的人，敬畏生命的伦理并不限于谴责或庇护。它要求我们所有人，无论如何和在任何地方都要对人作为人而行动。对于在其职业中不能作为人活动，只能得过且过的人，敬畏生命的伦理也期望他们能够牺牲一些时间和闲暇，哪怕是微不足道的时间和闲暇。敬畏生命的伦理对他们说，你们去寻找一个兼职，一个不起眼的、也许是秘密的兼职。张开眼睛去寻找：在什么地方，一个人或者一项为了人的事业需要一个人的一点时间、友谊、参与、交往、劳动。也许他是一个你能够对他有所帮助的孤独者、乞丐、病人、傻子，也许他是一个老人、一个儿童。或者，一项好的事业需要能够牺牲业余时间和会办事的志愿者。谁能够列举所有这些被称之为宝贵的经营资本——人——的作用，谁就会有这些作用！到处都缺少人！因此，无论你是否具有这种能力，你都要去寻找。如果你为此必须等待或尝试，那么你不要害怕，在失望中也不要放弃。你在其中作为人而活动的兼职不会放过你。如果你想正确地生活，那么它对你是一种使命……

真正的伦理这样对应该奉献一点时间和人性的人说，如果他们听从它，并且没有因贻误奉献而失去活力，那么他们是有福的。

对处于无论何种生活状况的人，敬畏生命的伦理都要求他们，始终与所有人和所有生命同甘共苦，使自己作为人奉献给一个需要他的人。敬畏生命的伦理不允许学者仅仅生活在学术中，尽管这样做很有用；它不允许艺术家仅仅生活在艺术中，尽管这样做会给许多人带来好处；它也不允许从事各种职业的人认为，只要恪守本职，就履行了所有义务。敬畏生命的伦理首先要求，人们把自己的部分生命奉献给别人，至于以何种方式、在何种程度上这么去做，个人应该基于内心思想和外在命运作出决定。这一个人的牺牲，从外部根本看不出，他在自己的正常生活中完成了它。那一个人则受到召唤，去作出引人注目的牺牲，因此必须不考虑自己今后的生活。在此，没有人可以对别人作出判断。人类使命能够以成百上千种形式完成，善也由此成为现实。至于个人作为牺牲者应该做些什么，那是每个人自己的秘密。当然，我们大家都必须知道：如果我们内心体验到这句话的真理，“失去生命的将得到生命”，那么我们的生存才会有真正的价值……

1925 年

第六篇

兰巴雷内的新开端

(1924—1927)

首批助手的到来

1924年2月14日，我离开了斯特拉斯堡。由于健康原因，妻子这次不能与我一起前往非洲。在当时的情况下，她同意我继续在兰巴雷内的事业，是一种牺牲。对此，我一直感谢她。幸好，有年轻的牛津大学化学系的学生诺埃尔·吉莱斯皮作为我的陪同。诺埃尔的母亲把他托付给我几个月，让他对我有所帮助。

在波尔多上船时，检查乘客行李的海关官员对我产生了怀疑。我随身带着4个土豆袋，里面装满了给我的尚未处理的信件，我打算在航行途中回复。由于这位官员从未遇到过带有这么多信件的乘客，加上当时法国严禁纸币出境，规定每个乘客只能携带5 000法郎，因此他只能猜想在信件里夹有纸币。于是，他足足花了一个半小时检查了两土豆袋的信件，才摇摇头不再查下去……

4 月 19 日，复活节前礼拜六的早晨，我们抵达了兰巴雷内。 当诺埃尔还在监督搬运行李时，我就像一个梦游者一样来到了诊所。 原先我好不容易建造了棚屋的地方，现在长满了野草和灌木。 我记忆中的小树，现在已经长大，它们高大的枝杈伸展到了尚未倒下的棚屋的上方。 用作手术室、诊疗室和药房的，以及一间病人住宿的棚屋还在，这些房子的状况还可以，只是其树皮屋顶完全坏了……

仍然在传教站的有：两位瑞士传教士赫尔曼和佩洛特，赫尔曼太太和女教师阿诺克斯小姐。 在我第一次到兰巴雷内行医期间，他们就和我很熟。 当我们刚围着桌子坐下来，我就像又重新到家了一样……

复活节礼拜一那天，首批病人就立即来了。 他们几乎都是难以救治的心脏病人，有几个很快就死掉了。 我整夜守护在一个病人身边，给他注射咖啡因、乙醚和樟脑，试图对他作最后的挽救。 这让传教站内的一个黑人女孩认为我是一个“豹人”，每当她看到我过来，就惊恐地逃走。 女教师想打消她的恐惧，但没有效果。 她说：“我看见，晚上人们把一个男人抬进了诊所，他还活着。 医生来了，整夜单独和他在一起。 但第二天早晨，人们把死去了的他抬了出来。 是医生杀死了他，医生是一个白人豹人，人们不管他。 而黑人豹人则被关了起来。”……

幸运的是，在此期间我找到了一个助手，他是由在萨姆基塔的传教士莫雷尔太太向我推荐的，他的名字叫基姆巴。 他读写熟练，愿意做医护工作，有着不偷窃的好名声。 尽管出于爱好想成为一个医护助手，不过基姆巴根本没有医护知识。 因此，我和诺埃尔仍然必须做所有事情，连清洗日常使用过的器械的事都不敢让他做。 但是，在收集建材和监督建造方面，他很能干。

我原先的助手约瑟夫一直在利伯维尔的政府医院里工作。 由于他欠了那里的裁缝和洗衣店的钱，走不了。 为了让他还清债务到我这里来，我必须预支他工资……

面对着如此多的昏睡病人和麻风病人，我觉得这两种祸害比我第一次在兰巴雷内期间更多了。仅仅在圣灵降临节之后的一个礼拜中，我就诊治了25个昏睡病人，以及也许同样多的麻风病人。我让昏睡病人留在诊所里6个礼拜，然后再疗养8个礼拜。遗憾的是，在我收治的病人中，许多人已经处于晚期，因此即使竭力救治，往往也没有疗效……

像以前一样，三分之二住院的都是溃疡病人。对于由梅毒和雅司病引起的溃疡，我采用了过去没有的所有手段，包括新洒尔弗散。疗养包括5次静脉注射，大约需要一个月的时间。我也试用了铋制剂，效果不错。

对于往往全身溃疡的雅司病儿童，我通常不给他们注射新洒尔弗散，我不要他们手臂上的小静脉也一直受折磨。一种名叫“斯多瓦苏尔”的新药使我免除这么做，它是一种容易吞咽的药丸。在服用4天之后，溃疡上的痂皮就开始收口。过了8天或10天，痂皮就可以剥落，儿童们也就永远摆脱了这一病痛。可惜的是，这种药品很贵。

我让人到处说，我原则上只接受用树叶瓦片来换“斯多瓦苏尔”。当然，我坚持不了这个规定。因为有些可怜的母亲根本没有能力搞到树叶瓦片，把它们交给为其孩子看病的医生。但是，我毕竟用“斯多瓦苏尔”换来了一些树叶瓦片。我也原则上只接受用树叶瓦片或香蕉来换大风子油，至少对于居住在兰巴雷内附近的人是如此。至于那些从远方而来的病人，他们的船装载不了这些东西，因此，当能够带上席子、头巾、食品，以及在途中和在诊所留宿所需的物品时，他们对此必然是很高兴的。

有一个病人使我十分烦恼，其原因不在于他的溃疡，而是他的妻子。病人的妻子要其丈夫留在家里治疗，但病人自己则要到我这里来求医。因此，从一开始，我和她之间就存在着一场秘密的斗争。

当该首次刮除时，病人妻子就抓住头发在诊所的地上打滚，到处喊叫：医生要砍掉病人的双腿。原先对此完全同意的这位病人，尽管人们已经向他解释过，在麻醉后不会疼痛，现在出于害怕也想爬走。由于他的双脚严重溃烂，根本不能走动。手术之后，病人十分幸运，因为事实上他一点也不痛，而且看到自己的溃疡也开始被清除掉了，于是，他同意今后继续刮除。至于什么时候该刮除，日期未定，一般在换绷带之后进行。当然，他的妻子对此一点也不懂。

最后，病人溃疡的表面逐渐长出了红润、整洁的新皮。但是，这位病人的妻子在诊所里仍然不太平。她认为这也是不对的：她应该为我对其丈夫的精心治疗干些活，即每天从河里提 4 桶水到山坡上我的厨房和洗衣房中去。为了逃避此事，她退掉了已经订好的食品，这些食品按时由他们位于萨姆基塔上游的村子里送来。于是，她微笑着向我告别：现在她必须回家，因为她现在已经没有东西可吃了。从现在起，如果我想继续治疗她的丈夫，使他摆脱溃疡的折磨，就必须给他提供食品，但他的妻子不能得到食品。我假定，她已经从家里带来了食品。

为了加快整个脚背和部分小腿肚上伤口的愈合，也为了节省食品定额，我想对他进行皮肤移植。但遗憾的是，我不幸过早地与他谈了这件事，我输了一局。虽然病人表示完全信任我，但是在夜里，病人妻子又用截肢来恐吓她的丈夫，并把他吓住了。在风雨交加中，她带着丈夫回家了。后来，他们在河上遇见了萨姆基塔的传教士卡迪尔。她并无恶意地对卡迪尔说：医生让他的丈夫离开，因为治疗已经足够了，她现在可以照料一切。为这一病人付出的所有辛劳和花费就这样付之东流了！仅就用去的绷带材料和麻醉乙醚而言，这个男人就使我花费了多少啊！此外，我也看不到为了这次治疗而允诺给我的树叶了……

一位萨姆基塔地区的小村酋长到我这里来求医，他的一只手粉碎性骨折了。不幸是这样发生的：当他开枪射击一只野猪时，猎枪的枪管突然爆裂了。现在这种事故比以前发生的多。10年前，人们把坚固的猎枪卖给黑人，这些猎枪出自过去好时代的军队库存。当今，在这种耐用的商品被卖完的地方，假冒伪劣工厂的猎枪来到了非洲。它的枪管与其说是钢管，毋宁说是铁皮。但是，在这种单薄的枪管中，黑人装进去的火药仍然和过去一样多。一个黑人猎手认为，他从来不把足够的火药塞进枪管，他宁可用生铁锅碎片充作子弹。现代工厂的产品可受不了这种弹药，因此经常发生枪管爆裂的伤亡……

对于我们的医治，我的这位小酋长虽然表示了应有的谢意，但是，他还是从一开始就让诺埃尔和我感觉到：他是一个酋长，而我们则只是普通人。当我有一次在白天为他包扎，而不是在早晨或者晚上查看他的伤情时，我必须在他面前必恭必敬地作出解释。然而，他的酋长权力并不足以使其整天在诊所里陪伴他的亲戚出于感谢为我做些事情。

对于昏睡病人和溃疡病人必须采用静脉注射的方法，这一工作量很大。一天之内，往往要有20多次的这类注射。而且，与白人相比，对黑人的静脉注射要困难得多。因为在白人那里，扎紧其手臂后就能隐约地看到静脉，但在黑人那里则根本看不见。此外，由于剥刮和斑疹等原因，许多病人的皮肤变得非常厚硬，即使最熟练的手指也难以触摸到他们的血管。因此，有些昏睡病人虽然瘦得皮包骨头，但给他们的静脉注射仍然极为困难。经常发生这样的情况，在经过反复的试扎之后，针头才终于找到了方向。当一个“好的静脉”被注射时，一个病人甚至得花上一个小时，这种艰难状况才会暂时告一段落。一个昏睡病小女孩，名叫齐托姆波，是最令我们担心的病人。当针头在她瘦弱的小手臂上探索时，为了使她不哭，必须往其嘴里塞好几块糖。一切过去之后，她会被医生抱出诊所。在集中为昏睡病人注射的礼拜六，传教士赫尔曼太太知道，我们将推迟一两个小时才能就餐。对此，她总是很理解我们。

幸运的是，诺埃尔很快就掌握了静脉注射的技术，这大大减轻了我的负担。当地人称诺埃尔为“少尉”。在这一地区，自从实行军事管制以来，当地人就习惯在地区上尉之外再“封”一个少尉。由于他们只知道有军医，因此我对他们来说也具有一定的军事性质。因此，把我身边的白人称为少尉，这对他们是很自然的。诺埃尔也完全习惯了这一名字，在传教站里，每个人都这样称呼他。

奥戈维地区的人们有把重病人扔在我这里，然后溜之大吉的习惯……这给我的诊所带来了沉重的负担。有时，这样一个病人要麻烦我几个月之久，而且，诊所里病人的死亡率也因此提高了。由于当时我没有专门安置患了不治之症的病人的房间，这种情况也使诊所里的其他病人感到压抑，特别是当他们直接看到有人在眼前死去时。

当地的巫师，我的同行，像不愿意损害其死亡率的一些欧洲医院教授一样，不愿意让这类病人死在自己手里。为此，他们从一开始就拒收重病人。如果有一个病人意外地死了，巫师就立即确定，是谁带来了导致这个病人必然死亡的魔法，以此来维护自己的声誉。根据黑人的观点，医学知识首先在于：医生知道病人是否会死，他不医治原本已经死去的人。如果他医治了一个后来死去了的病人，巫师就仅仅表示：他不知道这种疾病能否被医治。在我第一次到兰巴雷内行医时，为了不损害我的声誉，约瑟夫就劝我拒收重症病人。现在又遇到了这类问题。

有3个被扔在我这里的病人先后死去了，诊所里有人在为此发牢骚。其中有一个严重溃疡的人，尽管我花费了许多时间尽力救治，但他还是没有逃过死神，其余两个人的状况也与他差不多。在我这里，类似事件不是首次发生，但我并不认为自己做错了，我的诊所是所有重病者的家。虽然我不能使他们免于死亡，但我能够向他们表达爱，减轻他们临终时的痛苦。因此，人们在夜间总能把这类病人放在我这里。有时，我还救活了其中的一两个人，我根本不用费心如何送他回家。 当这个病人痊愈的消息传到他的村子后，在夜间又会有人把他悄悄地接回去，就像他被悄悄地送来一样。

在安葬一个人们甚至拒绝给她取暖木材的黑人妇女的仪式上，传教士赫尔曼用感人的话语说，她被自己的亲属赶了出来，但在外人那里得到了怜悯，因为耶稣使世界有了爱。当学童们唱着挽歌时，阳光灿烂地透过棕榈树照射在这个可怜的墓上。

但是，安葬死者的事务使我们感到十分麻烦。 麻烦并不在于，我把锄头和铁锹交给病人的陪同，答应赠送礼物，以使他们挖墓。通常的情况是，当有人死去时，所有能够拿起工具的人都消失了。消失的借口有：捕鱼、回家取食品，等等。当地人不愿意与死人发生关系，原始的“变得不干净”的宗教意识仍然支配着人们。 例如，如果一个家庭期待着孩子降生的话，那么这个家庭的所有成员都不能与死人打交道。 有时，在孩子出生期间，父母已经立誓，绝不与死人接触。 这一誓言必须得到遵守。

有一次，一个病人在夜间死亡了，我成功地把这事隐瞒了起来。我找来两个溃疡已经痊愈的年轻人，突然向他们提出挖墓的要求，使其难以拒绝。 但是，当我允诺给他们上好的礼物，并要把工具塞到他们的手里时，他们含着眼泪跪了下来，恳请我不要强迫他们做其不可以做的事情。 我不忍心继续要求他们挖墓。 圣保罗在《罗马人书：14》中说过：不应该扰乱弱者的良心。 这也适用于当今的非洲……

中午是整个一天最糟糕的时刻，所有会爬的人都爬到治疗室门前来要求一份伙食。 一天伙食的定量为 700 克大米，或者 10 只大香蕉，6 只木薯，等等。 至于做饭则由他们自己负责。

原则上，我只给来自远处的病人分发伙食。 这些人没有钱，还要在我这里住一段时间。 此外，我也给那些帮我干活的人提供伙食。 当然，这些人在 12 点只能获得一半伙食，另一半则在晚上再给他们。 因为，如果他们在 12 点得到了所有伙食，那么下午他们也许就不会干活了……

为了立即建造关闭精神病人的房间，我们只得暂停第二批病人棚屋的建筑。有一个名叫恩贡德的昏睡病人，是一个采木工，就像有些此类病人一样，处于亢奋状态，比较危险。我有几块木板，把它们竖在地上作为框架，然后用森林小原木围成一个小间，诺埃尔是这一临时房间的建造者。大概 10 天左右，原木和恩贡德却使诺埃尔十分沮丧。因为这些原木是非洲高级硬木，钉子难以钉进去。恩贡德发现了不牢固的地方，在夜里或午餐时冲了出来。为了能够使诺埃尔把小间修好，我只得用莨菪胺和吗啡使恩贡德昏迷几个小时。除了建造的小间之外，我们没有其他关闭恩贡德的房子，诊所里的所有病人棚屋都是用竹子和树叶建成的。

小间刚完工，我们腐烂的鸡舍地面又被晚上去数鸡的诺埃尔踩塌了，连边墙也受到了影响。由于在朽木上已经无法钉上钉子，修复鸡舍是不可能的。于是，必须停下所有别的事情，立即建一间新的。由于老鸡舍根本防不了蛇和豹子，我们必须立即重建。非洲的鸡舍完全不同于欧洲的，由于集群的蚂蚁，鸡舍必须是木桩建筑，而且木桩必须尽可能地少。由于豹子，鸡舍必须十分坚固，而且要有屋顶，使最尖锐的豹爪也难以刨开缺口。由于蛇，它还必须建得十分封闭。这个新鸡舍在一块临时场地上，反正今后一定要另建，因此想不费很大劲就把它搞成。

但是，诺埃尔的建筑技术还不足于造这样一间鸡舍。因此，我只得每天把原本必须诊治病人的二三个小时用于指导建造鸡舍。

幸运的是，这时我发现一个昏睡病人的丈夫会造房子，由于其妻子的治疗效果很好，他愿意为我干活，我则给他伙食和礼物。遗憾的是他不识米尺。因此，我必须把所有尺寸削成竹片交到他手里，并一直监理建造。除此之外，他并不笨。我不敢想象，在这几个礼拜里如果没有他，鸡舍能否被建成……

7 月 18 日，阿尔萨斯的玛蒂尔德·科特曼小姐到来了。黑暗中开始出现了光明。我们白人病人的床铺上了床单，而不再是桌布。

诺埃尔不必再灌注灯油、烧饮用水和进行每周的清洗。晚上，他也不要去清点鸡舍，收拾可能生下的鸡蛋。我本人也用不着去关心厨房和餐具了。

我徒劳地寻找着愿意制作砖块的当地人。因此，我只得自己来做这件事。尽管我在这方面的知识仅仅来自记述过法老压迫人民的《圣经》。为了得到砖块，必须压迫人民。我明显地感到，现在自己也成为法老了。首先得找到晾晒砖坯的场地。于是，诊所里所有能够走动的人们，无论男女，一大早就被动员起来，让他们拿着斧子和砍刀到沼泽地里去。这件事很急，因为虽然几乎每天晚上都在下暴雨，但实际上旱季已经开始了。许多人试图逃避劳动，借口主要是早晨要去捕鱼。这样，由于我要制砖，使人们的捕鱼热情爆发了出来，以至于奥戈维河中的鱼似乎被捕捉殆尽了。

对于这种抵制和怠工，我必须采取措施。我减少了他们的伙食定量，不再包扎治疗中的溃疡。每天晚上，我都作集中讲话，告诉他们，我要他们做的很少，而且这一切都是为了诊所。我还承诺赠送礼物，但这一切收效甚微。一个月过去，场地总算多少被清理了出来，但我作为好人的名声则失去了。在恩戈莫地区的伊根迪亚村，有英国人听到一个黑人妇女对人说："不要到兰巴雷内的医生那里去，他变坏了，强迫人们劳动。"到处都在传说："为了得到砖块，医生压迫人民。"

8月下旬，诺埃尔要走了，同行的还有莫雷尔先生，我不知道应如何感激这位可爱的同伴给予我的所有善意和帮助。我由于写作而疲惫不堪的手离不了他的高超的打字技术；在牛津大学的教室里，往事对他就像梦一样；在非洲，他曾是医生的助手、木匠、看管者、抬死人的工人，等等……

晚上正要写作时，我被人请到河对岸的黑人村子里，去拯救一个婴儿的生命。我发现婴儿光着身子，浑身冰凉，用各种草药覆盖着，被老妇人抱在手里。经过1个半小时的努力之后，婴儿终于开始正常呼吸了。我立即要婴儿的父亲答应，作为谢礼给我500片树叶瓦片，14天内交齐。我的道德水准真的降低了。小时候，我总是问来访的阿姨，是否给我带来了礼物。现在，我向每个有求于我的人要求树叶等东西。我的梦想是，一下子把建筑的事情搞完，然后可以重新只做医生，不再需要强求树叶，不再成为一个监工，驱使人们劳动，并要识破和打消他们想逃避劳动的所有诡计。但直到现在，我仍然没有成功……

这是一件大事……我现在有了一个医生作为助手。比我敢于希望的要快，这一梦想终于实现了。自10月19日以来，阿尔萨斯老乡维克多·内斯曼分担了我的部分工作。他是一位阿尔萨斯牧师的儿子，他父亲是我在斯特拉斯堡读大学时的同学。

助手来得真是及时，我再也承受不了建筑师和医生的两副重担了。这么多应该得到细致治疗的病人，由于在时间和精力方面已经超出了我能够承受的极限，因此得不到应有的治疗，这使我十分痛心。在有些热带病所要求的猛烈和危险的治疗过程中，我不能够充分地跟踪病人，这使我多么地不安啊！有多少次我应该去用显微镜观察并使用试管，却一直没有去做！外科手术也只能做些最必要的……

新医生就像为非洲所打造的一样，他实践能力强，善于组织，懂得如何与当地人打交道。他还幽默，又使当地人受得了。尽管他个子高大，但黑人还是称他为“小医生”。按照当地的语言习惯，“小”意味着年轻。

新医生的到来允许我如果有必要的话，几乎整天去搞建筑。首先，得为两间已经建好的棚屋配置床铺。一天，在赠送了比较贵重礼物的条件下，我派在我这里治疗的一位白人的船队去取做床的木材。这些受我3天支配的人显得热情。他们深夜归来，独木舟上每次都装满了木材。由于我很忙，也就没有去检验他们的供货质量。在他们与其主人离去之后，我才发现，他们搞来的都是些根本不能用的烂木头。这种木头，在诊所下游100米远的岸边，人们只要花上半小时就能装满一只独木舟。只是他们不知道，几个礼拜之后，他们的主人还要来疗养。当他们再次受我支配时，既然他们用软木和硬木之间的差别来欺骗我，那就得以一些汗水来对此作出赔偿。

与我第一次在兰巴雷内行医期间相比，现在黑人病人要多得多，而且病人的情况也完全不同。同时，我自己必须遗憾地承认，我的诊所也不再是原来的那个诊所了，这一切都与奥戈维地区经济生活的变化有关。

在我第一次行医期间，前来求医的人们绝大多数是世世代代居住在当地的土著。现在的病人大部分来自内陆，他们50人一群或者100人一群地在丛林中白人的采木场工作。

内陆人口迁徙到下游的奥戈维地区，导致了严重的社会和经济问题。迁徙本身是自然的，不可阻挡的。当地居民的人口在下降，已经不敷为木材贸易提供利用丛林所必需的劳动力。因此，如果当地的工商业不停顿下来的话，就必须从内地输入人口。我估计，当时移民到此的赤贫者大约构成总人口的五分之一。

那么，内陆人口由于向奥戈维地区的迁徙而减少，我们这个地区的赤贫者在增加，这种状况在何种程度是可以被承受的呢？完全撇开昏睡病导致的灾难，仅仅由于战争末期西班牙流感的肆虐，以及同样作为战争后果的饥荒，内陆人口本来就已经锐减了。现在，许多青壮劳动力的不断离去，对于内陆来说，这不仅意味着人口的锐减，而且注定了饥荒的爆发。如果只有妇女、老人和儿童留在村子里，那么谁来开垦种植呢？而对于我们这个地区来说，这些男人的到来同样也意味着饥荒。因为他们仅仅采伐木材，并不种植，与当地人一起靠本来就已经不够的食物过活……

除了痢疾之外，疟疾也等待着他们。在内陆的高原和草原中，既没有蚊子，也没有疟疾。但是在采木场上，这两种祸害无情地折磨着他们。此外还有感冒，内陆人对丛林的潮湿空气非常敏感。但是，他们为什么不用挣来的钱购买蚊帐和毯子呢？因为蚊帐太贵，而且作为真正未开化的人，他们更喜欢烟草和一些小玩意，而不是有用的东西。那雇主该给他们蚊帐和毯子呀！完全正确。但是，就像他们用雇主的斧子和砍刀不知换了些什么，然后报失一样，他们也很快地把毯子和蚊帐换了香蕉、烟草或者周围黑人带来的什么小玩意。

对这些来自内陆的工人，糟糕的还有脚部溃疡。抵达奥戈维丛林后没有几个礼拜，相当一部分人就由于脚部溃疡而丧失了工作能力。通常，他们患的都是一种最麻烦的热带溃疡。开始，他们对小的脓点并不在意，但没过几天，小脓点就成了手掌大的溃疡，并导致剧烈的疼痛。由于他们拥挤在肮脏的茅屋中，卫生状况极差，自然也就相互感染。有一次，从一个采木场一下子就来了12个病人，他们几乎都是受一个人感染的。

尽管奥戈维地区的人口明显减少了，但我诊所里的病人却比先前多得多，其原因就在于此。对于这些可怜的外来人，我充满了同情。然而，同情往往是无能为力的。从看到他们的第一眼起就可知道，这些可怜的病人将死去，而远方的亲人则在等待他们回去，等待他们在这里挣得钱。

我们称其中人数最多、最严重的病人为“本德伢比人”，因为他们大部分来自“本德伢比”部落。但是，这些人缺乏任何纪律观念，使诊所里的工作特别困难，以至于他们的目光使我们的心中交织着同情和绝望的情感。对此，我只得痛苦地承认，我的诊所不再是以前的那个诊所了。

实际上，对于诊所里的秩序，我们只要求最基本的。例如，病人早晨准时包扎、吃药和打针，而不是走掉了；在通知病人领取伙食的号声中，如果没有立即轮到，就等上半个小时，最终端着盘子出现；不随地大小便，不偷窃传教士的鸡，不把传教站的香蕉和果树采摘一空，礼拜六打扫诊所时不大声叫骂；当独木舟载着货物到来，如果他正好在场，而且身体还可以，就帮着卸货。如果病人除了吃饭之外，还能做到这些，或者还能比这多做一点点，那么即使如此，对我们来说，他就是一个有德性的人。而在通常的情况下，我们对人的德性的要求则高得多。

但是，即使这么低的要求，本德伢比人也做不到。作为真正未开化的人，他们远远地处于善恶的彼岸。管理诊所病人的规章制度，对于他们来说，是与其无关的东西。……先前，在诊所里讲加洛亚语和帕胡因语就可以了。现在，我的棚屋里至少有 10 种语言。恩姆巴的后任多米尼克曾经在内陆生活过，他会讲那里的多种语言，但也不会全部。因此，我们与有些病人就难以沟通。

我们很少能用语言打动他们，这也进一步使本德伢比人忽视病人守则。一天早晨，我发现两个住在棚屋角落里的本德伢比人，在他们几乎不高于地面一米的木板床下面放着火种。床边的过道上，每个病人都有一个火种，这是允许的。没有这个火种，黑人无论健康与否，都难以生活。他们白天在火上烧东西，晚上则把它用于对付潮湿的空气和蚊子。虽然我们受不了棚屋中的浓烟，但病人喜欢这样，因此在我的棚屋里一直有 50 来个火种。诊所由此不被付之一炬，这是一个使我始终感到意外的奇迹。

不过，我觉得木板床下的火种毕竟太危险了。于是，通过翻译和手势，我禁止他们这么做，并把火种从床下取了出来，放在过道里。在充满了爱心的劝告之后，我到别处去了。两小时之后，我发现火种又被置于木板床下面。在生动的手势和高声的告诫中，这个场景又上演了一遍，也许他们真的能够理解了。但是，下午火种仍然出现在床底下。现在我发怒了。然而，这两个人在安静地看了看我之后，就把目光投向远方，好像我只是朗诵了一首对太阳的赞美诗。夜里，我必须在诊所里到处走走，两个火种依然在床下点着……

虽然我们也经常抱怨本德伢比人："如果没有未开化的人，非洲将是多么地美好啊！"这句名言广为流传；但我们仍然感到，有一根纽带把我们紧紧地联结在一起。当新来的医生对他们产生怨恨时，我就劝告他，将来在欧洲他会怀着深深的乡愁和爱想念他们。……我们以为，就像我们对一些未开化的人怀有恶感一样，由于经常受到斥责，他们也不会对我们友好。但情况并非如此。在来到其工作的采木场时，他们会非常友好地奔向我们！当独木舟驶过时，划船的本德伢比人会向我们致以充满爱意的问候！

如果我们能够不时地和他们坐在一起，不仅仅作为医务人员和诊所的管理者，而是作为人与其商谈火种的问题，那么在诊所里，我们也许能够更好地与这些未开化的人打交道。但是，我们缺少为此所需的时间。我们所有3个人，两个医生和科特曼小姐，虽然并不愿意完全为工作所吞噬，以至于不能够作为一个完整的人，但对此也无法反对。目前，我们注定要进行反对疾病和痛苦的斗争，这是一项耗尽精力的事业。在这一斗争中，其他的一切都顾不上了……

几个礼拜以来，我自己也成了病人。第一次在兰巴雷内行医期间，我的脚部也曾经发生过溃疡，后来完全痊愈了。现在，由于在建房过程中反复碰伤，溃疡又复发了，这使我非常难受。我忍着疼痛一拐一拐地到处走来走去，在溃疡最为严重的日子里，我让人从住宅抬到了下面的诊所里。因为我必须每天都到场，否则建房就会停顿下来。脚部溃疡时，最糟糕的是由于持续灼痛导致的精神烦躁……

饥　　荒

新年(1925)之初我们的情况不好，我们3个人都病了。由于疖病，第二个医生躺在了床上，科特曼也不舒服。我的脚部溃疡更严重了，连鞋都穿不上，只得拖着木鞋走来走去。诊所里的工作几乎停了下来……

这时，有一个好消息。几个礼拜之后，伯尔尼的马克·劳特布格医生将来到我们这里。这对我们是一个鼓舞。内斯曼先生和我已经意识到，我们两个人已经难以应付现有的工作了，外科手术越来越多。为了完成这些手术，每个礼拜通常要安排3个上午，但我们没有这个能力。日常治疗已经忙得我们晕头转向，哪里还有什么精力来做这么多的手术。此外，这还不仅仅是一个动手术本身的问题。所有在欧洲由护士和其他辅助人员做的相关工作，这里都落到了医生的头上。动手术前，我们消毒棉球、绷带和巾被，等等，清洗和晾干器械也离不开我们。手术结束后，还要清洗并给器械上油，以及清洗、烧煮、晾干和整理巾被，并注意不要让它们丢失。但是，我们的精力和时间远远做不到这一切。为了动手术，医生还必须保持充沛的精力，但日常工作已经使我们精疲力竭。新的医生也已经知道，非洲和疲劳、烦躁是紧密地联系在一起的。

另外，我也日益确信，如果一个丛林诊所要充分地履行其使命，必须做相当的外科手术。在一个内脏疝病和象皮病肿瘤高发地区，手术刀的作用是不可缺少的。一次手术成功的消息会传播到遥远的地方，并使病人信赖白人医生的能力。因此，我们决定这里要有一个专职外科医生。现在，他正乘船前来……

1月17日，黑人木匠的妻子死了，摆脱了长期折磨她的痛苦。由于细心护理，我们至少已经使得她没有患上褥疮，褥疮使久病的昏睡病人的状况更加悲惨，我们所有人都为她送了葬。好长一段时间，木匠一直没有干活，丧事是典礼，这是不可改变的。几个礼拜之久，鳏夫穿着破衣服坐在茅屋里，什么东西也不碰，这是一种神圣的义务。未开化的人比我们更尊重死者，至少就他们的风俗而言……

与此相反，如果能够事半功倍，这该有多好啊！一天，我们正在吃晚饭，一个木材商人来到了我们这里，打着绝望的手势并呼喊着："我丧失了理智！"接着就倒在了地上。我们吃惊地跃起，设法使他安静下来，结果立即发现，疼痛并不在于脑部，而在于牙齿，问题出在牙根。连续几天，这个可怜的人在丛林中，忍住了腐烂气体导致的日益加剧的疼痛。为了到我这里来，他还得在独木舟里行驶两天。后来，为了这只麻烦的牙齿，他请我们吃午餐，还答应送给我们大方木料……

1月27日，科特曼小姐和我幸免被淹死。夜幕降临后，我们坐在装满了从代理店里买来的货物的独木舟里，独木舟划手的技术也不错。出发时，我发现有一棵大树倒在了水里，因此我命令独木舟不要靠岸太近。一段时间之后，我觉得我们似乎靠岸太近了，但划手们则持异议。我也想以此安慰自己：在黑暗中，自然之子的目光肯定比我们锐利得多。但我突然有一种难以名状的不安预感，我立即站了起来，强制使独木舟转向河中。正在这一瞬间，这棵大树在水中出现了，我们正好与它擦肩而过。如果没有这个转弯，我们也许会撞到这棵大树而船毁人亡。人们绝不能信赖黑人，即使在他们的职业事务中，他们的轻率是很可怕的。

在这次冒险之后，诊所长期望眼欲穿的汽艇终于来了，这艘汽艇是由瑞典的朋友捐赠的。自1922年以来，他们一直在为此筹集款项，我们无法用语言来表达对他们的感谢。

对于我们来说，这艘汽艇首先意味着安全、快捷和舒适的水上交通。汽艇有一个帆船布顶，可以抵御日光和不是很大的雨。虽然，我们的独木舟也有一个顶，但为了不妨碍它的稳定性，这个顶只能很低和很窄，人在下面透不过气来。有了汽艇，我们就不再需要维持一支划手队伍，免除了由此而来的混乱。与独木舟相比，我们用汽艇能装载更多的物品。最美妙的是，并非人们所想象的那样，汽艇运输贵于独木舟，实际情况恰恰相反。过去需要5天的航程，现在两天就够了。我们必须给划手们提供的食物、工资和礼物，也明显高于我们购买汽油和机油的费用。汽艇还允许我们到比较远的地方去采购香蕉。如果没有它，这些地方是不可能作为我们诊所的供应地的。就像我们比较容易获得食物的一切手段一样，这一点在丛林中具有十分重要的意义。……这种汽艇为当地的木材商人普遍使用，因此也得到了很好的维护。我们的汽艇有一个瑞典名字，它的意思是“谢谢”……

3月16日，当我乘汽艇外出两天回来后，在码头的木排上，我看到，除了内斯曼先生之外，还站着一位具有骑兵军官风度的瘦高个子。他就是新来的医生，马克·劳特布格博士。

3月19日的凌晨，由于中暑致病的吕潘先生突然去世了。前不久，他还和我们讨论了回欧洲的计划。他被安葬在天主教传教站里。在同一天下午安葬的还有约瑟夫的母亲，一位正派的黑人老太。把一个在我们这里去世的欧洲人的临终状况告诉其家属，这样的信如何落笔啊!

约瑟夫出于对我的爱，在他母亲去世3个礼拜之后，又回到了我的身边，我对他的工作评价很高。他说：“博士是工作的奴隶，可怜的约瑟夫是博士的奴隶。”同时，昏睡病人的鳏夫，木匠莫能查利也回来了。说服他回来，这个力气是值得花的。他也向我提出了条件，12点开始要有两个小时的午休，下午5点半收工，不能有加班突击。我不敢压低工资标准，他重新愿意为我工作，对此我无论如何都应感到高兴。莫能查利是当地最好的木匠之一，他在任何时候都能找到一个收入更高、工作条件更好的位置。现在他决定为我工作，完全是出于忠诚。

劳特布格博士……显然觉得，自己一个人既是主刀医生，又是手术室护士，但他勇敢地承担起了双重的工作。当地人称他为“勇敢的切除者”，称内斯曼先生为酋长的儿子，我则被认为是酋长。

当时的手术很多。在事故手术中，经过努力，勇敢的切除者也接受了我的不切除原则，我们在这里必须放弃切除本身。在欧洲，由于考虑到病人的生命危险，切除得到了普遍的接受，而这里则不同。兰巴雷内医生切除人们的手臂和腿脚的消息会传到很远的地方，这样会吓住许多想来就医的人。

直到现在，关于自己留下病人的手臂和腿脚的努力，以及由此获得的名声，我没有什么可以后悔的，为此我得感谢甲基紫。对事故造成的各种手脚伤残，无论看起来多么严重，我们像对待其他伤残一样，都用甲基紫加以处理。……甲基紫有一个很大的优点，它不刺激，镇痛的效果特别好，尤其是在用甲基紫液绷带处理烧伤或烫伤的病例中，我经常观察到这一点。至于如何解释这一效果，对此是否已有相应的实验成果，我不知道。

对于我们克制切除方法的成果，劳特布格博士感到非常意外。后来，一个小腿开放性骨折，到我们这里时已经感染了气性蜂窝组织炎的病例，使他完全信服了。

由于兰巴雷内诊所始终坚持了克制切除原则，因此即使有一些不可避免的截肢手术，我们的名声也不会受到损害。现在的情况是，黑人自己要求做截肢手术。例如，在采木场上，一个本德伢比人的手臂压在了圆木下面，手掌和手臂受了重伤。他的部族成员不愿意把他送到我这里来，而是按他们的土办法，用一种树皮粉末为他治疗。结果导致整个手臂化脓，生命垂危。我们向他说明了伤情，于是，他听从病友的建议要求截肢。在找到了他本人要求截肢的证人之后，我们给他动了手术。他恢复了健康，对我们也非常感激，虽然只有一只手，但仍然回到了采木场。在那里，他对同伴说，兰巴雷内博士是惟一由他们自己要求切除手脚的医生。

在劳特布格先生到来后的几个礼拜中，诊所里做了一批内脏疝病人手术。其中一部分由劳特布格先生执行，另一部分则由内斯曼先生完成。4月1日，从30公里远的地方送来了一个此类病人。他来自萨姆基塔地区，沉重的肿瘤使他长期不能走动，这个肿瘤很大，以至于他能够把它作为小凳子坐在上面。尽管他还相当年轻，但看上去却像一个老人。手术从早晨10点持续到下午3点。这么多的手术对我们3个人的体力提出了很高的要求……

这天发生了一场悲剧。一个虚弱的站立不起来的痢疾病人，打死了一个同样皮包骨头的邻居。他以为，那个人要抢走他的伙食。

有这种情况。有些痢疾病人直到临终时，胃口仍然很好。对于这个没有任何忏悔表现的杀人者，我们不再治疗他。因为可以预见，他很快就会追随他的牺牲者死去……

由于没有木板，建造有10个房间的大房子的工程面临着停工的危险。几个礼拜之前，大方木料已经运来了。马蒂奥先生，一位在萨姆基塔的木材商人，考虑到他的一位重病的欧洲职员长期受到我的照料，已经送给我30根上好的硬木方料。可是，这些方料厚达18厘米，而我只需要8厘米厚的。为此，需要按其长度把每块这种方料锯成4块大约8厘米厚的。也许要有120块这种尺寸的方料，就能解决我的问题。然而，尽管找了好几个礼拜，仍然没有锯木工人。如果我需要25个文员，第二天也许会有50个人来报到，但就是找不到锯木工人。

文化不是开始于读写，而是开始于手工艺，这才是历史的真实！由于这里没有手工业者，因此也就没有任何真正进步的可能。黑人学会了读和写，但没有同时掌握手艺。基于读写的知识，他们当上了营业员和文员，穿着白人的衣服坐在那里，但手工业则受到轻视。

我该说的也许是，黑人在学习读和写的同时，也应该学会一门手艺。如果没有手艺的同时完善，就不可能有知识的提高！只有手艺和知识同时并进，才能为发展奠定健康的基础。当我在书刊上看到，有人认为，由于现在有了火车、汽车和飞机，因此文化的非洲已经被开发了出来。这只能使我感到可笑，一切都无济于事。“黑人在多大程度上成为有技能的人？”这才是惟一的关键所在。通过宗教和道德的指导，通过手工业，他们成为有技能的人。如果这一基础被奠定了，那么其他的一切才会有意义……

5月3日，我和内斯曼先生前往位于兰巴雷内北部的一个采木场，那里爆发了严重的痢疾，有些患者已经死了。首先是70公里的水路，直至阿琴格湖的尽头。然后，我们下了汽艇，分别乘上两只小独木舟，在一条湍急的溪流中逆水划行了25公里，途中遭到舌蝇的攻击。在采木场上，我们检查了所有的工人，指导如何照料轻病人，并把重病人带回了诊所。这是内斯曼先生第一次去采木场。

5月5日，我们回到了兰巴雷内。能够这么快地逆水行驶70公里，全靠了汽艇。在这次出诊的途中，我写下了给父亲的最后一封信，但它再也到达不了他的手里了。正是在这一天，死神向父亲发出了召唤……

新的经历使“勇敢的切除者”日益意识到：外科手术在非洲可不同于在欧洲。在为了女人而引起的争执中，一个男人的手臂挨了一砍刀。氏族把他送了过来，必须为他缝合肌腱，我们的外科医生按照所有技术规则做了手术。对于这个自己不能做饭的伤员，必须留下一个陪同照顾他。氏族成员一致决定让一个男人承担这项任务，他本人对此也表示完全接受。尽管伤员的肌腱被缝合得很好，但劳特布格先生却看不到他的真正快乐。刀伤明显康复了，伤员反而虚弱起来。当他去包扎时，摇摇晃晃，说不出话来。面对这种没有发烧，伤口正常愈合的一般性感染，勇敢的切除者有点摸不着头脑。……当他告诉我这一情况时，我说：“中毒。”凡是在当地工作久了的人，当出现不明情况时，就会考虑到这一可能性。于是，这位至今为伤员做饭的陪同，以一个好听的借口为我们的诊所雇用，伤员则从我们的一个助理人员那里获得食物。慢慢地，很慢地，这种现象消失了。

后来事情弄明白了。原来，这个氏族让其留下的男子，与伤员争吵过，从而伤害了他。作为赔罪，他必须接受这项任务。为了离开对手，陪同试图滥用职权。尽管如此，我们保持了沉默，但他的家属还是产生了怀疑。现在，一场新的戏剧轮到了陪同，他被命令到科特曼小姐那里去劳动。这样，伤员家属就不会杀死放毒者。而在科特曼小姐那里，这个陪同在洗涤和打水中也表现出了他的爱心和机灵……

6月底，痢疾病人急剧增多，我们不知道该把他们安顿在哪里。已知有两种痢疾，一种是所谓的阿米巴痢疾，它仅仅出现在热带地区；另一种则是到处流行的细菌痢疾……

这些极为衰弱的，所到之处污染一切的痢疾病人，给我们带来了多少工作！甚至得给一些病人喂饭，因为他们已经没有力气拿起调羹。由于当地人不来帮助我们，照料这些病人的困难更严重了。当地人不可以接触会导致恶心的东西。因此，我们只得自己做一切事情。如果偶尔有个黑人能帮助我们，他就会得到礼物和赞扬……

我们徒劳地提醒诊所里的人要小心，他们应该只使用泉水。但是，河水在20步以内，泉水则在100步以外，因此人们总是到河里取水，而不到水泉那里去。与痢疾病人一起做饭，也是被禁止的。但是，有人还是与他们一起做饭，并从他们的脏手指伸进去过的锅盆里盛饭。

一个脚部溃疡的本德伢比人，在痢疾病人中发现了一个家乡的病人，于是他们一起做饭和睡觉。我们让他离开痢疾病人，告诉他这样是危险的。但是，晚上他又回到病人的房间里去了。即使让他离得很远，他还是能够找到去痢疾病人房间的路。内斯曼先生问他：“你想找死吗？”他答道：“我宁愿与兄弟一起死去，也不愿意看不到兄弟。”乡情胜过对死亡的恐惧。当然，痢疾是不会放过牺牲者的……

最糟糕的是，现在病人开始隐瞒他们的痢疾病情，他们不愿意由于被观察而妨碍自己的自由。其他病人也不把真实情况告诉我们，使我们处于无知状态。在最近的一次外科手术中，突然发现手术对象也是个痢疾病人。他早就患上了痢疾，但不告诉我们，因为他知道，我们不为痢疾病人动手术。

由于痢疾流行带来的大量工作，我们被搞得筋疲力尽。令人惊讶的是，我们请来的助手们都没有怨言。和我们这样烦躁的医生一起工作，确实没有什么乐趣。而在我们这么繁忙的情况下，本德伢比人仍然没少制造麻烦，这确实展现了他们最糟糕的一面。

一天，由于对那些一直使用被污染了的河水的人的绝望，我在诊疗室里倒在椅子上哀叹道："我多笨啊！已经成为这些野蛮人的博士了！"约瑟夫则宽厚地答道："是啊，在地上你是一个大笨蛋，但是在天上则不是。"……

9月中旬，下了第一场雨。这意味着，现在我们必须把所有建筑用木料放到干燥的地方去。当时，我们诊所里正好几乎没有具有劳动能力的男人，因此我只得自己和两个忠实的助手去搬方料和木板。这时，我发觉一个穿着白人衣服的黑人，坐在一个病人旁边。我招呼他："嗨，朋友，你不愿意帮助我们一下吗？""我是一个知识分子，不搬木材。"他答道。对此我说："你真幸运，我也想成为一个知识分子，但没有成功。"

除了痢疾的灾难之外，现在又出现了饥荒。实际上，饥荒开始于夏季，但由于大米的到来而被掩盖了。现在大米没有了，荒情立即严峻起来。

前几个月，大米就已经很紧缺了。但人们认为，这种状况是暂时的。9月中旬以来，严重的饥荒已经不能否认了。……依靠令人羡慕的库存，我们通过水路尽可能地支撑着。只要听到远处传来了汽船声，我就驾驶着汽艇到支流的分理店去，为的是让人们分配到来的大米时，能够考虑到我们。但是，汽船往往带来了所有可能的一切，就是没有大米！

由于得不到新的补充，我们的大米库存也逐渐告罄了。每天留宿和要求伙食的人数则逐月上升，达到了120人以至更多。为此，我们每天至少需要60—80公斤大米，香蕉根本就找不到。我们多次发现，只有几天口粮了。幸运的是，经常在最后一刻，我在某个地方搞到了一些粮食。当然，汽艇对此作出了主要贡献。

我不能够想象，如果断粮了，我们该如何遣散诊所里的人员。

尽管不是所有人，但许多病人的家离我们这里有100公里，有的甚至达150公里，我看不到把他们送回家的可能性。对于痊愈了的病人，我也没法让他们尽快地回去。直到最终发现一只能够把他们带回家的独木舟或汽艇之前，有些人在我们这里还要住上8—10天。此外，病人本身也不急于离开这里，因为饥饿在等待着他们……

现在，我们的诊所得到了多大的支持啊！10月中旬，埃玛·豪斯克内希特小姐抵达了兰巴雷内，成了我们这里的第二个护士。原先，她在阿尔萨斯当教师。我认识埃玛很久了。多年前，她就帮助过我。新的护士负责家政和照料欧洲病人。这样，科特曼小姐就可以完全投入诊所的工作。

有人在这里照看病人，维持秩序，这对我们是多大的安慰啊！我们自己整天紧张地工作，几乎已经走不出诊疗室和药房了。但是，现在有人来照料痢疾病人，分给他们汤饭，帮助他们整理床铺，关心他们是否有了需要的东西。诊所里发生的各种交涉，现在都由科特曼小姐出面解决。她监督伙食的分配。这项工作先前基本上由多米尼克一个人主持。她还照看我们干鱼仓库下面的明火，使干鱼不致腐烂，也防止蛆虫爬来。早晨，她分发日常工作所需的铁锹、斧子和砍刀；晚上，则清点所有工具是否被收回来了。看管独木舟也是她的责任，她还组织人洗涤巾被和绷带。在诊所的手术日，她又成了手术室的护士。

诊所秩序的逐步恢复，使由于场地狭小、痢疾和饥荒而导致的局面还不至于那么糟糕，这提高了我们的工作勇气。但形势还是日益严峻，痢疾使诊所的污染也不断加剧，每天都会发现新的被传染的病人。此外，人们还不断地把痢疾病人送来。前不久的一个早晨，我们一下子就接收了6个痢疾病人。

在没能做出反对的情况下，我的思路发生了变化：我必须考虑原先不想考虑的事情。自从回到兰巴雷内以来，我一直反对搬迁诊所。我的理由是，对此我既没有建筑材料，也没有劳动力。现在，由于别的、新的情况的出现，这些理由站不住脚了。最近几个月来的工作表明，我过去忽略了：原先的诊所够40个病人用的场地，是满足不了120个以上病人的医院的要求的！

由于场地太小，我不能按要求分别安顿痢疾病人和其他病人。出于同一原因，我也不能为可怜的精神病人做我应该做的事情，我没有能够照进阳光的隔离病房。安顿精神病人的小房间，没有窗户，十分昏暗，而且拥挤在普通病房之间。这样，我就不能把吵闹的精神病人一直留在诊所，因为其他病人受不了他们。我只得让精神病人被人绑住送回家里，在这种情况下受折磨致死。而在我的照料下，他们也许会恢复健康，我不想让助手们知道我对此的感受。如果我有一块较大的建筑场地，我就能够把精神病人安顿在远离其他病人的地方，并由此履行我对他们的义务。

用于诊断和治疗病人的房间实在太少也太小了。由于我们的要求不高，因此助手们和我平静地面对这一现实。尽管如此，120个病人，而不是40个病人，3个医生，而不是1个医生的事实，是我们无法回避的。首先，每天都要进行的大量更换绷带的工作，就没有专门的房间可用。只有在别的房间有空的情况下，才可以更换绷带。这给包扎者和被包扎者都带来了很大的麻烦，而且违背了所有的医学原则。此外，我们也没有用于感染性手术的专门用房，没有细菌学和显微研究的用房。我们只有两间16平方米的房间，以及两间小偏房。其中一间小偏房作为药房，另一间则是实验室兼消毒室，我们的所有活动都在这些房间里进行。在我们检查病人的房间里，约瑟夫在打针，两个黑人处理绷带，另外两个洗涤瓶子。这里的拥挤就像年底的市场一样，我们的工作经常由此受到妨碍。我们徒劳地安慰自己，这导致了多少疲劳和烦恼啊！

即使没有痢疾病人，棚屋里的拥挤状况也令人担忧。我们没有停尸房，找不到安放死者的地方。这样，在被抬到墓地上之前，死人就一直留在病房里。我也无法适当地安排诊所工作人员的住宿。

除了约瑟夫和厨师阿洛伊斯之外，他们都住在棚屋里。为了留住他们，我答应将给他们提供符合人类尊严的住宿条件，但我不知道如何能够做到这一点。如果我能够为职员们提供良好的住宿条件，那么，尽管工作并不轻松，我仍将找到足够的助手。缺少助手也影响了我们诊所里的工作。

诊所里火灾的危险也很大，我们根本不可能对其视而不见。我们的棚屋病房和所有其他房子都紧密地靠在一起。如果有一间房子着火了，那么所有房子都将同时无可挽救地付之一炬。在我提供给他们如此差劲的住宿条件的情况下，我还该对痢疾病人发怒吗？

另外，饥荒也提醒我，一个单位，例如我们的诊所，如果没有自己的地皮，如果周围没有一块种植食物的土地，那么它将是不健全和危险的。夏季之初，当饥荒刚出现时，如果我种了玉米，现在我也许就能够用玉米来补充病人的口粮！……

勇敢的决定

10月(1925年)，我决定尽可能快地搞到地皮，并在这块较大的场地上建立新的医院。我已经有了波纹铁皮，它原本应该用作老诊所棚屋的屋顶，现在可以被用于新的建筑。目前，我也不缺少为此所需的劳动力。谁有大米，谁就能找到工人。与过去相比，现在诊所里的病人也听话多了！他们不再逃避劳务，而是愿意工作。因为，劳动能够使他们比别人得到更多的伙食。

我默默地考虑着自己已经做出的决定。当一个人外出时，我考察着一块惟一适合我的计划的土地。这块土地位于诊所上游3公里的地方，正好在河边，而且是奥戈维河在那里分成两条支流的地方。从前，这里有一些大村庄。恩科博，“太阳王”——非洲也有太阳王！——就住在这里。因此，这块土地过去曾经被开垦过，现在覆盖其上的丛林比较年轻，开垦也相对容易些。由于有过人居住和种植，因此这里到处生长着油棕榈。河边的一块洼地是建造医院的很好场地，上面平缓的小丘就好像是为我们的住房所创造的那样。

我曾好几次来到这里。在我第一次到兰巴雷内行医期间，传教士莫雷特先生就提醒我注意这块土地。第二次刚回到兰巴雷内时，我也来过这里，并哀叹不能在此建立一座新医院，而只能在老地方的废墟中重起炉灶。现在，我作为一个受到痢疾和饥荒压迫的人来了，而且是想在这里安家。

为了获得这块土地，我拜访了地区上尉，他对我的态度极为友好，同意了我的要求。办理相关手续需要几个月的时间，但考虑到情况特殊，估计也不会有人反对，因此我现在就可以使用这块土地。这样，作为租借地，我获得了大约70公顷的丛林和灌木地。这就是说，这块土地的所有权仍然属于国家，但我可以把它用于建筑和种植。建筑物和种植物属于租借者的财产，留下来的仍然属于国家。在殖民地，只能以这种方式获得土地。

从地区上尉那里回来后，我立即召集医生和护理人员开会，向他们说明情况。开始，他们感到意外，接着就欢欣鼓舞起来。由于他们始终与我有相同的想法，因此根本就不需要做什么说服工作。我们大家感到惊讶的只是：我们是从哪里获得这一勇气的。黑人也诧异地看着我们，我们的手舞足蹈、七嘴八舌使他们不习惯。

当然，我还想到，由于建造新的医院而必然给妻子和女儿带来的牺牲。她们等着我在这个冬季过后回家。但是，即使在明年的冬季来临之前，我还不一定能够回到欧洲。因为没有我在场就无法开工。我的经验对于医院整体的布局等等是不可缺少的；当然，只要屋顶盖好了，其他人就可以进行内部装修……

为了清理地基，诊所里所有手脚能动的人，每天早晨都被要求拿起斧子和砍刀，乘上独木舟到3公里远的新场地上去。这支队伍主要由病人的陪同组成，男男女女都有，其中也有痊愈了的病人。他们出于感谢，留在我们这里几天，帮助我们砍伐树木。所有好好劳动的人，两天能够获得一张礼物券。我们10天分发一次礼物，每个礼物一般需要好几张礼物券。例如，为了获得一条被子，一个人得劳动3至4个礼拜。要求得到刀子的人最多……

通常，我们大约有15个工人，考虑到要完成的任务，这是很不够的。此外，为使工作正常进展，我们自己也必须要有一个人作为监工一起前往新的场地。如果放手让他们去做，那么可能什么也做不成：对于这些现在正好在这里的人来说，为什么他们应该努力，让今后到医院来的别人能吃上木薯，住在山坡上的新棚屋中呢？

工地上的一天就像一首交响曲。慢板：人们无奈地接受我交给他们的斧子和砍刀。非常慢的慢板：树木被砍伐。最后各就各位。第一段就这么小心地过去了。中板：斧子和砍刀在过分节制的节奏中挥动着，指挥徒劳地试图加快速度。午休使单调的乐章告一段落。柔板：我费力地把工人重新带往使人透不过气来的丛林。人们不时听到斧子的砍伐声。诙谑曲：在绝望中，我成功地使工人获得一些乐趣。气氛活跃了，笑话传来传去，有些人开始唱歌。天气凉快了点，一丝微风从河中吹向灌木丛。终曲：大家兴高采烈。当然，这对丛林可是一场灾祸。人们不可以安静地坐在诊所中，而必须站在这里，就是由于这可恶的丛林。人们咒骂它，尖叫着冲向它，斧子和砍刀挥向它。但现在，没有鸟儿可以飞起，没有松鼠可以奔跑，没有问题可以提出，没有命令可以发布。如果稍有偏差，就有可能出事。斧子和砍刀开始停了下来，大家议论着一天的见闻，不再想继续工作了。

幸运的是没有偏差，喧闹持续着。这一终曲只要保持半个小时，那么这天就有希望。直到我呼喊："够了！够了！"一天的工作才结束。

太阳还没有下山，但是，从工地到河边，乘独木舟回诊所，收回工具和船桨，分发伙食，等等，还要1个半小时。在赤道非洲，6点半后天会一下子黑下来，而在灯光下收回工具、分发食物是特别费力的。此外，在夜幕降临前，医生和护理人员也要尽可能结束所有工作，以避免被蚊子叮咬而染上疟疾。

12 月 4 日，独木舟回来时遭遇了可怕的龙卷风。那天领导开垦工作的是内斯曼医生，他没有及时察觉这一危险，我们极为忧虑地等待了 1 个半小时。最终风暴过去了。在黑夜的滂沱大雨中，独木舟接连回来了。他们还有时间靠岸！没有人落水死亡！由于高兴，我迷迷糊糊地回到了房子里。

在要建造医院的地方，有些树还可以保留下来，以遮蔽阳光。而在种植区，除了油棕榈树可以幸免于难之外，所有的树木都得被牺牲掉。粗壮的硬木使我们的劳动十分艰辛，许多男人必须苦干好几天，才能砍倒一棵大树。然后又是好几天，直至另一棵树倒下……

遗憾的是，堆在码头上的树木成了蛇窝，我们对此无可奈何。我们这个地区的蛇很多，几百条根本算不上什么。在砍伐丛林时，每天都有几条被打死，其中包括最危险的毒蛇。

在灌木丛中，到处都是油棕榈树，但它们不能开花结果。因为，攀援植物像一条很厚的毯子一样覆盖在它们上面。有时，为了先清理棕榈树周围的场地，我们必须在攀援植物中开一条通道。把地面上的攀援植物铲除之后，我们还得等待，直至它们干枯和腐烂。在此之前，我们没法把它们拖离树木，后面的事更累人。有时，我们要有一个礼拜的时间，才能够把油棕榈树从覆盖物中解放出来。

这样，在铲除树木之后，我们还有一些油棕榈树林。它对我们保证病人的营养很有帮助。在采油的季节，我们到那里去，把多纤维的含油果加工成棕榈油，然后分给黑人，为他们提供脂肪。

诊所里一直很忙，痢疾仍在流行。有时，一个早晨就会送来 6 个病人。许多病人已经瘦得皮包骨头，没有救了。由于缺少挖掘坟墓、把死人抬到墓地去的人手，因此我们经常只得自己去抬死人和挖墓……

在建新医院的地方，我们想要一些不需要经常维修的建筑。虽然在建造时，这种房子要比其他建筑贵得多。但 15 年下来，树叶屋顶就和波纹铁皮屋顶的房子一样贵，而且，前者还得经常维修。

当然，石头建筑和砖块建筑是不可想象的。这种房子要花去我们太多的时间和金钱。因此，我们决定建造硬木构架的波纹铁皮棚屋。整个棚屋的构架必须由硬木做成，因为一般的木料在几个月后就会被白蚁等蛀掉。

我们将把波纹铁皮棚屋建在树桩上。为什么要建在树桩上面？医院必须建在河边，因为当地人习惯于把房子建在河边，他们要把独木舟保持在自己的视线之内。也许，医院将位于高于水面几米的小山上。当然，它还必须考虑到非正常的洪水季节。如果医院建在平地上，洪水也许就会把它卷走。但如果它建在树桩上，洪水就会在树桩之间流走。因此，由于在河边，我们必须搞树桩建筑。

此外，在山上，我们也必须搞树桩建筑。医院位于山冈边缘，如果夜间刮起了龙卷风，溪水也会从山上下来。医院建在地面上，它就很危险。但如果它是树桩建筑，那么山水就会在树桩之间流过。

于是我成了一个史前—现代人，我把医院建造成了一座由波纹铁皮棚屋组成的树桩建筑村……

如果一切顺利的话，我们一天能够打下 20—30 根树桩。不过，为防止在打桩时出事故，我必须全神贯注。树桩一般长 2—3 米，直径约 30 厘米，很重，要有 6—8 个男人才能够把它抬到堤上。

把树桩放倒的时刻最为危险。在搬运这种沉重的树桩时，当地人互不信任。他们知道，每个人都有可能不遵守约定，突然放下树桩，跑到一边。因此，当觉得别人的动作可疑时，为了早点脱离危险，每个人都会扔掉树桩，逃到旁边去，而压下来的树桩会把人的脚砸得粉碎。为了教育工人不要突然逃向一边，而是听从我的命令，首先把树桩的一头放在地上，然后让别人慢慢地跟着放手，我费了多大的劲啊！ 在危险时刻，每个可疑的动作都要受到扣除一张礼物券的惩罚。 我本人则坚持到最后，直到整根树桩被放倒在地……

2月底(1926年)，由于要服兵役，内斯曼医生必须回国。 2月22日，接替他的医生特伦茨来了，他同样也是一个阿尔萨斯牧师的儿子。 当特伦茨刚抵达兰巴雷内时，内斯曼先生就带着他去工地。 特伦茨必须学会这件事，因为砍伐树桩的任务落在了他的肩上……

新的医院就像一个真正的村庄，它要为200个病人及其陪同提供住房。 在位于下水河边的最开阔地带，我们建造了3排平行的房子。 在它们的前面，更容易被河风吹到的地方，有一些大棚屋，是医生的工作用房。

所有的房子基本上都按东西朝向建成。 这样太阳光就会始终只掠过其山墙，而不会直射其侧面。 我们位于赤道非洲，太阳光很少偏离南北方向。 东西朝向的、有屋檐的房子的墙壁，也许只有在圣诞节和施洗约翰节期间才会被太阳光照射到。 因此，这种朝向的房子明显比南北朝向的房子凉快。 南北朝向的房子，早晨和傍晚的太阳光都会照到它的墙上。 不同于其他地方，在热带地区造房子，人们必须特别注意这一建筑规则。

我有意识地建造狭长的、东西朝向的房子，使太阳光照射它的时间最短。 与宽大的房子相比，建有突出屋檐的狭长房子，更有利于人们解决对于热带建筑非常重要的阳光和通风问题……

在治疗一直高发的痢疾病人的过程中，特伦茨医生有了一个重要的发现。 众所周知，有两种痢疾，即由单细胞生物阿米巴和由痢疾细菌扩散导致的痢疾。 但是，在由其用最简陋的设备建立起来的细菌实验室里，特伦茨医生在病人的粪便中并没有发现阿米巴。 同时，他也没有发现通常的痢疾细菌，而是确定了一种十分类似霍乱病毒的变种。只有通过不同的凝结，这种变种才能够与霍乱病毒区别开来。根据这一发现，原先那些被当作细菌痢疾的病例，在大多数情况下，实际上是一种由类似霍乱病毒引起的严重的疑似霍乱。

研究表明，这种病毒出自奥戈维河水，因此被称为加蓬病毒。特伦茨医生想对这一病毒进行较长时期的研究。在赤道非洲，经常在修建公路和铁路的工人中爆发的非阿米巴痢疾，大多数也许不是细菌痢疾，而是这种疑似霍乱。从此之后，对于病因不明的痢疾，我总是结合治疗霍乱的方法和药物，并取得了良好的效果。特伦茨医生的研究说明了，为什么这种方法如此有效，它涉及一种类似霍乱的疾病。

通过在实验室里培养这种病毒变种，特伦茨医生能够生产出一种疫苗。有了这种疫苗，我们在两三天内就能治疗好这类病人……

每当欧洲人回国休假时，他们总是把狗留在我们这里，这逐渐形成了一种习惯。他们不敢把狗托付给黑人，因为黑人会疏于照料和虐待动物。

但是，即使在最野蛮的当地人中间，也能够唤起他们对可怜的动物的同情感，我在打桩时就有这种经历。通常，在把一根树桩放到洞里去之前，我总是要观察一下，里面是否有蚂蚁、蟾蜍或其他动物。如果有，我就用手把它们取出来，使它们不致被树桩压碎，或者被埋在泥土和石块下面。我向与我一起打桩的工人解释，我为什么要这么做。一些人对此觉得好笑，另一些人则根本无动于衷。一天，有一个曾与我一起打过树桩的黑人被派到罗素太太那里去砍伐灌木。[1]当时，有一只蟾蜍跳了出来，他的一个同伴正要用刀把它杀死。出人意料的是，这个看上去挺粗野的黑人拖住了同伴，并对他

[1] 自 1927 年起，加拿大的莉莲·罗素来到兰巴雷内帮助工作几个月，以后也来过多次。她主要监督和领导工人开垦土地和种植。施韦泽说："从此，我有这样的经验，总的说来，黑人更容易承认白人妇女的权威，而不是我们男人的权威。"

和其他注意到这一场面的人发挥了一通理论：动物也是由亲爱的上帝创造的，上帝将惩罚那些随心所欲地折磨和杀死动物的人。可以说，这个黑人是受我在打桩时的言行影响的一个最新例证……

我们必须始终储藏两吨大米。由于有了来自欧洲的足够的大米，饥荒缓解了。但是，当时如果我们仅仅依赖当地的收成的话，那么还是摆脱不了灾祸的阴影。香蕉和木薯几乎没有，我们能够获得的，只能够维持那些绝对不吃大米的病人的伙食。在新种植的香蕉成熟之后的来年，这块土地才能够供养其居民。

由于对油棕榈树的同情，我们又给自己增添了负担。在要建造我们自己的住宅的地方，生长着油棕榈树，最简单的办法就是铲除它们。单棵的油棕榈树没有价值，这样的树在此很多。但是，我们不忍心把它们交给斧子了事。现在，在它们从攀援植物中解放出来的地方，这些油棕榈树开始了新生。为此，我们必须牺牲自己的休息时间，把它用于小心地移植那些能够搬动的油棕榈树，这可是一项艰巨的任务。15年的大油棕榈树，也被我们移植了。

我的黑人理解对动物的怜惜。但是，当我要求他们移植沉重的棕榈树，使它们继续活着，而不是把它们砍掉时，这对他们就显得像是一种糟糕的哲学了……

新年开始(1927年)，随着新医院许多房子的竣工，病人可以被安顿在那里了。虽然许多房子还缺少内部设置，但在短暂的旱季，搬迁是合适的。此外，诊所的老房子也必须被腾空，这样我们可以把其中的材料用于新医院。在丛林中，任何旧床和旧木料都很有用。1月21日，搬迁开始了……临近傍晚时，我运送了最后一批病人，其中包括精神病人，这些精神病人很安定。有人告诉他们，他们将住在新医院有地板的小间中。因此，他们觉得自己将迁往宫殿中，而不是像现在那样的潮湿的泥地房内。

我从未忘记过新医院的第一个晚上。“这是好房子！博士，这是好房子！”从蚊帐里，在火把边，每个人都对我这么说。自从到非洲行医以来，我今天第一次能够以符合人的尊严的条件安顿我的病人。过去几年来，他们必须挤在发霉、昏暗的屋子里，这真使我难受！我深深感激地仰望着使我体验到如此快乐的上帝，我也激动地想到在欧洲的医院之友。正是有了他们的帮助，我才敢于建造新医院，并用波纹铁皮棚屋取代竹木茅屋……

当有两个医生主持医院的工作时，我可以准备回家探亲了。这次，我离开欧洲已有3年半时间。现在一切都在正常运行，我可以把一部分时间留给医院的资助者了。

有一个名叫恩沙姆比的解除了看管的精神病人，听说我要回欧洲去，就含着眼泪到我这里来。他对我说：“博士，你是否发布过命令，当你在欧洲时，没有人可以让我离开医院？”“是的，恩沙姆比，没有人可以强迫你离开这里。否则我会对他不客气的。”恩沙姆比激动地握着我的手，眼泪从脸颊上流了下来。

几个月之前，恩沙姆比被人送到我们这里。在精神错乱时，他杀死了一个女人。在小房间被看管期间，恩沙姆比逐步安定了下来。现在，他已经被解除了看管，可以做些事情。例如，他可以磨快斧子，跟着罗素太太到丛林砍伐树木。当然，在人们察觉他将失控时，就会被再送回小房间里接受观察。恩沙姆比一直担心，他必须离开得到如此善待的医院。他知道，什么样的命运在村子里等待着他。对于能够让恩沙姆比及类似的病人长期在我这里避难，我非常高兴……

我问自己，我凭什么可以办成这件事情并有所成就。使我始终感到难受的是，现在我必须离开工作和已经成为我的家乡的非洲，离开黑人几个月，这对我是不可想象的。尽管他们使人劳累，但人们还是多么地爱他们啊！如果人们不拘泥于自然之子的一些愚蠢行为，而是寻找其中人性的东西，人们将在他们那里发现多少美好的东西啊！如果我们有理解他们的爱心和耐心，那么他们将向我们展现些什么啊！……

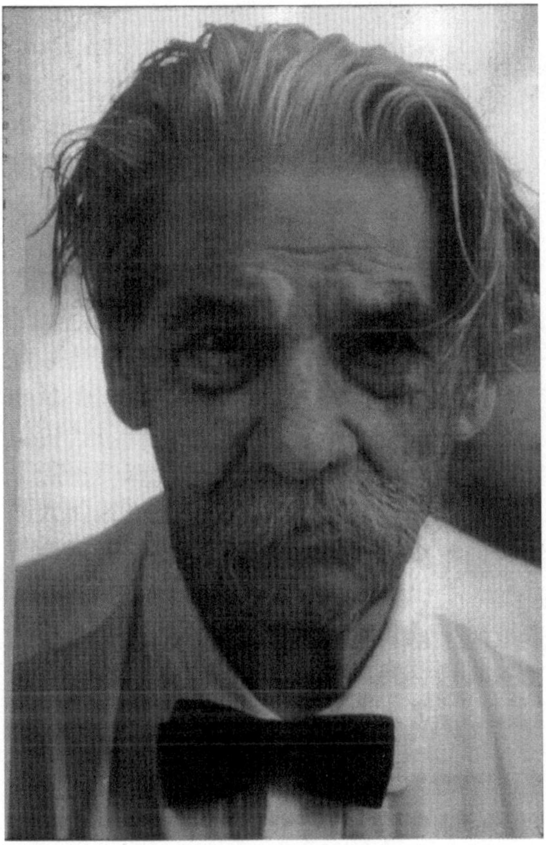

1963 年

第七篇

扩建和加固

(1927—1939)

歌德和保罗

对于施韦泽与拿撒勒人耶稣、约翰·塞巴斯蒂安·巴赫的持续的精神关系，我们早就熟悉了。但是，还有两个陪伴者：歌德和保罗。如果没有他们的持续在场，施韦泽也不可能想象自己的生活。对于歌德的自白出于一次意外的机遇。1928 年，热带医生施韦泽获得了法兰克福市的歌德奖。在他先前的许多著述中，施韦泽从未涉及过这一主题。在施韦泽的四次《关于歌德的讲话》中，其中的第一次讲话是最个人化的。

……尊敬的委员先生，您对今天的天文事件负责：我这个可怜的小月亮要在歌德的大太阳面前走过。为此，您对世界承担了责任。

但是，为了当面减轻您的一点负担，我可以对您说，我这颗可怜的小行星本身已经被歌德这个太阳吸引住了。请您允许我，在这一时刻，向您简单地讲讲我走向歌德的道路，以及我与歌德一起体验到了些什么。在此，我想说明这样一种看法，这也是您赞赏的，并且在任何时候都承认的看法：您与歌德一起体验到了什么，您就与歌德具有什么样的内在关系。

我最初必须表明对歌德的看法，发生在哲学领域内。在斯特拉斯堡的大学时代，当尊敬的老师威廉·文德尔班和特奥巴尔德·齐格勒引导我学习近代哲学时，我对伟大的思辨哲学体系充满了激情。但使我难以理解的是，了解康德、费希特和黑格尔的鸿篇巨制的歌德，却对他们采取相当保留的态度。歌德留在自然哲学的阵营内，即坚持通过斯多葛主义和斯宾诺莎而为他熟悉、信赖并试图推进的自然哲学，歌德让这些思辨哲学体系匆匆过去了，让强有力的思辨哲学体系成为匆匆过客。歌德这种似乎不引人注目的立场，使我惊讶，也促使我思考。可以说，这种触动对我既是首次的，也是持续性的，它激发我探讨近代哲学并形成自己的信念。由此，我逐渐意识到有两种哲学，它们同时并存。

一切哲学的目的是，使我们作为思想者把握：我们如何与宇宙处于一种理解的内在关系中，如何处于一种应该行动的促动之中。这种促动是为我们而产生于我们与宇宙的内在关系的。

通过强制自然和世界，使世界屈服于人的思想，第一种哲学要人这样与宇宙打交道。

另一种不引人注目的自然哲学，让世界和自然按其本来面目存在，要求人顺应它们，作为精神胜利者坚守其中并作用于它们。第一种哲学是创造性的，第二种哲学是基本的。第一种哲学就像思想的火山喷发，例如德国哲学的伟大思辨体系，始终令我们惊叹，但它很快消失。第二种质朴的、简单的自然哲学则持续存在，基本的哲学思维日益赢得重视。在斯多葛主义中，它就想实现自己，但这种基本的哲学思维后来在其中失败了，因为它不能够肯定世界和生命。因此，对于我们来说，自然哲学的传统是不完善的。在斯宾诺莎和18世纪的理性主义那里，自然哲学试图再次经过彻底思考，进而肯定世界和生命。当它的企图还是不能实现时，强力就占据了它的位置。伟大的思辨哲学提出了强制性的体系，然而，在那个一切都被屈服于思想的世界所迷惑的时代，有一个人没有被迷惑，并坚持基本的、质朴的自然哲学。他认识到，虽然在他生活的18世纪，自然哲学还做不到肯定性地彻底思考，但他知道，自然哲学必须实现这一目标，并且要以符合其精神本质的质朴方式去实现这一目标。

当我本人形成这一信念，回归到这种自然哲学时，我认识到：以整个世界上所有思想者都必然具有的这种思维，以及所有思想者能够在其中发现的与无限和建构冲动之间的和平，即以一种简单的方式，彻底地思考自然哲学，使其肯定世界和生命，这就是我们的使命。而在这方面，对我来说，歌德就是这样的一个人。他坚守失陷的阵地。在他坚守的地方，我们不断上阵，投身战斗。

在大学时代，我与歌德还有另一次接触。快要毕业的时候，我曾很偶然地再次阅读了他的《1777年的冬季哈尔茨山之旅》，它深深地打动了我。我们视之为超出常人的威严崇高的歌德，为了访问一个牧师的儿子，以帮助他摆脱精神危机，在11月份的雨和雾中上山了。通过这一事件，威严崇高的歌德成了一个深刻的、质朴的人，照亮了我的内心。我学习歌德的爱心。在后来的生活中，每当觉得必须为迫切需要帮助的人承担起人道的服务时，我总是对自己说，这就是你的哈尔茨山之旅。

我在与歌德的接触中还发现，如果不同时从事实际活动，他就不能够想象其精神活动。在他那里，实际的和精神的活动不是通过相同的使命和方式结合在一起，而是分离的，只是由于他的人格而成为一个整体。这时，我对歌德又有了新的体验。这位伟人认为，在精神活动中，不存在他所认为的损害其尊严的劳作。同样，也没有这样的实际活动，他对此可以说，按其天赋和使命，其他人也许能够比他做得更好。相反，歌德追求在实际行动和精神创造的并存中实现其人格的统一。这一点也激励着我。

我的第一个工作岗位是牧师职业，我是出于内在的需要才选择这一职位的。但是，由于这一职位的繁忙和多方面的责任，我后来叹息它使我没有时间从事精神创作。这时，我就用歌德来安慰自己。虽然歌德有从事精神创作的宏伟计划，但还是为了整顿小公国的财政而核算账目，为了合理地建设道路和桥梁而审定规划，为了使荒废了的矿山重新开工，他进行了多年的努力。歌德的这种实际活动和精神活动的并存，对于我自己的生活是一种慰藉。在我走上这样的生活道路时，为了直接为人类服务，必须从事根本不同于我已经尝试过的才干的活动，必须远离我已经做好了准备的活动，我在慰藉者歌德那里又发现了帮助我的话语。当别人和最理解我的人阻止我、反对我学习陌生的医学，并对我说这是冒险时，我可以想到：这对于伟大的歌德也许不完全是什么冒险。例如，在威廉·迈斯特没有做好准备的情况下，歌德最终让他成为了一个外科医生。这样，迈斯特就能够为人们服务。歌德在探寻人的最终使命时，让他本人创作的艺术形象——浮士德和威廉·迈斯特——最终都归结于十分平凡的活动，正是通过这些活动，他们才能够在歌德所理解的最完整的意义上成为人。我深深地感到，这一探寻对于我们所有人具有多么大的意义啊！

为了掌握从事新活动的技能，当开始学医时，我又与歌德相遇了。行医生涯迫使我与自然科学打交道，即使只是作为一个学习者，而不是像歌德那样的研究者。在我完全进入实际工作之前，与我在精神活动中所做的一切相比，自然科学是多么地遥远！这时我意识到，在从事了精神活动之后，歌德也重新回到了自然科学。触动我的是，在他应该把许多心爱的事情最终完成的时代，歌德却投身于自然科学。现在，作为一个至今只从事精神活动的人，我必须与自然科学打交道。在这一过程中，我体验到了一种深化。我明白了，为什么歌德献身于自然科学，并且矢志不移。因为对于从事精神活动的人来说，献身自然科学是一种巨大的收获，并且也意味着一种澄清：至今为止形成事实的人，如果他应该面对是某物的事实，那么，这不是因为人们已经思考了它们，而是因为它们存在着。在特定的时刻，思想不再可以只与被思想的东西打交道，而是必须由事实来贯穿，任何思想都由此而被推进。在我体验到这种必须贯穿现实性的地方，我可以注意到这位已经为我们大家作出示范的人。

当结束了艰难的学医时期，到非洲行医之后，我再次与歌德相遇，我与他在丛林中展开了对话。我一直在想，我是作为医生来到海外的。因此，在有建筑等体力劳动的最初几年，我总是把这些工作尽量推给别人，即在我看来合适的或应该去做的人。但是，我很快就发现，这根本行不通。这些人要么不知跑到哪里去了，要么什么也不做，使工作毫无进展。因此，我就只得自己去做与医生根本无关的事情。后来，终于发生了最糟糕的事情。1925 年底，由于饥荒威胁着医院的生存，我自己必须种植粮食，为了不致在来年的饥荒中饿死，我必须带领人们砍伐丛林。由病人的陪同自愿凑合起来的劳动力，除了我这个被当地人称为“老医生”的权威之外，不服从任何人，为了把丛林开垦成为能够带来收成的土地，我只得几个礼拜，甚至几个月之久地在丛林中，与这些难以管理的人打交道。当我完全绝望时，我就想起来，歌德为浮士德设想的结局是：浮士德从大海中获得土地，人们在这片土地上安居乐业。这样，在潮湿、烦闷的丛林中，歌德作为一个微笑的慰藉者、伟大的理解者站在我的身旁。

如果还应该谈一下我与歌德的关系，那么可以说，在为正义担忧时，我觉得他一直陪伴着我。19—20 世纪转折之际，权力理论风行一时。凡是能够做到的，都应该去做，不需要考虑正义和遭遇新事物的人的命运。对于这种俘虏了所有人的理论，我本人不知道应该如何对待。因此，当我发现歌德一直渴望不以正义为代价去做能够做的事时，我有了一种新的体验。我总是怀着激动的心情阅读《浮士德》的最后诗篇。无论是在欧洲，还是在非洲，复活节期间，我反复阅读歌德描述浮士德最后经历的篇章。如浮士德本人所说，出于对正义的厌倦，他最后应该用轻度的、善意的强行清除妨碍其财产的茅屋，但在实施过程中，这种善意的强行却变成了可怕的暴行。由于这种暴行，人的生命和茅屋都被付之一炬。为此，在《浮士德》的终篇中，歌德创作了一段阻止这种行为的插曲。这段插曲让我们深刻地认识到，歌德是怎样为正义而担忧，并渴望在无伤害的情况下做该做的事情的。

作为最终的持续的相遇，我体验到，歌德以最有活力的方式参与和体验了他生活其中的整个时代，包括这个时代的思想和进程，时代的波涛在他心中不停地翻腾。在这方面，不仅青年歌德、成年歌德，而且晚年的歌德都是感人至深的。当邮政马车慢慢地驶过乡间道路时，我们也许认为，工业时代的出现还很不确定。但是，对于歌德来说，工业时代已经来临了，歌德研究了机器取代劳动力而产生的问题。在《威廉·迈斯特的漫游时代》中，如果歌德不再是把握素材的大师，那么这并非由于他失去了原先具有的创作力，而是由于素材本身已经变得难以测度和把握了。因为歌德把他的整个经历和对未来的整个担忧都放到素材中去了；因为歌德在探讨，如何与其当时的人们一起，成为一个理解和胜任新时代的人。这就是高龄的歌德最为感人的地方。

这就是我与歌德的相遇。在这一过程中，我日益接近了歌德，他不是一个鼓动家。在其作品中，歌德并没有宣讲狂热的理论，他提供给我们的一切，是在思想和进程中的经历。歌德把这种经历塑造成高度的现实性，只有在这种经历和体验中，我们才能够接近歌德。对于我们来说，通过相应的体验，歌德从一个陌生人成为一个可以信赖的人，成为一个在景仰的友谊关系中，我们对之可以信赖的人。

我自己的命运则促使我，以一种影响我自己生存的活力，体验时代的命运和对人类的担忧。虽然我们认为当代人应该是自由人，但许多人却受到其职业劳动的束缚。在这样一个时代，我还可以作为一个自由人体验它，并且像歌德那样，由于幸运的条件，可以作为一个自由人为人类服务。这对我真是一种恩赐，一种缓解我的艰难生活的恩赐。我觉得，我可以劳动和创作的一切，仅仅是对这种幸运的感谢。

在为时代担忧和劳动方面，歌德已经成为我们的典范。与歌德本人深邃的目光能够预见的相比，时代关系本身则要混乱得多。因此，比这种时代关系更强大的是我们的力量，即在其中生成的理解和胜任时代的人的力量。

遵循歌德的精神，我们有三重责任。我们应该与境遇作斗争，使人在其中虽然束缚于工作并精疲力竭，但仍然保持精神的可能性；我们应该与人作斗争，使他们虽然受制于当代的外在事物，但仍然寻找和坚持内在化的道路；我们应该与自己和所有其他人作斗争，使我们在这个混乱和丧失人道理想的时代，仍然忠实于 18 世纪的伟大人道理想，在当代努力传播和实现这种理想。

今天，我们在歌德的诞生地纪念他，我们以此表明，无论在生活还是在工作中，每个人都应该遵循歌德这位伟大的法兰克福之子的精神。我觉得，随着时代的发展，这位法兰克福之子并没有离我们远去，而是与我们更近了。我们越前进就越认识到，就像我们应该成为的那样，歌德是一个深刻地和广泛地体验了他的时代、为其担忧、并影响了它的人，是一个想要理解时代和胜任时代的人。

歌德以其杰出的才能这样做了，这种才能是由命运赐予他的，我们也应该这样去做。虽然与歌德相比，我们受命运的所赐很小，但我们要充分发挥自己的微薄才能。但愿如此！

在欧洲的两年期间，我把大部分时间都用于在各地演奏管风琴和进行讲演。1927 年的秋季和冬季，我在瑞典和丹麦度过。1928 年的春季和初夏，我去了荷兰和英国，秋季和冬季则在瑞士、德国和捷克斯洛伐克。1929 年，我在德国多次演奏管风琴。当不外出旅行时，我就与妻子和女儿一起生活，有时住在黑森林的高山疗养地柯尼希费尔德，有时住在斯特拉斯堡。在兰巴雷内工作的医护人员，有的由于受不了当地的气候，有的由于家里有事，必须提前回家。因此，我必须尽快找到他们的接替者，这使我难以安定下来，并且也十分劳累。令人欣慰的是，我争取到了明德勒博士、黑迪格尔博士、施塔尔德博士和施纳贝尔女博士，这 4 位医生都是瑞士人。在空余的时间里，我努力撰写《使徒保罗的神秘主义》，我不想把这部手稿第三次带往非洲，我很快就全身心地投入了写作。慢慢地，这本书一章接着一章地完成了……

11 月 29 日(1929 年)深夜，我们 4 个人，我的妻子、女博士安娜·施密茨医生、进修过细菌学的玛丽·塞克雷坦护士和我，从斯特拉斯堡火车站出发了。幸运的是，火车上很空，我们大家都可以躺下睡觉。在波尔多，我们静静地度过了基督降临节。礼拜一，我们进行了最后的采购。接着，我和玛丽小姐前往货运公司的仓库，去查看先前运来的 120 个箱子，结果没有问题，人们很快就把它们装船了。

12 月 3 日，礼拜二傍晚，我们上了船……只有在水位高时，重载的船只才能航行。因此，在退潮之前，我们必须抵达吉伦特的一个指定位置。但是，突然一切都停了下来，船也不再晃动，轮机熄火了。轮船鸣笛呼救，要求拖轮前来帮助。拖轮把我们带回了码头，人们连夜修理轮船。像我一样，许多乘客利用这意外获得的时间赶紧写信，以便从波尔多发出。

修理人员答应船长，等到轮船从刚果回来后，再对船只进行大修，并且换上新的轮机，现在没有时间了。因此，我们所乘的轮船就只能这样继续航行。

下个礼拜一，我们终于出发了。但是，我们刚刚离开吉伦特，气氛又紧张了起来。整整4天之久，轮船抛锚在比斯开湾，我们受尽了那里风浪的折磨。幸亏轮机的状况良好，在基督降临节期间的第二个礼拜天的夜里，星星在天空向我们闪烁。无线电报传来了不幸的消息，一只意大利汽船在比斯开湾中沉没了。现在，阳光一天比一天强烈，当我们很近地驶过拉斯帕尔马斯时，太阳光令人惊异地掠过了那里。

在我们所乘的轮船上次前往非洲时，它应该把年轻的瑞士医生埃里希·德尔肯，这位来自图恩的布道者之子送到非洲。但是，德尔肯没有能够抵达目的地。在大巴萨姆，一天早晨，人们发现他在晚上洗浴时，倒在了浴室里。德尔肯也许死于突发的心脏病，他被安葬在大巴萨姆。在船上，人们还一直谈到他。与他打过交道的人，喜爱他的自然和友好的性格。每天一想起这艘轮船带给我的这一损失，我就痛心。在大巴萨姆，由于我们的轮船远离海岸抛锚，而且时间也很短，因此我不能够到他的墓地上去凭吊。

德尔肯先生原本应该成为我在兰巴雷内的继任者。多年来，他已经决定终生献身于我的医院，而不只是一个时期。在失去这位高尚的人的深深悲痛之中，他的受到严重打击的双亲，由于基督教奇迹般地顺从命运，而承受住了兰巴雷内给他们带来的痛苦，这对我们周围的人以及我本人是一种慰藉。但是，我本人还是始终难以接受，在还没有于奥戈维河畔从事慈善服务的情况下，这个首位为兰巴雷内死去的人必须献出他的生命。

> 在轮船航行途中，《使徒保罗的神秘主义》最后一章完成了，下面的摘要就出于此。这部著作确立了施韦泽作为神学家的专业声望，鉴于他离开高校已经17年了，这种声望就更值得重视。

保罗已经为所有时代确保了思想在基督教中的权利。超越传统的信仰，他提出了出自基督精神的认识。在保罗的心中，活跃着一种对真理的无限制和不间断的敬畏。保罗仅仅肯定出于爱的命令的不自由，而否定了理论权威所要求的不自由。

在此，他并不是革命者。保罗从教区的信仰出发，但不承认必须停滞在这种信仰之中，而是认为有权利对基督教进行彻底的思想。并且不需要考虑，他由此达到的认识，教区信仰是否也能够理解和承认。

在基督教中，思想的这种首次出场为所有时代提供了下列保障：信仰对思想根本没有什么可以担忧的，即使思想会干扰和平并引起争论，而这种争论似乎也不允诺会有虔诚的收获。让我们回想一下，原始教区的信仰是如何反对保罗的思想的！思想是通过皈依基督教的使徒而上升为认识的对耶稣基督的信仰。对于最初几代基督徒面对的末世论期待落空的问题，这种信仰提供了解答。由此，对原始教区的领袖们显得如此危险的思想，在其拒绝之后，使耶稣福音通过犹太教而进入了希腊世界，并得到了希腊世界的理解……

从而，由于后来成为谐和音的信仰和思想之间的强不谐和音，基督教的交响曲在不断地发展，这对于所有时代都具有重大的意义。对于世世代代的基督徒来说，只有在他们当中不断地出现这样的思想家，他们根据耶稣的精神，在当时世界观的思想中认识对耶稣的信仰，基督教才能成为富有活力的真理。基督教只要成为一种要求个人简单加以接受的传统信仰，它就会失去与时代精神生活的联系，并不再能够贡献新世界观的代表人物。只要传统和思想之间的交锋一停止，基督教的真理和真诚就会陷于困境……

那么，保罗理论的特殊性质的最终根据在哪里呢？

保罗理论是用末世论的观念作为思想材料的，但这只是它的外在特征，并不构成其内在本质。保罗理论的内在本质在于：他通过信仰天国的基督教思考拯救的思想。在保罗的神秘主义中，耶稣之死本身的意义并非对于信徒，而是作为一种天国由此实现的事件，后者才是耶稣之死的本来意义。他认为，信徒获救的途径是这样的：在与基督的同在中，通过与他一起的充满神秘的死亡和复活，信徒在尘世中进入了超越尘世的状态。而在这种状态中，信徒就将进入天国。通过基督教，我们被救离这个尘世，并将被置于天国的存在方式之中，尽管这个天国并没有降临。这种关于拯救观念的基本思想，就是保罗用末世论世界观的观念材料思考的基本思想。

在保罗那里，由于尘世向天国的转变开始于耶稣之死；因此，原始的、期待未来实现拯救的信仰，转变为一种对现在的、即使在未来才能完全、最终实现拯救的信仰。现在信仰产生于未来信仰。对天国的信仰不依赖于：天国是否立即到来或者迟迟不见。正是以这种方式，保罗把对天国和在其中实现拯救的期待与耶稣的显现和死亡联系了起来。保罗没有放弃末世论，但超越了它。

通过信仰由耶稣带来天国的基督教，末世论思考拯救的观念。保罗理论认为，这是原始基督教的思想。因为在耶稣福音和原始教区的信仰中，拯救就是天国和弥赛亚的到来。而保罗的行动则在于，以摆脱时代的束缚，并形成能够适用于所有时代的观点的方式，彻底地思考这种对通过基督教拯救的福音——原始基督教信仰，以及在对耶稣作为未来的弥赛亚的信仰中的天国来临的问题……

在保罗的神秘主义拯救理论中，原始基督教信仰解决了向它提出的这一任务：把对被期待的天国及在其中实现拯救的信仰与对作为到来的弥赛亚而死亡的耶稣的信仰逻辑地结合起来。为使信徒认识到：在与基督的同在中，他已经进入了天国的存在方式。因此，他已经是一个获救者了，即使天国并没有降临，但他已经由此从尘世的法律中解放了出来。在保罗看来，这是必要的。同时，以这种方式与天国期待相关的，对通过耶稣之死而获救的信仰，也能够帮助信徒不理会基督显现和天国来临延迟的事实……

我们面前没有不同于保罗选择的道路，我们也只能在基督神秘主义中体验对天国的信仰，体验对通过有活力的基督教而获救的信仰。保罗在末世论的世界观中，以如此深刻和富有活力的方式，即以根据其精神它适用于所有时代的方式，思考了基督教神秘主义。就像巴赫的赋格曲一样，就其形式而言，它属于18世纪。但是，就其本质而言，巴赫的赋格曲是超越时代的音乐真理。从而，所有时代的基督教神秘主义都存在于作为其原型的保罗的神秘主义之中……

在保罗那里，耶稣对天国的准备存在伦理成为进入天国的存在方式的获救存在伦理；通过由于基督教而成为现实的拯救的思想，天国期待的伦理转变成证实天国的伦理。保罗的伦理不再依赖末世论期待，并确信由于基督，天国已经开始来临。以逻辑上惟一可能的方式，保罗修正了耶稣关于由其带来天国的伦理。这样，保罗的伦理就保持了登山宝训的全部直接性和动能。在保罗关于爱比信仰和希望更大的赞美诗中，在他为日常生活所颁布的命令中，耶稣关于爱的伟大命令放射出灿烂的光芒。

在保罗与基督同在的神秘主义富有活力的心中，存在着对天国的不死渴望和我们不会看到其结束的慰藉。

三种东西构成了保罗的思想力量：他拥有吸引我们的深度和实在性；原始基督教的信仰之火从他那里燃烧到我们的信仰之中；保罗说出了对天国之主基督的体验，并唤起我们的同一体验。

保罗引导我们走上实在的拯救之路，他把基督给予我们……

12月23日（1929年）的深夜，我们抵达了洛佩斯角。透过黑夜，人们可以看到远处房子里的灯光。由于担忧如何处理这126个箱子，虽然漫长的海上航行结束了，我却感觉不到真正的快乐。在汽船出发前的短短几个小时，我该如何为这些箱子办理海关手续，并把它们搬到汽船上去呢？我不断地试图说服自己，先让妻子和两个新人前往兰巴雷内，而我本人则留在这里办理相关手续，直至14天以后乘下一班汽船出发。出乎我的意料的是，这时玛蒂尔德小姐来到了甲板上，她打消了我的这一担忧。原来，她从我最后发出的信件中得知，这次托运了许多箱子。因此，为了帮助我，她乘汽艇来到了海边。她还和生病期间曾受她照料过的汽船船长商定，尽可能地推迟开船的时间。而且，她也说动了船运公司的代表，给我们提供一只专用的驳船。这样，在办理好海关手续后，它就立即能够把箱子送到汽船上。下午 4 点，一切都顺利地完成了。能够在短短的几个小时中办理好海关手续，我认为这归功于马丁太太和埃玛小姐。她们为所有这些箱子列出了详细的清单：每个箱子，包括小包装物件的种类、重量和价值都被标明；所有被要求的票据都贴在了上面。一个海关官员对我说："如果所有乘客的箱子都是这样的话，我们的工作就轻松多了。"……

夜里 10 点，在漆黑的海面上，汽船驶向远方固定在一棵树上的灯塔，它指示着进入奥戈维河的航道。我们突然发觉，现在是圣诞夜。在海上航行时，人们根本没有想到这件事。3 架留声机嘈杂地放着唱片，上层甲板上，有几个白人乘客在打牌；下层船舱里，一些黑人在闲聊。透过黑暗，能够看到天空中有星星在闪烁。我们已经到了丛林之中，妻子和我激动地看着长在水里的红树。1913 年的春季，我们就是在穿过了这些红树之后，来到了兰巴雷内的。这是一个在船上度过的美好的、宁静的圣诞夜。船上的乘客们也意识到，今天是节日。因此，下午自然而然地有一场关于宗教问题的讨论……

当汽船从大河驶入坐落着医院的小湾时，妻子和我的心情实在难以描述！在河滩上，医院里的人们举着火把迎接我们。在别人忙着卸下箱子时，妻子和我围绕着她还没有看到过的医院走了一圈……

除夕夜，我们赠送了圣诞节礼物。由于礼物在我的箱子里，因此这一活动只得推迟。医院里的护理人员和助手、厨师和帮工、侍者和所有长期或短期帮助洗涤和缝补的女人，以及准备棕榈油的人员，等等，总共 35 个人，都得到了礼物。啊，打开箱子，会出现什么宝物呢！ 对于送来上好的被子、床单、罐头、果干、好吃的干菜、奶酪和其他好东西的朋友，我们是多么地感激啊！

信赖精神和思想

我慢慢地又成了热带医生，同时管理着我的医院。 看到亲爱的同事劳特布格医生仍然在这里工作，我是多么地高兴啊！ 本来，他应该回到欧洲去了。 但是，考虑到卡尔·黑迪格尔医生和汉斯·施塔尔德医生在秋季必须回家，所有工作都将落在伊尔莎·施纳贝尔女医生一个人身上，因此他就坚持到我的到来。 对此，我无法充分表达对他及其妻子的感谢。

当时，在兰巴雷内工作的女士有：玛蒂尔德·科特曼小姐、格特鲁德·科赫小姐、C.E.B.罗素小姐……玛德琳·绍特尔小姐、奥尔加·维贝尔小姐和艾米·范·斯泰恩小姐，她来自荷兰。 玛蒂尔德小姐负责采购、财务和为医院保障食品。 格特鲁德小姐负责家务，由于她还一直要负责大约8个白人病人的食宿，因此她的工作并不轻松。 罗素小姐组织轻病人和病人陪同清除杂草和灌木，它们在医院里及其周围不断地冒出来。 此外，她还负责种植，以及为了扩大种植而砍伐丛林。 玛德琳小姐、艾米小姐和奥尔加小姐在医院里工作。 遗憾的是，在兰巴雷内工作了一年之后，由于健康原因，玛德琳小姐这个月必须回欧洲。 在这些日子里，她为我们做出了特殊的贡献。

与我上次在这里的情况相比[1]，医院的条件好多了。 医院现在接收了大约250个病人。 不久之前，当严重的痢疾再次爆发时，几个月之久，这里一直有300多个病人……医院的组织管理也比我在的时候大为改善。 黑迪格尔医生、施塔尔德医生和施纳贝尔女医生懂

[1] 意指：直至上次1927年7月离开兰巴雷内。

得如何使黑人遵守规章制度，在这方面，他们比我更能干。在某些方面，他们取得的成效甚至使我惊讶，我也为他们的一些新的实践措施感到高兴。我了解非洲的情况，因此，对于他们能够在医院超负荷运转的情况下做成这些事情，我必须对他们表示最崇高的敬意。

在这两年中，医院的用房也有了改善。一幢供我们使用的，包括4个房间的住房完工了，这主要是艾玛·豪斯克内希特小姐的功劳。她延迟了1928年的休假，直至在她的领导下，黑人木匠莫能查利把房子装修好。汉斯·穆根施图尔姆先生也参与了住房框架的建造。水泵对我来说是一件新鲜事物，它被用于由我开挖的水泉上。每当我到那里去时，都能看到黑人用水泵把清水打到他们的水桶里……

然而，我深为忧虑的是，我们如何为这么多的黑人病人提供食物。几个月以来，香蕉和木薯日益短缺。由于木材贸易的影响，当地人耽误了果实的种植。我，以及我的男女同事们，又陷入了这种典型的非洲忧虑。这一忧虑经常压得我们透不过气来，但我们还是耐心地承受了它。因为在非洲我们可以做这么多的好事，因为欧洲的朋友们已经分担了我们这一最为严重的忧虑。否则，它将压垮我们这个充满爱心的医院……

55岁至56岁的施韦泽在第三次居留非洲期间，回顾了自己的生平，撰写了一本被广泛阅读的著作。对于这部涉及他从1893年至现在，即1931年的经历的著作，我们的摘要集中于1931年。因为施韦泽最重要的自述就结束于这一年。3月7日，施韦泽写好了这本书的结束语。此外，以下的摘要也是他先前的自述没有涉及的新的思想内容。他在对1931年所处时代境况的否定性考察中，已经表达出世界经济危机的气氛及其社会混乱。

两种体验给我的生存带来了阴影。一种体验是认识到，世界不可解释地充满了神秘和痛苦；另一种体验则是，我生活在一个人类精神衰落的时代之中。但是，通过引导我敬畏生命的伦理地肯定世界和生命的思想，我告别了这两种体验，我的生活有了支柱和方向。这样，我作为一个要通过思想使人内在化和更好的人，生存和活动于世界之中。

由于时代精神十分轻视思想，从而我与它完全对立。如果时代精神只是认为，思想至今尚未实现它必须为自己确立的目标，那在一定程度上是可以理解的。思想不知多少次确信，它已经明白易懂地论证了一种合乎认识并能满足伦理的世界观。但后来的事实始终表明，它并没有成功。

由此人们怀疑，思想是否能够回答关于世界以及我们与它的关系的问题，而我们也以此赋予自己的生命以意义和内容。

随着时代精神对思想的轻视，还出现了对自己思想的不信任。当代组织化的国家、社会和宗教共同体都致力于，使个人不是从自己的思想中获得信念，而是使个人掌握它们为其准备的信念。一个有自己思想的人，即一个在精神上自由的人，使它们感到不舒服和陌生。他也得不到保证，能够在组织中合乎愿望地行事。当今，所有组织不是在其所代表的理念的精神价值中，以及从属于它们的人的理念的精神价值中寻求其强大，而是在达到其理念的尽可能的统一和封闭中寻求其强大。它们认为，正是这种统一和封闭具有最强大的抵抗力和冲击力。

当代人整个生活受到的影响导致他失去对自己思想的信任。在他所听到和读到的一切中，到处充斥着他应屈从的在精神上依赖别人的观念。他处在与其相聚的人之中，处在已经掌握了他的政党和团体之中，处在他的各种生活关系之中。他由多方面和被多种方式影响着，从掌握了他的（拥有对其权利的）的伙伴那里获取为生活所必需的真理和信念。时代精神不让他达到自我，就像有足够资本的公司一样，为了盈利，在大城市到处设置灯箱广告，以迫使人们使用他们的鞋油或固体汤料，生活信念也这样被强加给现代人。

从而，由于时代精神的影响，当代人对自己的思想持怀疑态度，而对权威的真理则更易于接受了。由于过度忙碌、心不在焉、精神涣散，他不可能对这种持续的影响进行必要的反抗。此外，由于命运决定的多方面的物质限制，也影响着当代人的心理状态，使他不再相信能够独立思考……

因此，当代把理性和自由思想当作可笑、没价值、过时和早就被克服了的东西，甚至还嘲笑在 18 世纪就已确立的不可丧失的人权。但是，在这样的时代中，我表明自己是一个信赖理性思想的人。

我敢于对我们这一代人说，虽然至今的理性主义首先必须让位于浪漫主义，让位于现今在精神和物质领域占主导地位的现实政策。但是，这并不意味着，理性主义已经终结了。如果当代人已经受到这种普遍的现实政策的所有愚蠢行为的影响，并由此日益陷于精神和物质的痛苦之中，那么他们的最后出路就是一种新理性主义。这种新理性主义比过去值得信赖的求助的理性主义更为深刻、更有效率……

对于我是悲观主义还是乐观主义的问题，我的回答是：我的认识是悲观主义的，但我的意志和希望是乐观主义的。

我的悲观主义在于：我体验到由我们的概念所把握的整个世界过程严酷的无意义性。只有在很少的瞬间，我才真正为我的存在感到快乐。对于发生在我周围的一切痛苦事实，即不仅是人类的痛苦，而且也包括动物的痛苦，我不能够总是视而不见。我从不试图去摆脱这种对痛苦的共同体验，我们大家所有人必须共同承担起这个世界中痛苦的重负，这对我来说是理所当然的。我在中学时代就意识到，对世界中的恶的任何解释都不能使我满意，它们总是导致诡辩，并且在根本上只会使人更多地对发生在他周围的痛苦麻木不仁。莱布尼茨所能给予人的蹩脚答案：这个世界虽然是不好的，但在可能的世界之中则是最好的。我始终不能理解。

我一直思考着世界中的痛苦问题，但不只限于对此的沉思，而是执著于这样的想法：我们每个人都应该为人们消除一部分痛苦。我逐渐确信，我们对这个问题只能这么理解：我们应该走上解救痛苦之路。

在对当今人类处境的判断方面，我也是悲观主义的。我不能说服自己，好像它并没有如同看起来这么糟糕。我意识到，我们正在这条路上，如果我们继续走下去的话，我们将回到一种新的中世纪。我充分地认识到，我们人类由于放弃了思想和出自思想的理想，给自己带来了极其巨大的精神和物质痛苦。然而，我仍然保持着乐观主义的态度，作为不会失去的童年信仰，我保持着对真理的信念。我确信，出于真理的力量比境遇的力量更强。我认为，人类除了由信念给自己带来的命运之外，没有其他命运。因此我不相信，人类会必然走上没落以至灭亡的道路。

反对无思想的精神的人，具有高尚和深刻人格的人，如果他们能使伦理进步的理想发挥作用，那么就会产生一种精神力量，它能在人类中形成一种新的信念。

由于我相信真理和精神的力量，从而我相信人类的未来。伦理地肯定世界和生命本身始终包含着乐观主义的意志和希望。因此，它并不害怕面对当前糟糕的现实。

在我自己的生活中，有这么多的忧虑、困苦和悲哀，要是没有坚强意志的话，我早就崩溃了。我艰难地承担着多年来一直压在我身上的疲倦和责任的重负。我没有太多的时间留给自己，甚至留给妻子和女儿的时间也没有。

我能够献身于慈善事业，我的活动有所成就，我从人们那里获得了许多爱和善意，我有忠诚的助手，他们扩展了我的事业，我有能允许我从事最紧张工作的健康身体，我有始终保持平衡的心情和深思熟虑地行动的能力，这一切都是我的幸运。我认为，对此我应做出回报。

在许多人受制于压迫的不自由命运的时代，我能作为一个自由人有所作为，在从事体力劳动的同时，还有从事精神领域活动的可能性，这深深地激励着我。我多种多样的生活经历为我的活动提供了有利的前提，我接受了想把它用于证实我尊严的这一切。

在所计划的工作中，我已做了多少？我的头发开始花白了，我的身体也由于我的过分要求而开始疲乏了，我感到老之将至。我满怀感激之情地回顾那一段时间，那时我用不着爱惜自己的精力，能不倦地从事体力和脑力劳动。现在，我则冷静地和恭顺地等待我不能工作的日子的到来，如果这是命中注定的话，但不会毫无准备。作为能动者和受动者，我们应该显示出人类要求和平的力量；要知道，和平高于一切理性。

……几个礼拜之前，当6个患象皮病肿瘤的黑人从500公里远的内陆，库拉穆图地区来到兰巴雷内，要求我们给他们动手术时，我们才得知：由于劳特布格医生、明德勒医生、黑迪格尔医生、施塔尔德医生和施纳贝尔女医生，以及新近来的施密茨女医生的努力，我们医院外科手术的声誉是多么地好啊！他们在途中度过了一个半月，有时步行，有时乘独木舟。由于肿瘤很大，他们只能很慢地行走。在抵达我们这里时，他们说："请你们好好地动手术，让我们幸福地回家。坐满4只独木舟的象皮病人请求你们的帮助了。"

在这些病人的肿瘤中，最大的一只重达25公斤。这个病人的生命几乎丧失在我们手里。手术的时间很长，余痛剧烈，病人的心脏也衰弱，我们只能艰难地控制着局面。在人被麻醉的条件下，这么长时间的手术，一般不可以做。但是，对于象皮病组织来说，局部麻醉是不起作用的。因此，我们只得冒险。此外，切除这么大的一个肿瘤，特别是在同时大量失血和失去淋巴的情况下，会发生“休克”，这也很危险。使我们深为感动的是，病人对我们充满了信心。他安详地躺在了手术台上，好像是在接受一个毫无风险的小手术似的。当然，病人知道，如果不切除肿瘤，他们很快就会衰老，丧失对疾病的抵抗力。仅仅在8天之后，经过手术的象皮病病人就变得如此年轻，与刚来时完全判若两人了。

这些老实的病人不知道，手术以及几个礼拜的住院护理，其成本对于我们有多高啊！如果他们回家的话，我又得为他们每个人付钱，帮他们租用独木舟和准备其漫长归途中的食物。

一天，一个名叫昌赫·艾的男人，来到施密茨女医生那里，强烈要求给他动手术。原来，由于严重的疝病，在第一次手术时，这位病人被认定为不宜手术治疗。但他要求再试一下，尽管这可能会立即给他带来生命危险。这时，施密茨女医生才体会到，病人是多么地信赖她的医术。昨天，她为这个病人做了第二次手术，并且成功了。手术前一天的晚上，昌赫·艾用鲜花装饰了他手术后要回来睡的床铺！……

但是，在她为其动了白内障手术的一个老妇那里，施密茨女医生却感受不到纯粹的快乐。因为，在动了手术之后的几天内，由于感到眼睛灼痛，这位老妇多次泡在河水里湿润眼睛。奇怪的是，尽管这种洗浴是违反规定的，但老妇的眼睛状况良好。当绷带被拆下，女医生检验病人最初的视觉时，她得到了对于这一疑问的回答：“你为我动了手术！因此你一定知道，我是否能够看和看得怎样。”……

夏季，即一年中的旱季，施纳贝尔女医生、施密茨女医生和迈尔兰德医生，先后去兰巴雷内周围100公里的各个地方巡回医疗，为那里的村庄和采木场里的病人治病。由于当时支流的水位不能开汽艇，因此施纳贝尔女医生和施密茨女医生必须乘独木舟前往各地。当地人可以信任，我们放心让每个女医生与她的独木舟划手们一起出发！考虑到一年到头都要进行必要的巡回医疗，我得设法实现这一目标：我们这里至少要有3个医生，两个在医院工作，一个巡回医疗。

几个月来，医院里有了一只精美的、由科尔马的迈斯特·卡萨德铸造的钟。这只钟是我1926年的生日礼物，由当时在兰巴雷内的医生和护理人员提议制造的。通过科尔马地区朋友们的捐赠，才筹到了铸钟所需的款项。现在，这只钟挂在由楚贝尔先生建造的美丽的木钟楼中。钟楼建在长有棕榈树的山坡上面，在那里可以从医院走到我们的住房。除了礼拜活动之外，这只钟仅仅在每天晚上9点敲响。它应该只用于宗教活动，而不是世俗目的。医院工作的开始和结束，通过锣声来告知。当地人说："锣是医生的声音，钟是亲爱的上帝的声音。"

礼拜天，施韦泽这位具有神学教养的"巫师"，给他的黑人解释耶稣的福音。关于这种丛林礼拜活动的形式和内容，他当时有一个生动的报道。

能够走动的病人，住在医院里的病人陪同，慢慢地来到了建在山坡旁边的两排棚屋之间的场地上。为了避开太阳光，他们坐在伸展出来的屋顶下面。等他们全部到齐，往往需要整整半个小时的时间。通常，空地上有一架可以搬动的小风琴，我弹奏一些乐曲。有时候，罗素小姐用她的高级留声机放歌曲，病人中的基督徒同时唱歌。我的教区成员本身则不会唱歌，因为他们几乎都是来自讲6种不同语言的非基督徒。开始祈祷也是不可能的，许多第一次参加礼拜活动的新人，他们根本不知道这是怎么回事，也许还会干扰祈祷。只有在听过布道之后，他们对祈祷才会有所了解。

布道时，我身边有两个翻译，一个在右边，一个在左边，他们翻译我的每句话。右边的翻译把我的布道译成两种语言：加洛阿语和帕欧因斯语。左边的翻译则把它译成本德伢比语，这是来自内陆的大多数人在一定程度上能够理解的语言。右边的翻译或者是医院里的裁缝宋姆布纳加，他是一个基督徒；或者是医护助手门杜梅，他还不是基督徒。左边的翻译是医护助手波林基和多米尼克，他们相互替换，这两个人都不是基督徒。

我无法使我的听众像在欧洲教堂里的信徒一样安静地坐着。我允许两排棚屋之间场地上的人们拿着火种，在听布道的同时做饭。一个母亲为她的孩子梳洗，一个男人修补他挂在棚屋顶上的渔网，等等。甚至当有人利用这段时间，把头放在同伴的怀中，让他帮着捉虱子，我也不加阻止，这些都是新来的人。在进行礼拜活动时，如果我不断地纠正这些行为，那么与我让他们自行其是相比，庄重的气氛将会受到更大的干扰。此外，还有绵羊和山羊，它们在我的教区中不停地叫着跑来跑去。许多织布鸟在附近的树上筑巢，唧唧喳喳。这一切都迫使我加大嗓门，但我对此毫不介意。罗素小姐的两只猴子，它们在礼拜天可以自由活动。在我们做礼拜时，有时它们也会爬到附近的棕榈树上。如果来劲了的话，它们甚至还会来到女主人的肩上，这可是一种干扰。当然，尽管有这么多的扰动，但由于上帝的话在这里打动了第一次听到它的人们，空地上的礼拜活动还是具有激动人心的庄重性。

在布道时，我必须尽可能使用最简明易懂的语言。听众没有任何关于《圣经》的基础知识，可以作为听我布道的前提。对于亚当和夏娃、亚伯拉罕等祖先、以色列民族、摩西、先知、律法、法利塞人、弥赛亚、使徒，等等，我的听众都一无所知。而且，教区成员处于不断地变更之中，我也难以使他们熟悉我们从小就知道的这些历史观念。因此，我必须让上帝的话语以几乎脱离时间的方式对他们宣讲。在这样布道时，我必须回避许多东西。我觉得，这就像我在弹钢琴时不能触摸黑键一样。例如，当我说到“弥赛亚”时，我得立即用“上帝派来的心的国王”来加以解释。

当然，即使听众没有任何基础知识作为前提，但如果布道者习惯了这种方式，那么布道的效果仍然是很好的。对于他在克服听众理解困难方面做出的努力，由此也得到了极大的补偿：布道者可以把书中的话语作为全新的东西写在听众的心中。每个礼拜天，我都能获得这样一种极为美妙的体验。

作为布道的文本，我选择《圣经》上的一些箴言，配以一个或两个比喻，或者解释它的故事。布道结束时，我再次重复这些箴言，直至我能够确定，听众已经把它牢牢地记在心中。我觉得，一个曾经住在我医院里的人，如果他记住了3句或者4句触动他的箴言，那么对于他的生活来说，这已经足够了。

对于布道者主要向非基督徒“宣布律法”的情况，我尽可能加以避免。当然，针对那些习惯于欺骗、偷窃和不道德的人们，反复向他们宣讲十戒，要求他们听从福音，这样做其实是很自然的。我也经常强调这一戒律或者那一戒律的重要性。但是，除此之外，我还试图唤起听众内心实现与上帝和平的渴望。如果我谈到有无和平的心灵之间的差别，即使是最粗野的当地人，他们也能够听懂我的意思。在我告诉他们，耶稣要引导人的内心实现与上帝和平时，他们深深地感动了。

因此，我的布道完全地、彻底地针对听众已经体验到的东西，针对他们能够体验到的东西。在他们有了相应的愿望之后，让耶稣福音在其心中扎下根来。我的出发点是，始终致力于成为基督徒的最内在事实，即为基督所感动。这样，即使只参加了一次礼拜活动的人，也能够知道基督徒生存的本质。

为了便于理解，我还努力尽可能质朴地布道。例如，对于彼得向耶稣提出的问题：有人7次原谅了他的兄弟，这是否够了？对此，我不可以作泛泛的回答，而是必须联系实际生活告诉黑人，无论对于彼得，还是对于他们每个人，怎样做才可以说，在一天之内7次原谅了他的兄弟。“早晨，你刚起来站在茅屋门口，一个大家都认为是恶人的人过来骂你。因为耶稣说过，人应该原谅。因此你保持了沉默，没有与他无休无止地争吵下去。”

“上午，邻居的山羊吃掉了你的香蕉，本来，这些香蕉应该是你的午餐。对此，你不是去与邻居争吵，而只是对他说，这是你的山羊。如果他能够赔偿你香蕉，这是合理的。但是，即使他争辩说，这不是他的山羊，那么你也就平静地走开，并且这么去想：亲爱的上帝让你有了这么多香蕉，你不需要为此与人争执。”

“接着，那个你给他10串香蕉的男人回来了。在市场上，他已经替你卖掉了这些香蕉。但是，他只给你9串香蕉的钱。你说，这些钱太少。但他反驳说，是你自己数错了，你只给了他9串香蕉。你想当面骂他‘骗子’。正是在这时，你必然想到，亲爱的上帝已经原谅了你的许多欺骗行为，包括只有你自己知道的欺骗行为。想到这些，你就平静地回到了茅屋里。”

“在烧饭时，你发觉有人拿走了你昨天在丛林里捡来的柴火，这些柴火够你烧一个礼拜。这时，你要再次强制自己原谅，而不是在邻居中到处寻找，谁偷了你的柴火，并且到酋长那里去控告他。”

“下午，在开始种植时，你发现有人拿走了你的新砍刀，并且把一把旧砍刀扔在了那里。你知道他是谁，因为你认得自己的砍刀。这时你想，你已经原谅了四次了，并想通过第五次原谅来了结此事。尽管这是你遭遇了许多不快的一天，但是你仍然感到愉快，好像这是最幸运的一天。为什么？因为你服从了主耶稣的意志，你的内心对此感到幸福。”

“晚上，你想去捕鱼。你寻找应该在茅屋角落里的火把，但找不到。你感到恼火，想今天你已经原谅得够可以了，现在则要去伏击拿着你的火把去捕鱼的家伙。但这时主耶稣的声音又在你的心中响起，于是，你带着从邻居那里借来的火把到河边去了。”

“到了那里，你又发现，你的船不见了。别人已经划着你的船去捕鱼了。你愤怒地躲在一棵大树后面，为的是等那个人回来，然后把他捕来的鱼都夺走。还要把他告到地区上尉那里。他必须赔偿你，这样才合理。但是，在你等待的时候，你的心开始说话了。耶稣的话语不断地告诉你：如果我们不原谅人的话，那么上帝也不能够原谅我们的罪恶。正是在等待的时间里，主耶稣支配了你的行为。拂晓时分，那个人归来时，看到你从树后跳出来，由于害怕而跌倒在地。但是，你没有用拳头去打他，而是对他说，主耶稣命令你原谅他，并让他太平无事地走了。甚至你连鱼也没有问他要，如果他不想给你的话。但我相信，出于你不与他争执的惊讶，他会给你鱼的。”

“现在你回家了，带着你一天之内 7 次原谅别人的快乐和自豪。如果主耶稣这天正好来到了你的村子，你站在他的面前并也许会认为，他将当着大家的面表扬你。但是，就像对彼得一样，他对你说，7 次原谅是不够的，你必须再有 7 次，并且一直原谅下去，直至上帝能够原谅你的罪恶……”

在每次布道时，我必须尽可能利用其中的机会指出偶像崇拜和巫术的虚妄性。我还必须反对种种妄想，诸如存在着恶的精灵，巫师具有超自然的力量，等等。医院里的所有黑人都生活在这种观念之中。我相信，一个在医院里参加过一次礼拜活动的人，由于听了我的布道，就可能使他从控制他的残酷观念中解放出来。在医疗活动中，我们接触到了多少虐待和致死的行为，它们都是根据巫师的指令而被实施的。巫师把疾病或死亡都归结于他的魔力！当我必须面对这些由迷信造成的痛苦时，我的心一直在颤抖。

我不应该抱怨听众的注意力不够集中。从他们的面部表情中可以看出，我的话是如何触动他们的内心的。我经常停下来问他们，他们的内心和思想是否同意我阐述的上帝的话，或者是否有什么不同意见。对此，他们在响亮的大合唱中表达了完全的赞同，就像我说的那样。

一个黑人福音教徒，他作为病人参加了医院里的礼拜活动。在传教站，他说医生像一个传教士在研究神学似的布道。

布道结束时，我还简要地解释祈祷什么，然后我双手合十，那些还不懂的人照着别人的样子去做。最后，如果所有人的双手都合十了，我就慢慢地说出5句或6句自编的祷词，这些祷词也同样缓慢地由翻译译成当地的两种语言。“阿门”之后，人们的头长时间地垂在双手上面。当留声机或风琴发出轻轻的乐声时，大家的头抬了起来。所有人都不动地坐着，直至音乐结束。在我向两位翻译表示感谢，并与他们道别时，人们才开始站起来。

“……终于结束了”

1932年1月底，我筋疲力尽地回到了欧洲。尽管如此，我还是没有休息的时间。因为我必须立即前往德国、荷兰、英格兰和苏格兰进行巡回讲演和演奏。直到7月，我才回到了京斯巴赫。我当时极度疲劳，但是，无论我的身体状况如何，我还是得处理日常工作和在外出期间积累下来的各种事务。到了1933年初，我才在一定程度恢复了工作能力，才得以为重返兰巴雷内采购和装箱……

在一次艰难的旅行之后……现在，我又回到了兰巴雷内。3月15日(1933年)，礼拜三晚上，我们乘坐一辆挂有“波尔多”徽章的卡车，从斯特拉斯堡出发了。从这里前往非洲的人员有：来自阿尔萨斯的玛蒂尔德·科特曼小姐，这是她第三次到兰巴雷内去；来自布达佩斯的拉迪斯拉斯先生，他是范·德尔·埃尔斯特医生的后继者；还有我本人。在科尔马，一个新护士西费特小姐也加入了我们的队伍。午夜，在贝桑松，突然有人喊道：“下车！”原来，车轴坏了，必须更换。快点！这对在车上装载了20包行李的我们可不是一件简单的事情。为了节省运费，我们的一贯做法是，随身携带特别重的物品，例如书籍、工具，等等。几个小时之后，我们还得换车。

因为，最初定的卡车不能够抵达我们的目的地。

在波尔多火车站，罗素太太与我们会合了。她直接从英格兰过来，这是她第四次前往非洲。

在抵达波尔多的当天早晨，我们清点了102件先期托运的行李，确认它们都已经被搬到了海运公司的驳船里，这些行李的总重量为4 800公斤。其中的物品主要为：药品、被子、纱布、洗涤用的煮锅、厨房用具、密封的大口瓶和各种工具。每当返回非洲时，我总是为兰巴雷内医院的两年运转带上尽可能多的东西。这样，别人，特别是新手就可以少些行李事务方面的麻烦，例如托运、报关，等等。这已经成为我们的一个惯例。3月18日，礼拜六的晚上，在暴风雨中，我们乘坐“巴拉查”号轮船前往吉伦特，这艘轮船的船长是我的一个老熟人。4天颠簸之后，开始风平浪静。3月24日，礼拜五，我们抵达了特纳里夫圣克鲁斯。在那里，我十分激动地想到20年前，也正是在这个时候，第一次前往非洲的我，与妻子也到过这里。当时在特纳里夫圣克鲁斯散步的情形还历历在目。那时，这个城市是多么的宁静啊！现在的情形完全不同了，在它狭窄、坑坑洼洼的街道上，到处都能听到汽车的喇叭声。

从特纳里夫圣克鲁斯出发后的两天，我们船上的两个发动机中有一个坏了。轮船只能靠左侧的螺旋桨缓慢地推进，幸好当时我们正赶上顺风。3月28日，礼拜二，我们抵达了达喀尔。在那里，我们被告知，这艘船无法继续航行了。它必须被卸空，经过临时修理后，由一艘拖轮引导驶回欧洲。因此，就像在波尔多换车一样，我们在达喀尔也必须换船。而且，我们还得等待于4月1日才从波尔多开出的“亚细”号轮船。在“巴拉查”被紧急修理期间，直至4月5日，我们仍然住在船上。然后，由船运公司出钱，乘客被安顿在达喀尔城的各个旅馆中。由于堆放在船舱里的28件行李，我们需要一辆载重汽车，船运公司极为友好地提供给我们。如同在船上一样，我也把留在达喀尔的时间用于起草一部哲学著作。来自撒哈拉的凉风习习，我在房间里觉得有些冷，外出时还穿上了粗呢雨衣……

4月9日早晨，复活节前的礼拜日，“亚细”号终于来了。白天，它装载“波尔多”号留下的货物，其中包括我们的各种行李，晚上，我们来到了船上(如果“波尔多”号正常行驶的话，我们已经到了兰巴雷内！)。在皎洁的月光下，轮船朝着码头前方的戈雷岛驶向南方。看到这个岩石小岛，我的内心深为震颤。这里原先是非洲西海岸最大的奴隶转运地，由于害怕遭到当地人的袭击和抢劫，贩卖奴隶的船只不敢驶入达喀尔海湾，只能在这个离开大陆几公里的海岛前面抛锚，这些船只就在海上接收可怜的黑人。当地的酋长从内陆捉来黑人，并在船上用他们与戈雷岛上的奴隶贩子作交易，换取烧酒、火药、子弹、烟草和食盐，等等。在戈雷岛上，还有坚固的地牢，里面关押着可怜的奴隶，直至把他们运往美洲的轮船到来。固定在地牢墙上的铁链和套在奴隶手臂上的铁环连在一起……

一个意外的惊喜是，1月初，人们在医院上游的路上种了一些面包果树苗，现在的长势非常好。这种通常难以种活的小树大约有70棵，是兰巴雷内—安登德传教站赠送给我们的。现在，我们有了100棵面包果树，其中1926年种的已经开始结果。遗憾的是，面包果不可以长期保存，一般只能够存储几个礼拜。

我们还种植了许多油棕榈树、芒果树、甜蕉树和番木瓜树，它们都结果了。这样，病人及其陪同就可以按其口味吃这些东西。而在以前，我们只有很少的果实可以替代大米，其中包括其果壳可以榨油的棕榈果。

在种植园下游的河里出现了一只河马，已经有几个月了。夜里，我们在屋里能听到它打的响鼻声和吼声。所幸的是，它还没有到园子里到处乱踏。

我们的山羊也产奶了，它们提供医院和我们自己所需的大约五分之一的用奶。但是，由于这些山羊一直受着疥癣病的侵袭，它们也要求我们的精心照料。原先我也希望，当地人有时间在他们的村子饲养山羊。现在，我从经验中得知，为了防止山羊的这种皮肤病恶化，得花费多大的精力啊！我开始怀疑，黑人是否有能力饲养山羊。由于这里有舌蝇，不可能饲养奶牛，因此产奶的山羊是少不了的。

使我们特别高兴的是，现在当地的妇女也愿意给死去母亲的婴儿喂奶了。通过典型示范和礼物激励，我们的护理人员多米尼克和恩瓦马的妻子走在了前头。就像我在先前的报道中谈到过的那样，黑人妇女不敢把死人的孩子抱在怀中，这种情况是众所周知的。她们认为，如果这样做了，她们自己及其孩子就会落到恶灵的手里，这种恶灵已经使别人死亡。因此，为了关怀那些失去母亲的婴儿，黑人妇女不仅自己要反对迷信，而且还要鼓起勇气反抗受迷信支配、指责她危害自己孩子的家庭。由于当地缺少供奶的牲畜，这种迷信的后果是很危险的。通常，婴儿在其母亲死后就会饿死。甚至有这种情况，由于他们反正也活不了多久，在临死之前，人们有时就把他与其母亲一起安葬了……

那些从400—500公里远的地方前来动手术的病人，通常处于饿得半死的状态。抵达我们这里时，由于长途旅行的困苦，身体状况也就更糟糕了。因此，在人们敢于让他们起程回家之前，这些病人需要在医院里住上好几个礼拜。这天，一个在漫长途中得了肺气肿的外地人就死在了医院里。此外，如果这些外地病人有幸挺过了手术，我们也要尽可能快地把他们送到上游地区去。因为在医院里，他们有感染痢疾的危险。……今天早晨，一位由邦内马先生切除其沉重的象皮病肿瘤的内地酋长要回家了。他等着我的到来，想说服我在他的地区开一个医院，使那里的人们不要再为动手术而长途跋涉。遗憾的是，我只能对他说，由于经济危机，这是不可能的。当然，在旱季期间，派一个医生到那里去动手术，这也许是可能的，我早就有这一打算。

现在，我们医院里有许多内陆病人。昨天，在每月初发出呼吁时，我发现了这一情况。这些外地人很容易被认出来，他们不像缠着从店里买来的棉布腰巾的沿海居民，他们的腰巾是用拉菲亚纤维自制而成的。在我发出月初呼吁时，我还从没有看到过这么多的缠拉菲亚腰巾者……

关于我们自己的健康和工作的情况，总的说来是好的。这里的旱季相当于欧洲的冬季。在从3月到9月底的旱季中，那些由于在非洲时间较长而感到疲惫的同事，能够得到较好的恢复。大种植园里的果蔬对我们的健康也十分有利，由于我们用山羊粪和绵羊粪合理地施肥，它的收成比过去好多了。生长状况最好的是番茄、白菜、菜豆、胡萝卜和生菜，豌豆没有收成，土豆也不能够被种植，多年的尝试失败已经使我们对此不抱希望。

在种植园里，那些有劳动能力的病人陪同也有许多事情可做。由于很久没有下雨，我们必须从河中取水来灌溉园子。幸运的是，种植园位于河边，取水灌溉还不难办到。但是，由于现在河滩上形成了一个40米长的沙坝，明显地延长了人们取水的距离，因此今年取水比原先困难。当然，对于提高了的难度，他们能够通过适当的礼物得到补偿。

10月初，由于受到暴雨的影响，蔬菜开始腐烂了。在多雨的季节，只能试着种植抵御风雨的生菜和菜豆，其收成往往不好……

由于急发破伤风，间隔不久，我们就失去了两个动过手术的病人。这是多么可怕的日子！由此，我们决定给每个伤员和手术病人注射预防破伤风的血清。遗憾的是，这意味着一笔很大的支出。但是，谁看到可怜的人死于破伤风时，都会认为我们必须这么做。

当有汽船或者汽艇到来，如果其主人同意我们的请求，把来自内陆的病人顺便带往上游，这对我们来说，总是一个美好的时刻。每个回家的人员都从我们这里获得了可供多日食用的食品，例如木薯、香蕉和干鱼，等等。我们赠送给他们一笔零用钱，用于在长途跋涉时购买食品，以及为帮助他们渡河的人置办所要求的礼物。我们还把给他们开的介绍信锁在铁皮盒子里，这是写给其所路过地区的官员的。此外，考虑到回家的路途遥远，其中的大部分人还从医院分配给他们的伙食中省下了一些大米，把它装在瓶子里随身带走。空瓶子在兰巴雷内可以随意获得，因为它在我们这里多得很。但是，瓶子在内陆的价格很贵，因此，内陆人很喜欢瓶子。只要走得动，回家的每个人都尽量多带瓶子。

这些在我们这里住了几个礼拜的人，终于整整齐齐地坐进了汽船。直到最后一刻，我们还在担心，船主会拒绝把所有人都带走。我们和他交谈，说服他，船开了。……褐色的双手挥动着与我们告别。但愿这些可爱的人，在他们离开汽船后，能够经受得了艰难的长途跋涉。接着，我们回到了已经安静了半个小时的医院……

当地妇女已经日益习惯于在医院里分娩，这表明我们已经赢得了居民的信赖。而在20年前，只有在非常特殊的情况下，我才会被要求为产妇接生。产妇及其新生儿的到来，使负责妇产科的科赫小姐有机会革除当地不合理的照料方式，这种方式给妇女和儿童带来了很大的伤害。例如，当地人对新生儿的洗澡方式简直就是虐待：如果一个新生儿病了，他就被整天浸在河水里，甚至在清晨和晚上气温较低时也是如此。这样，新生儿自然也就更加衰弱。

晚上，医生查房时就会发现，早晨生了孩子的产妇已经在给刚出生的世界公民喂米粥了！……

对于经常出现在医院附近的河马，我们只能遗憾地说，它是个祸害。它盲目地发怒，攻击路过的独木舟，还撕咬落水的人。最近，就有一个男人死于河马之口，另有一个在我们医院里工作的妇女受了重伤。在一个月夜中，戈尔德施米特先生、霍尔姆先生和我本人就曾经看到，河马是如何狂暴地冲向一只独木舟，而上面的划手们则对它的到来一无所知。幸运的是，由于一个急转弯，独木舟避开了这次攻击。然而，对于那些傍晚来到医院，或者离开医院回家的人来说，这只河马始终意味着生命危险。总之，我们希望不要对它执行死刑的判决，而是通过一个警告提醒它，不再继续在医院附近撒野，而是到任何一个没有人的地方去发泄……

几个礼拜以来，我们有了一台冰箱，它对我们保持工作精力起了很好的作用。为了缓解折磨人的干渴，我们只能喝微温的、淡而无味的开水。大家都为此感到不舒服。但由于价格昂贵，我一直固执地反对购买冰箱。

几个月之前，一个与我有亲戚关系的阿尔萨斯医生捐赠了一笔可观的款项，专门为了购买冰箱。再加上其他人为此的捐赠，我们就能够根据科尔马的工程师伊特尔先生的最为友好的建议，订购了一台适用于热带地区的冰箱。11月，这台冰箱被运到了我们这里。它配有一台小制冷机，每天工作两小时就能够达到所需的温度。这样，我们可以把许多剩饭菜保存起来再吃，而在常温下，它们都会腐败变质。凡是在赤道非洲丛林地区生活过的人都知道，对于从上午10点到下午4点在医院工作的医生和护士来说，一杯凉水是多么地有助于他们恢复精力。如果人们喝的不是26—28度的常温开水，从而能够摆脱折磨人的干渴一段时间，工作的效率就会明显地提高。

一个感恩的白人病人送给了我们一只带有纱罩的煤气灯，它的灯光非常亮，挂在手术室里对我们的帮助很大。有了它，我们就能够在夜间做紧急手术。在3月中旬，就有4个夜晚连续做了手术。

当然，由于可能发生火灾的危险，在使用煤气灯时，是不能够进行乙醚麻醉的。但是，通常我们做的总是局部麻醉手术。在这方面，我们是多么地感激殖民地医生卡尔·路德维希·施莱希啊！他于1892年发明了局部麻醉法，使外科手术的施行简单多了。在特殊情况下，我们也进行全身麻醉，这就是所谓脊髓麻醉，即把奴佛卡因溶液注射到脊椎里去。只有在不可避免的情况下，我们才做乙醚麻醉和氯仿麻醉。

前两年专门为不安定的精神病人建造的棚屋起了很好的作用。但是，最近以来，尽管采取了所有可能的相应措施，例如在棚屋周围的土地上铺了水泥，每天晚上撒上新的草木灰，等等，这些棚屋中的病人还是面临着战蚁的威胁。如果草木灰在夜风中变得潮湿和发黏，那么战蚁就不会陷在里面，而是能够爬越它。在这个礼拜里，我们就必须多次抵抗大批战蚁的进攻。这种进攻是如此的可怕，甚至连大象也只得望风而逃。幸运的是，这种危险一直被看护精神病人的人员及时地发现了。如果战蚁爬过了灰烬筑成的路障，侵入了棚屋，那么就只能把精神病人带走，并用来苏儿溶液从上到下地清洗整个棚屋。好在精神病人似乎也知道人们要使他们避免这一危险，在这种情况下，他们也不乱说乱动……

不久之前，按照值得称赞的职业习惯，戈尔德施米特医生准备对一个已经被局部麻醉、躺在手术台上的女病人宽慰几句时，他得到的回答却是："现在没有时间说废话，开吧！"

同样，在一次大手术之后，人们为一个女病人的状况非常担忧。夜里，为她动手术的霍尔曼医生，3 次悄悄地走近她的床边，提起蚊帐，查看她的病情。但是，当第 2 天早晨人们问起她本人时，她不高兴地说："如果不打扰我的话，昨天夜里我可以睡个好觉。"……

我们这里的事故受伤者基本上都来自采木场，这些土人根本不知道机器会给他们带来危险。有个木材商人告诉我，一个新招来的工人站在铁轨上面，对沿着斜坡下来的车子茫然无知，直至最后一刻被人拉开。他不知道这辆车子会轧倒他，而是认为能够用手挡住它，他对运动中的重量一无所知。经常有这种事情，在糊里糊涂的情况下，新手被快速行驶中的车子撞倒了，他们缺乏关于速度的经验……

同样，欧洲商店的邮购目录也深深地吸引了他们，他们还怀着狂喜和激动订购了商品。但是，我们这些黑人根本搞不清楚这是怎么回事。前不久，一个来自塔拉古加地区传教站的男人，向他的所有熟人宣布，他在邮购目录中订购了一双价格极为便宜的鞋子，在几个礼拜的时间内引起了大家的羡慕。结果，包裹来了，收到的却是一双玩具鞋……

一个来自乌班吉地区的白人告诉我，那里的一个黑人要求其熟人，在搬运钢琴时一定要帮助他。按照邮购目录，他订购了一架就像地区上尉夫人那样的钢琴，价格确实也十分便宜。但是，当钢琴到来时，他一个人就能够把它拿回家里。因为他订购的只是一架玩具钢琴。

(1934年和1935年之际的秋冬两季，我在欧洲活动。)刚回到兰巴雷内，遗憾的是，我又得造房子了。我经常听到医护人员的抱怨，我们的诊疗室太小了，不能再继续如此使用。确实，这么一间房子里有3—4个医生同时在看病，给所有病人发药，还要打针，例如，注射洒尔佛散、锥虫胂胺、抗麻风病剂，等等，这情形有点像过年时的市场。除了所有这些噪声之外，还混杂着躺在帘子后面的产妇的呻吟声。这就是说，诊疗室同时还是产房!

在医院还没有这么拥挤之前，这种一房多用的不可承受性还没有现在这么明显，但目前的状况再也不能继续下去了……

考虑到一位支持我们事业的朋友的愿望，我尝试描述一下医院的日常运行状况。

早晨6点45分，随着第一声锣响，轮到值早班的医生和护士走向下面的医院工作区。领导工人的护士也开始把医院的日工、有劳动能力的病人陪同和痊愈者集合起来，把各种工具分给他们，例如，斧子、锯子、砍刀、铁锹和铁耙。接着，她还带领他们前往各个劳动地点：丛林、种植园、菜园、建筑工地、洗衣房。同时，护士在诊疗室里集合黑人护工，看望重病人。

7点半，早餐的锣声敲响。8点，医院正式开始工作。但是，尽管我极力劝诫，即使不值早班的护士和医生，还是在7点就到下面去了。负责包扎手术病人的护士，通常在6点就开始工作，我无法阻止他们。当然，我仍然坚持医院的主要工作应从8点开始的原则。在赤道非洲的气候中，人们必须节省体力。与在欧洲相比，人们在此只能承受其五分之三的工作量。新手和过分热心者忽视这一点，往往为此付出了高昂的代价……

当8点我们下去时，在一个防晒和防雨的棚子下面，6个医院洗衣妇已经把洗衣锅放到4堆火柴上了。她们用附近的一个水泵取水，在山坡下面清洗绷带、纱布和手术用的各种手巾和被单。她们的工作地点位于诊疗室前面的河边，这样护士就能够通过窗户监督她们，阻止她们闲聊和偷懒。在上面的生活区里，还有6个洗衣妇在洗涤日常用品。在热带地区，洗涤用品的使用量要比其他地区大得多。天气炎热的时候，我们每人一天要换3套衣服。

在洗衣妇洗涤的同一个棚子下面，有4个女工在制作棕榈油。因此，护士同样能够监督她们。油棕榈果由两个男人给她们送来，除了爬到树上采摘油棕榈果之外，他们整天什么事也不干……

每天至少得有6个人为医院供应所需的木柴，包括砍伐和搬运，等等。近年来，在医院和丛林之间开辟了种植园。因此，现在从医院走到丛林需要整整半个小时的时间。山路上不能使用车辆，所有木柴都必须由人背下来。医院的木柴需求量很大，不仅洗衣和制作棕榈油要用木柴，而且消毒器械、在护士监督下为重病人和精神病人做饭，也整天离不开火。此外，在痢疾病人的棚屋中，由于他们的家属不能入内，黑人护工也得日夜为他们看护着火种。还有，我们自己的厨房、烤炉和洗涤等也需要木材。

我们经常得到上好的硬木木排。由于各种原因，这些木排没有卖出去，木材商人就把它们送给了我们。一个护士带领工人把它们接收过来，撑到了医院里。当然，锯开这些硬木绝非易事……

两声锣响后，从8点开始，医院里和外来的病人都集中到了诊所靠山坡的一边。在手术病人住的大木桩房下面，安放着木床，这样，他们可以坐在上面，或者干脆躺下来，同时能够避免日晒或雨淋。

每个礼拜有3天，医院里安排集中注射。这天早晨8点，医护助手多米尼克摇着一只大牛铃走遍了整个医院，通知昏睡病人、麻风病人、象皮病人、结核病人和为注射新洒尔佛散而被观察的病人前来打针。多米尼克摇铃通知1个小时，直到至少有一部分病人到来。为了不使这些病人一会儿又走掉，他们被集中在诊疗室前面的一块围有栏栅的空地上。但是，按照名单对照到来的人员，负责注射的医生总会发现，至少有三分之一的相关病人缺席。于是，在病人中威信最高、在同事中最为机灵的多米尼克又上路了，他到处寻找没有时间观念的病人。

这些病人有的坐在楼梯上讲故事，有的在洗澡、捕鱼、收集木柴、挑拣棕榈果核，等等，然后他们像一匹马似的被拖到了医院里来。他并不试图寻找“不可救药者”，整个上午，这些人在丛林中和种植园里闲逛，直到下午甚至晚上才出现在诊疗室里，以表明他们还没有“被吃掉”。至于得为他们重新准备溶液，对不起，这与他们无关。我们徒劳地想使他们搞清楚，由于不遵守注射的时间，他们给我们的工作增添了多少麻烦。对于那些经常不按时前来打针的病人，为了教育他们准时到来，我们还多次让他们饿上一二天。但是，他们总是能够找到给他们饭吃的热心朋友，因此也不需要违背“自由是最高的善”的原则。

医护助手恩瓦马为所有病人打针。多年来，他一直做这件事，因此在寻找既看不到也摸不到的静脉方面，他有高超的技艺。

医院里的日常工作通常这样分配给3个医生：一个医生负责白人病人、精神病人和泌尿病人，领导手术室和药房。另一个医生负责麻风病人、昏睡病人、结核病人、热带脚溃疡病人和黑人产妇，并管理所有应该注射的病人，无论是皮下注射，还是肌肉和静脉注射的病人。第三个医生做一部分手术，负责包扎手术病人和事故病人，照料痢疾病人。

我们总共有8个护士，其中3个负责医院的日常生活，包括在厨房、菜园和饲养中的各项工作。这3个护士中，有一个还要照料在我们这里被喂养大的孤儿。第四个护士领导工人从事各种劳务。4

个直接负责病人的护士分工如下：第一个护士在手术室工作，消毒手术用品，监督手术用品的洗涤。第二个护士包扎手术病人和事故伤员，照料白人病人，并协助手术室护士工作。第三个护士在诊疗室工作，根据医生的指示给病人服药，照料黑人产妇和新生儿。第四个护士包扎热带溃疡病人，这每天得花上好几个小时；此外，她还要照料精神病人，监督制作棕榈油，为病人购买香蕉和木薯等食品，分配伙食，保持医院周围的棚屋的整洁。

黑人带着香蕉和木薯来到了由第四个护士主持的医院市场。这些黑人有的住在附近的村子里，有的则住在较远的地方，通常在60公里以外。10点半，第四个护士吹响了法国号，通知院里的人们，现在开始分配伙食了。她在平地上的一间房子里做这件事，这间房子有一个大窗台，病人沿着窗口排队，领取放在窗台上的一份伙食。为了获得它，每个人必须递交一张写有他的名字和号码的卡片。有了这张卡片，护士就能够在其表格上相关的名字和号码下面划上一个十字符号，以表明这个人已经领取了一天的伙食。否则就可能出现这种情况，一个人4次来到窗前领取4份伙食……

礼拜一、礼拜三和礼拜五，每个礼拜之内的这三个早晨，我们用来诊治外来病人和接收新病人；另外三个早晨，礼拜二、礼拜四和礼拜六，则用来动手术。但是，我们并不能够很严格地执行这一分工安排。实际上，我们每天早晨都得动手术，无论是礼拜几，否则手术就无法及时做完。另外，我们也不能够阻止，在原本安排手术的三个早晨，有外来的病人前来就诊和住院。对于那些乘独木舟从远方来到这里的人们，我们不能够规定，他们应该在什么时候到来……

通常，在12点半午餐的锣声敲响时，我们还结束不了上午的诊治工作。为了保持下午的工作精力，从1点到2点，医生和护士得休息一下。在赤道地区，午休是必不可少的。从2点开始，医生接待上午来不及处理的病人，其中有的病人只是诊治，有的病人就要接收住院。但是，我们下午工作的重点是已经住院的重病人，我们要进行许多很费时间的检查，对病情提出诊断或确诊。幸运的是，我们有多个医生，同事之间可以相互咨询！我们这里有一个原则，遇到重病人时，无论哪个医生都要征询其他医生的意见。我们每个医生也有权利，主动探讨其他病人的病情，向相关的医生表达自己的诊断意见，并提出治疗建议。当然，在治疗重病人时，由在场的医生做出治疗决定，并承担相应的责任。晚间，只要条件许可，就由多位医生一起查房。

就像我在先前的报道中提到过的那样，安排来自远方的病人回家，这给我们带来了很多麻烦。我们只能够靠路过的船只把他们带走。……每当有船来时，多米尼克就像一个火车站看门人一样，摇着一个铃铛，迅速地跑遍所有棚屋，并大声呼喊："有某某方向的搭乘机会，想搭乘的人，快到诊所里去。"这时，诊所里的所有工作都停了下来，医生忙着确定这些人员是否确实可以出院。当医生为回家的病人开具途中必须出示的证明，护士在为他们准备多日的口粮和分发作为劳务所得的礼物时，病人们则回到自己的棚屋里收拾东西。当然，我们不可以让他们单独去做这件事情。黑人医护助理得帮助每个回家的人，督促他们快点收拾，不要为了与所有熟人告别，没完没了地在医院里走来走去，船主急于继续航行。但是，我们的土人根本没有时间观念。有时，我们还得把该回家的人从种植园里找回来。尽管费了九牛二虎之力，等到他们坐在船中，这个过程通常都要持续1个小时。由于来回奔跑、呼喊、安排，等等，医生和护士都筋疲力尽。此外，我们还一直担心，这件事情办得不够麻利，由于带人的风险和时间的损失，船主也不会经常把船停靠在我们这里……

每个月的最后一天下午，我们召集所有在医院里的人员开会，这项活动名为"月底集合"。由于黑人常常不告而别，因此我们得随时清点人数：谁应该仍然登记在册，谁必须从名单上删除。此外，

"月底集合"也使我们有机会，以共同谈话的方式解决所有涉及病人及其陪同的问题……

直至300个病人及其陪同在医生和护士面前走过，这项活动一般要持续4个小时。在"月底集合"时，任何仓促之举都是不能允许的。所有涉及院内人员的问题，医生和护士都冷静地予以探讨。这些问题包括：对病人的诊断和护理、病人的伙食权利、病人的出院时间，等等。任何住在医院里的人都可以提出申诉和表达愿望。当然，他也得对此做好准备：他的所有违反纪律的行为，都将由护士和黑人医护助手提出来。

集合也是一个宣布的时刻。这时，病人的陪同、妻子和痊愈者都特别害怕，因为医生、护士和黑人医护助手将宣布：这个妻子或陪同还必须继续照料病人，他们不能够承担医院里的工作；那个痊愈者可以为医院做些事，直至他回家。

领导工人的护士拿着笔记本坐在那里，等待着她的"供品"。接着，她得到了下列的工人：1个洗衣妇、1个油棕榈妇、1个铲除野草的女工、2个为菜园提水的工人，以及一些可以做任何事情，包括伐木的工人。所有这些工人都获得了1张写有说明的穿孔卡片，他们随身带着。从此，他们就不再能够获得病人伙食，而只能够从领导工人的护士那里获得伙食。这样，他们就会服从这位护士。

作为一个原则，所有不是必须守在病人身边的有劳动能力的人，无论他是否由我们提供伙食，都要为医院里的公共福利做些事情，以作为对其家属在我们这里获得治疗的补偿。对于所有人来说，工作是始终做不完的……

6点之前，锣声响了。它告诉我们，今天的工作结束了。在丛林中和种植园里工作的人们已经回来，他们根据一只闹钟确定工作时间。一个工人用绳子穿住闹钟，随身带着。现在，大家都拥向存放工具的房间，斧子、锯子、砍刀、铁耙、铁镐、锄头、铲子等被交回。领导工人的护士必须防止发生混乱，这样她才可以确定，所有发出去的工具是否都收回来了。如果不仔细清点的话，黑人就会把一些斧子和锯子占为己有，或者为了偷懒，干脆就把它们扔在丛林里。当工具全部收回时，天已经黑了。我们住在赤道附近，6点一到，夜幕立即降临，冬季和夏季之差也就在这一刻钟之间。

6点半，第二次锣声提醒过分热心的人结束工作，在吃饭前换换衣服，休息一下。7点，招呼吃晚饭的第三次锣声响了。晚饭之后是简短的晚祈祷。接着的半个小时，我们仍然坐在一起。8点半，晚间的钟声传来。通常，这只钟只在礼拜天敲响，通知人们前来做礼拜。现在，医院里静了下来。白人的留声机也沉默了，护士在自己的房间里相互交流做手工的经验，医生开始阅读医学杂志，并倾听着远方的河中是否有汽艇到来，它能够把病人带走。

10点之后，大多数房间里的灯熄灭。但是，这并不意味着，我们大家都可以立即入睡。现在，非洲的蟋蟀和蟾蜍登场了，它们从晚上9点到凌晨2点叫个不停。此外，几个礼拜以来，白人的病房里也安排了带着新生儿的产妇。这些新生儿白天睡觉，晚上哭闹。如果没有新生儿的话，医院前方的河里还有两只河马，它们打闹吼叫。或者有一个精神病人，有时甚至是好几个，不停地敲打着他们小房间的木墙，长达几个小时。还有，在河对岸的一个村子里，彻夜在“塔姆—塔姆”地不停跳舞。最近，戈尔德施米特医生向一个村子头领抱怨，在满月期间，为什么要彻夜跳舞，让人不得安宁。他得到的回答是：“医生，人民做的事，不是很快乐吗？”……

年初(1937)，(在欧洲活动了一年半之后)，我又回到了兰巴雷内。我想，这次可以不要再造房子了。直到5月，我还一直坚持这一想法。但不久之后，我又不得不承认，一系列建筑事务不能够再拖延下去，最为紧迫的是要彻底翻修孤儿居住的棚屋，这些孤儿是在我们这里用奶瓶喂养大的。建造时利用现成材料的棚屋地板已经烂掉了，防御蚊子的铁丝栏栅也锈蚀不堪，还有其他方面的损坏就更不用说了。当这些可怜的小生命住在修缮一新的、通风和明亮的房间里时，我是多么地高兴啊！

此后，为了增加几间房子，以安排更多的手术病人，我必须按照护士的要求，扩建一排现有的棚屋。

当开始修建房子时，我吃惊地发现，对于支撑房子的木桩，如果它坏了，我们多年来的做法是换上新的木桩，但现在不行了，必须立即用水泥柱子来取代它。我原先以为，手术室、诊疗室、我们大住房的粗壮、经过很好烧灼的硬木木桩还能够坚持两到三年。但是，仔细地查看表明，这几年来，埋在地下的木桩根部的腐烂程度出乎意料地加剧了。对于这些基础不牢固的建筑来说，一次严重的龙卷风将成为真正的灾难。因此，我必须决定，用水泥柱子替换这些木桩。埃玛·豪斯克纳希特小姐熟悉这一工作，有了她的帮助，我做出这个决定也容易了点。为了在此帮助我，她推迟了几个月才回欧洲……

排水系统的整治也占去了我们的许多时间和劳动。龙卷风带来的滂沱大雨从山坡冲向位于河边的医院建筑，泥石被冲下，道路被淹没，房屋的基础被击垮。现在，一个水泥渠道系统被建成了，雨水可以随之流向河里。为了这个迫切需要的工程，两个泥水匠带领多名助手整整干了几个月……

地基工、泥水匠和木匠还得干上几个礼拜，然后，医院的主要建筑事务终于可望结束了。我几乎不敢想象，在兰巴雷内的日子里，我今后可以不必把最好的时间用于这些事情……

4 月 16 日(1938 年)，是妻子和我第一次来到兰巴雷内行医 25 周年的日子。我没有和任何人谈及此事，并确信，这里也不会有人想到它。但是，几个定居在当地的上了年纪的欧洲人注意到了这一天。从我关于第一次非洲之行的报道《水和丛林之间》中，他们可以推算出这个日子。为了在这个纪念日对医院进行捐赠，当地的白人开了一次会。他们的保密工作做得如此之好，直至受到捐赠的一刻，我对此还一无所知，我被深深地感动了。在所有人都受到木材贸易危机打击的时刻，欧洲人还能够以这种方式想到医院。我知道，对于其中的一些人来说，捐出这样一笔款项是一种牺牲。医院也高兴地从多个当地人那里获得了捐赠，传教士为我们的餐厅提供了一个上好的柜子和宝贵的医学书籍，这个柜子是由恩戈莫传教站的手工业学校制作的。

复活节礼拜一，在兰巴雷内传教站的教堂里开了纪念会。会上，传教士和我们都打开了记忆的匣子：在这 25 年中，传教站和医院之间是如何相互帮助的。我始终深深地感激着传教协会。当我第一次在此行医时，正是兰巴雷内传教站给了我开办诊所的土地，并通过其他帮助，使我能够建立诊所。举行这次纪念活动的小教堂就位于河边我诊所原先所在的地方。现在，让我想象诊所只有这么小的一块地方，还真不容易。会议结束后，我们去查看了鸡棚，它是我行医第一个月的诊疗室，还有我动第一次手术的竹棚。

我从来没有相信过，白人和黑人会以我们现在可以经历的规模参与我们的事业……

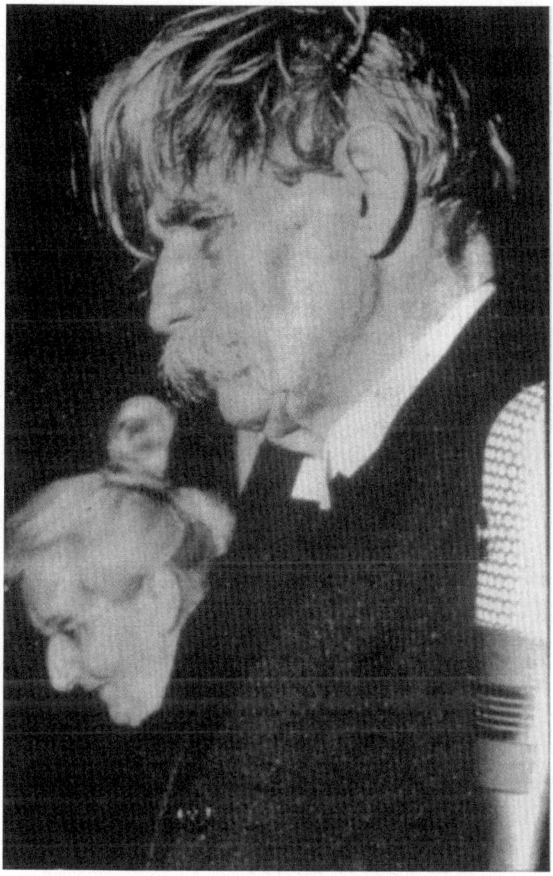

1954 年

第八篇

高 龄 的 重 负

(1939—1965)

兰巴雷内成为战斗区域

1939 年 1 月 12 日，在兰巴雷内工作了两年之后，我前往欧洲，打算在那里居住几个月。但是，对于即将到来的休养时间，从一开始我就无法感到真正的快乐。政治进程方面的消息使我深为忧虑，就像一块沉重的石头压在我的心上。在我们的轮船靠岸的所有码头上，到处都是体现战争威胁的战舰。无论是从扩音器里传来的高声谈话，还是人们之间的窃窃私语，都不是在消散，而是在强化这一担忧。

在波尔多上岸后，我决定放弃在欧洲的休养，12 天之后，乘送我从非洲前来的同一艘船，立即回到非洲。我利用住在阿尔萨斯的几天，处理医院和自己的一些事务。战争也许真的就要爆发了，我必须坚守岗位，在战争带来的艰难处境中管好医院。

3月3日，我又乘上了小汽船。当我们驶入两岸都是丛林的奥戈维河，大海在身后逝去时，我忧虑地问自己，当我再次回到欧洲时，会发生什么事情？在后来的几个月内，我动用了医院里的所有款项，在当地和欧洲购买药品和其他必需品。幸运的是，几乎所有订购的物品都在战争爆发前运抵了兰巴雷内……

战争爆发时，我们只得硬着心肠决定，让大部分来自内陆的等待动手术的病人回家，这些病人大都患内脏疝病和象皮病肿瘤。由于我们不知道，什么时候能够得到新的手术用品，因此我们现在必须尽量节省材料，只做一些最为紧急的手术。我们的粮食储备也不允许医院供应大量病人的伙食。总之，我们必须让所有不是特别严重的病人离开。

为了把他们送回家，那些日子是多么令人伤心啊！我们只得拒绝那些想留在医院里的人的恳求，并尽可能向他们解释清楚，他们必须离开医院的道理。由于善良的汽船和汽艇主人愿意把他们带回去，因此一些回家的病人能够利用这些交通工具。另一些病人则只能依靠自己的双脚，艰难地穿越丛林中漫长的小路，回到远方的家乡。最后，那些我们要他们离去的人们终于都走了，令人痛心的场面终于告了一个段落。精简了大部分人员的医院显得毫无生气，我们还必须辞退一些担任医护助手的当地人。

欧洲商品分理店的老板多次向我提出，以特别优惠的价格卖给我一批数量可观的大米。原来，由于这批大米的质量不太好，出现了蛀虫，因此他们急于出售。我请他们考虑一下，是否可以说，在可以预见的将来不会有别的大米的到来。他们对此做了否定的回答。老板认为，这场战争不同于上次威胁到海运的战争，正常的必需品进口不会受到影响。因此，其他买主拒绝购买这批大米，而是等待从西贡运来的新米。从而，这批大米就都拥挤到了我这里。幸好我有储藏它们的地方。由于这次大宗采购，医院的现金几乎消耗殆尽。但是，后来的3年之久，我们就靠这些大米过活……

1940年1月11日，维尔迪卡恩女医生再次来到了兰巴雷内。从1936年到1937年，她曾经在这里工作过。战争期间，她能够从家乡里加前往波尔多，再从波尔多抵达这里，真是令人难以置信的奇迹……

3月，多年来一直航行在波尔多和赤道非洲之间的大型客轮“巴拉扎”号，在菲尼斯特雷角遭到鱼雷攻击，很快下沉了，船上几乎无人生还。牺牲者有来自我们故乡地区的人。在遭受不幸的海员当中，还有一些我们在乘船时结识的熟人。由于这艘船的沉没，我们失去了应该从欧洲运来的最后一批药品和手术用品。

现在，住在兰巴雷内的人们都认识到，就像上次战争一样，在这次战争中，大规模的海运已经不可能了，包括原先想无视这一点的人们也是如此。1940年3月和6月的暴力进程更使大家明白，战火真的点燃了，它的可怕性绝不亚于上次，而是有过之而无不及。

1940年10月和11月，为了争夺兰巴雷内，戴高乐将军的军队和维希政府的军队进行了战斗。[1] 在这场战斗中，我们的医院没有遭到毁坏。究其原因在于，一方面是由于它的位置，另一方面则归功于战斗双方所采取的措施。战斗并没有发生在兰巴雷内本地，而是发生在其上游4公里，一条500米宽的支流对面。根据其指挥员的命令，双方的飞行员都没有轰炸医院。因此，医院也就成了白人和黑人的避难所。我们用厚波纹铁皮放在朝着战斗方向的房子木板墙的前面，以抵挡许多误射的子弹。幸运的是，我有不少这样的铁皮。

1940年秋，当地在被同盟国方面的联合政府控制之后，我们与法国和欧洲大陆的联系被中断了。从此，开始有了与英国和美国的往来。当然，直到与这些国家邮路的正常开通，还得等上很长一段时间。在相当长的一个时期内，我们的海上交通仍然是很危险的，几乎不可能建立邮政联系。通过英国，我们有时还能够与瑞典有所往来。

[1] 在德国占领军控制下的法国贝当元帅的政府驻地为维希。

我们已经很久没有来自阿尔萨斯的消息了。最后的来信告知我们，由于1940年初夏的事件，家乡的一些地方已经遭难。例如，京斯巴赫山谷中的魏尔，已经被完全摧毁。

1941年夏季，我的妻子好不容易离开了法国，前往里斯本。在那里，她乘葡萄牙轮船“萨查雷”号抵达刚果河口的殖民地安哥拉。接着，她绕路经过比利时刚果，于8月2日终于来到了这里。

治疗工作由3个人承担：我；戈尔德施米特医生，自1933年起，他就在医院工作，1938年底，他从欧洲休假回来；安娜·维尔迪卡恩女医生。我本人有时还得领导维修房屋和道路以及种植园。战时，由于木材贸易萧条，劳动力便宜了许多，因此我决定把原先拖延下来的一些事情做起来。好多公顷土地应该被开垦，这样可以把苗圃里的果树苗移植过去。如果所有这些果树都有收成的话，那么我们就可以用它的果实来换取大米。

面积很大的油棕榈树园，又长满了灌木和攀援植物。这是由于多年来我们只能铲除长在地面上的东西，而没有挖掉它们的根。现在，大面积的、不能再拖延下去的艰辛工作开始了……

此外，河边大种植园的土地，在近几年的雨季中不断地塌方，也使我十分费心。为了解决这个威胁到种植园能否存在的问题，有必要建造一条长400米、基础深固的防护墙。由于当地附近没有石头，因此仅仅为了获得建墙所需的材料，就得付出长期和艰苦的努力。一个旱季的时间不足于完成这个工程，直到第二年的旱季，防护墙才得以建成。现在，斜坡上的种植园再也没有危险了……

1940年底，有了意外的喜讯。传教医学事务委员会秘书爱德华·休谟，这位我在京斯巴赫结识的朋友，在一封信中说要给我一批来自美国的药品。同时，过去在京斯巴赫访问过我的中堡学院的埃弗里特·斯基林教授，他也写信给我，说他和他的朋友考虑到我的医院所处的困境，准备在美国组织一次捐赠。为此，我把一份药品和其他必需品的清单寄给了休谟医生，并请求他用斯基林教授所募集的全部款项购买所列物品。当然，直到这批捐赠经喀麦隆的杜阿拉最终运到我们这里，这个过程整整持续了一年多。几个月来，我们始终在为这些宝贵的箱子担心！1942 年 3 月 11 日，汽船终于把它们送到了医院。新的药品来得正是时候，我们的药品库存已快用尽。现在，药房里空荡荡的架子被放满了。1945 年，又来了一批来自英国的药品。

我们在 1941 年所有的款项，正好够维持医院的运行。1942 年和 1943 年获得的捐赠，允许我们逐步接收较多的病人。现在，我们不仅有了治疗病人所需的药品，而且也有了为他们提供伙食的资金。对于现在又能够像过去那样，接收和医治所有应该救治的病人，我是多么地感激这些忠诚的朋友啊！现在，我们也能够做比过去更多的手术了……

1941 年，当地的道路建设明显地上了一个新的台阶，载重汽车也可以开到我们这里来了。这具有重大的战略意义。当然，新的道路也有许多不完善的地方，在这种路面上坐车还不完全是一种享受。但是，这毕竟意味着巨大的进步。战前，人们随着搬运队伍，在丛林小路中要走上几个礼拜才能抵达的居民点，现在我们在公路上几天之内就可以到了。由于有了汽车邮政，我们与设在内陆的英国、美国和瑞典传教站也建立了联系，而这在过去是难以想象的……

1943 年，戈尔德施米特医生有几个月在比利时刚果度假。在他休养期间，像在非洲行医早期一样，我本人又为病人动手术。否则，我只是作为他的助手……

1944 年期间，我们大家都感到非常疲惫。这种极度的疲劳有两个方面的原因：第一，我们在炎热、霉闷的赤道地区居留的时间已经太长。第二，超负荷的工作量使我们长期处于高度紧张之中。但是，为了维持医院的正常运转，我们必须竭尽最后一点精力。我们每天担忧的不是自己会生病，而是自己如何能够胜任这些工作。大家都明白，对于我们当中每个必须放弃恢复的人来说，也许不能再继续工作了。接替者一直没有能够到来……我们硬撑着。

在疲惫不堪的同时，我们的工作量却日益增加。这主要是由于，必须住院的白人不断增多。一些欧洲人的健康状况非常糟糕，以至于必须在医院里住上一段时间。有些白人病人在我们这里住了几个月，我们经常得为20个以上的白人病人提供伙食。

在远方战事激烈的时期，由于病人的不断到来，我们在这里却平静地生活和工作着。由于医院里没有收音机，也没有考虑去买一个，因此我们并不每天都了解新闻。兰巴雷内无线电站的官员每天记录新闻，用打字机写成大约50行字左右的通报，提供给订阅它的读者。我们主要依靠这个来了解当时发生的事情。每个礼拜有两到三次，我们让人把这些通报取来。如果有一个带着收音机的白人病人住在医院里，那么在这几天或者几个礼拜中，我们就每天从他那里了解新闻。

尽管我们并不一直了解当时的新闻，但我们还是为那些不断地发生着的可怕事件而感到担忧和压抑。我们为许多身处险境的熟人担忧，我们这里有足够吃的东西，而远方的人们则在忍饥挨饿。想到这一点，我们感到羞愧。关于在战俘营中发生的一切，关于犹太人受到的残害，关于被暴力驱逐的居民遭受的苦难，这些消息都使我们感到恐惧。逐步了解到的荷兰人的困境也震撼着我们。

我们大家都知道，我们每天都得从持续的沮丧中振作起来，去做应该做的工作。我们大家都一直体验着不可理解的事情：当其他人注定要受苦，或者必须制造痛苦和死亡时，我们则可以从事这帮助和同情的职业。我们以这种方式受到了恩赐，它每天给予我们新的工作力量，即对于我们极为宝贵的力量。

1944年12月6日，玛蒂尔德·科特曼小姐在斯特拉斯堡给我写了一封信。这封信于斯特凡日到达了兰巴雷内，由此我首次获得了来自阿尔萨斯的消息。当时，由于阿尔萨斯的邮路不通，因此她委托前往巴黎的熟人，让他在那里把这封信航空寄出。在收到这封信时，我们已经在深为阿尔萨斯担忧了。从一些由兰巴雷内无线电站提供的零散报道中，我们得知阿尔萨斯的情况非常危险。元旦，我对妻子和豪斯克纳希特小姐表达了自己的担心：斯特拉斯堡的居民正在逃亡。从关于下阿尔萨斯和上阿尔萨斯发生激烈战事的报道中，我们估计那里就是战场。我们多么悲哀地读着被摧毁的阿尔萨斯居民点的名字！这些我们熟悉的名字，在通常的报道中，已经面目全非了。然而，从2月1日起，在报道中可以逐步看出，阿尔萨斯得救了。2月28日从巴黎发出，3月2日收到的电报告诉我们：在对其他地区致命的几个月中，明斯特山谷中的村庄没有遭到破坏。几乎难以相信，我已经放弃了的京斯巴赫还在！那几天，我就像一个梦游者一样到处走来走去。

5月7日，礼拜一中午时分，我们得到了战争已经在欧洲结束的消息。午餐之后，我正要坐下来写几封紧急信件，准备让两点起程前往海边的汽船带出。这时，我的窗前突然出现了一个白人病人，他带着收音机。这位病人告诉我，根据比利时刚果利奥波德维尔电台转播的德国报道，在欧洲的水域和陆地将实现停火。但是，我仍然必须坐在桌边把信迅速写好。然后，我还要到医院里去，因为心脏病人和其他病人已约好两点在那里等待治疗。下午，钟声响了，它告诉医院里集合起来的居民们，战争结束了。接着，尽管很累，可我还得拖着沉重的脚步去种植园，为的是考察那里的工作状况如何。

直到晚上，我才有时间思考并试图想象，欧洲敌对状况的结束意味着什么，多年来第一夜可以不再害怕轰炸的许多人必然会感到什么。当屋外黑暗中的棕榈树轻轻地沙沙作响时，我从书架上取下了《老子》，这位公元前6世纪伟大的中国思想家的格言诗，读起了他关于战争和胜利的感人诗句。

“兵者，不祥之器，非君子之器，不得已而用之，恬憺为上。胜而不美，而美之者，是乐杀人。……吉事尚左，凶事尚右。是以偏将军居左，上将军居右；言以丧礼处之。杀人众多，以悲哀泣之；

战胜则以丧礼处之。”……

由于在巴黎的医院之友的努力，以及我们殖民地总督将军的支持，1945 年 7 月底，玛蒂尔德 · 科特曼小姐终于搭乘上了一架从巴黎飞往利伯维尔的飞机。接着，她从利伯维尔乘车前往奥戈维河，再从那里乘汽艇于 8 月 2 日抵达了兰巴雷内。她这样做是为了尽可能减轻埃玛小姐和我的负担，很不容易……

10 月，盼望已久的轮船“行省”号来了，它的任务是把在殖民地的欧洲人接回去。这次，它带走了几百个人，其中有我们地区的人。由于健康原因，这些人已经在医院里住了很久，有的甚至就一直住在我们这里，因此必须尽快地回到欧洲。随着这些人的离去，我们的工作量也减少了……

医院的生存在未来……更为困难。由于严重的、无法回避的普遍贫困化，我们也有点怀疑，医院是否还能够存在下去。但我们还是相信，即使在今后困难的条件下，医院的朋友们仍然会保持对它的忠诚。我们也可以向他们保证：这一事业不仅现在是必要的，而且将来更为必要。我们知道，这里有许多受疾病折磨的人，医院对他们来说是十分重要的。因此，我们也敢于请求朋友们：“帮助它，医院也将属于你们。”……

1951 年底，施韦泽为法文版的《水和丛林之间》写了一个前言。这个前言不同于他在 1905 年的布道。在那次布道中，施韦泽反对殖民主义的剥削；而在这个前言中，他为善意的家长制的殖民精神辩护。

……关于白人和黑人之间的关系问题，其基本前提并没有发生变化。如果我们能够通过相互尊重，通过我们在两个集团之间确立的真诚的精神关系，我们就能够找到一种确定的解决方式。所有别的措施，无论其性质如何，都只是外在的。与其说它能够简化问题，毋宁说只会使问题复杂化。

本书所涉及的时代，我们有权利感到自己是黑人的兄长。这个兄长要关心弟弟的福利，并通过其知识和理智能够判断，对于弟弟的发展及其真正进步来说，什么东西最为重要。相应地，我们也可以这样行事。我们不仅是一些有这种信念和精神立场的个人，在殖民地努力做事。而且我们也是多数总督、殖民地官员、传教士、医生、木材商、商人等所有类型的殖民者。我们可以自豪地确定，最聪明和最清醒的黑人认为我们是他们的兄长，并承认我们要以合理的方式为他们做最好的事情。作为那个时代的努力的见证人，我敢于肯定：在那些年里，我们不仅在经济领域内取得了成就，而且在黑人与我们之间人和精神的关系领域内也取得了成就。建立在相互信任基础上的关系已经形成了。当然，我们的成就还有缺陷，还有许多错误，出现了不少纰漏，但我们有走上正路的意识。

现在我们发现，我们不再能够以兄长自居，以及这样行事。按照当今占主导地位的意见，弟弟被看作如同兄长一样成熟和具有同等的判断力，黑人日益把其国家的命运掌握在自己的手里，只有在这种条件下，进步的时代才会来临。时代精神已经这样做出了决定。为了用难以定义和更加难以实现的非家长制取代家长制，时代精神要在整个世界消除家长制的遗留。但是，历史总有一天会对此做出判断：在这些领土上放弃家长制取得了什么成就？什么成就过去可以称作殖民地的，现在则不可以用这个名字了。决定历史发展进程的事件，对于当时的人们来说，是不可探究的，其结果也是不可预见的。

这样，关于我在兰巴雷内首次居留的报道就具有了质朴的纪念碑性质，并献给那个时代，因为殖民地还是殖民地。

……战后的主要事情是，由于接收了200多个麻风病人，医院的规模几乎扩大了一倍。当然，做出让医院发展成这一规模的决定，对我来说也是很不容易的。因为医院的成本也将随之翻一番。但是我认为，由于战时在美国发明了治疗麻风病的药品，因此当地的病人也不应失去医治的机会。我还相信，以我们医院的精神和支持医院的朋友们的信念，我们应该治疗他们。

在扩大接收病人规模期间，还出现了一个当时没有考虑到的困难。在医院附近的山坡上，我们有一个传染病区。我原先以为，让麻风病人在那里建立一批竹屋，就可以解决安顿他们的问题。为此，内格尔医生已经做出了很大的努力。但是，我们没有想到，这种竹屋只能维持3年。因为支撑这些竹屋的木桩，即使用的是比较好的材料，它的根部在3年之内也会烂掉。还有一个大的问题：并排的竹屋容易被风吹倒，同时它也抵御不了夜晚的湿凉。此外，用拉菲亚棕榈叶做成的屋顶，如果其材料和做工都不是最好的，那么它就防不了雨。由于日晒雨淋，这种树叶屋顶也无法保持3年的良好状态……

我们让麻风病人每3年重新建造竹屋病区，而不考虑这些房子的状况绝大部分都很糟糕。但即使如此，在不断地重新建造时，医生每次都能抽出几个礼拜的时间去管理吗？我每次都能够找到这样的一个人吗？他既具有指挥人们长时间从事这一艰苦工作的权威，又具有建造此类竹屋的经验。鉴于这些情况，几个月之前，我决定建造一个可以长期使用的病区，并且由我自己来领导这项工作。

为了建好这个病区，首先得确定合适的地点。看来，除了一个离医院约20分钟路程，现在上面已经有了许多竹屋的山坡之外，其他地方都不能加以考虑。洼地不适于建房，因为沼泽地里有许多传播疟疾的蚊子，人根本不能住在那里。

当然，山坡必须被平整好，这样它才会成为一块足够大的、可供建房的场地。现有的竹屋就建在它的斜坡上，刮龙卷风时，水都会流到屋里去。为了建在比较合适的位置上，各间竹屋之间的距离也较大。整个病区由3排被灌木丛分开的竹屋组成。每天要在这些竹屋中照料不能走动的病人，对于护理人员来说，是不轻松的。

从1953年5月起，我开始建造麻风病区。如果铲平山坡顶部，并把这些泥土堆在山坡的两边，我们就会有一块大约200米长和90米宽的平地。这样，首先得大规模地平整土地，但黑人并不愿意，他们更想在还过得去的地方增添一些新房子。

因此，为了能够完成这一必要的土方工程，整个工作日我都得站在现场。开始，铲下来的泥土放在扎着粗绳的箱子里，由两个人抬走，所有病情尚可的麻风病人都要参与这一工作。他们大约有60人，其中包括12个妇女。当然，妇女抬的土箱特别小，抬的距离也特别短。在最后的几个礼拜，我从一个友好的木材商人那里弄到了180米长的轨道，他还借给我3辆轨道车。这样，我就能够把山顶上的所有泥土都运到下面我所需要的地方去……

我们建造的是这样的房子，它的造价要尽可能低，但经久耐用，能使住在里面的病人感到舒服。此外，它还应该是当地人建造耐用住房的样板。这些房子的全部屋梁架构都用了硬木，这样就不用担心白蚁。屋梁架构被安放在大约30厘米高的水泥墙上，不直接接触泥土和水，以免腐烂。它的屋顶用波纹铁皮，人们并不认为，由于波纹铁皮会积聚灼热的太阳光，因此在热带不可以用它来做屋顶。实际上，只要人们在造房子时，能够使屋顶下面的空气畅通，波纹铁皮屋顶就不会使屋内的气温特别高。这样，它能够多年绝对防雨的优点就会明显表现出来。通过屋顶山墙架构下面的穿堂风，被波纹铁皮加热的空气会不断地散去。此外，我们的病人并不整天都在屋里，而是可以坐在向前伸展的屋檐下。只是在夜里，他们才在屋里度过……

为了建造这个能够接收大约250个病人的麻风病区，自然需要许多材料，例如，水泥、波纹铁皮、木料、钉子、螺钉、铰链、门锁，等等。由于要从欧洲运到兰巴雷内，还要上税，因此现在的水泥和波纹铁皮都比较贵。我用打折价买到的以及别人赠送的波纹铁皮，可以用作一部分房子的屋顶。但是，如果诺贝尔和平奖的奖金不用于建造这一病区的话，那么其他房子就只能盖拉菲亚棕榈树叶屋顶了。此外，用波纹铁皮取代拉菲亚树叶有利于防火，并且还可以让屋檐长一些，使麻风病人可以在它的下面做事。因此，对于我来说，这笔支出是很有必要的……

黑人习惯有两间分开的竹屋，一间居住，一间烧饭。在他们临时居住的医院里，我可以要求他们在所住房子的屋檐下烧饭。但是，对于必须住院 2 至 3 年的麻风病人，如果他们的病情开始稳定了，就不能一直这样。为了使他们能够有在家的感觉，他们要有一个房间，存放食品、水和引火柴，等等。因此，我必须给他们两个房间。当然，建房的成本由此又提高了……

麻风病区大约三分之一的房子建成了。其中有一间房子作为诊疗室，病人在那里接受医生和护士的治疗。这间房子位于两棵芒果树下，名为“格蕾塔·拉格费尔特之家”。在最近写给我们医院的这位伟大的瑞典朋友的信中，我必须向她报告这间房子的建成，她对此特别感兴趣，这间房子用的是她的一部分捐赠。

每当麻风病人从破败的竹屋搬进新房子时，他们都表现出了对美好新居的喜悦。使他们特别高兴的是，新房子有了固定的、可以关闭的门，这在竹屋的竹门是不可能的。

在自己从事建筑工作的基础上，我终于能够提供给病人比先前好得多的居住条件。对此，就像在 1925 年至 1927 年建造新医院时一样，高龄的我现在也感到满足。当然，这种满足并不能够使我完全忘记：由于建造房子，在这段时间中，我过的是一种完全不同于自己打算要过的生活。因此，我希望自己终于能够有时间，在安静地行医之余，也可以再坐到写字台边，为我撰写了多年的一些著作定稿，也能够以必要的方式投身于我应该做的通信事务。但是，对于上述一切，我什么也没有做成。尽管我在夜间尽力写信，尽管有科特曼小姐和西尔弗小姐的大力帮助，还是有许多有权得到我回复的信件仍然放在那里。对此，我非常难过。特别使我不安的是，对于在这艰难的时代通过其捐助而使我的医院得以生存下来的许多好人，我不能够对他们表示感谢。 我请求他们原谅，并向他们保证，我的内心一直在感谢他们。 不断地得到的理解和善意使我有了坚持工作的力量和心情……

黑人习惯赤脚行走。 为了使他们不被荆棘、石头和房屋周围的碎玻璃弄伤，我就一直尝试引导他们用轻质木料或动物皮革做凉鞋。然而，这样做就像对聋子布道一样。 我经常举例说明，在荷马史诗中，众神的使者赫耳墨斯外出时，无论在哪里，即使在天空中，他的脚上也穿着鞋子，但这根本不能够激起他们对穿鞋的兴趣。 而且，在黑人看到的图片杂志中，无论男女，白人穿的都是一般的鞋子，而不是凉鞋。 由于黑人买不起白人通常穿的鞋子，因此他们继续赤脚行走，而无视我的劝告。 于是，这件事情就结束了。

此外，我提倡穿凉鞋还有这样的考虑：脚上扎着绷带的病人，不应该在泥地和水中等肮脏的地方到处走来走去。

出乎意料的是，正当我提倡穿凉鞋的努力陷于失败时，突然在画报中出现了一个穿凉鞋的时髦女士。 正是这位女士促进了黑人穿凉鞋。 大约 10 年以来，穿凉鞋已经成了时尚。 现在，不仅脚上扎着绷带的病人，而且其他住院的病人都向我们要凉鞋。 但是，我们的资金不可能为他们到欧洲去购买这种凉鞋。 一天，有一个黑人坐在我的房间前面的走廊上，正在用从附近讨来的废汽车外胎和内胎做凉鞋。 凉鞋的鞋底用外胎，鞋带用内胎。 这位及时地帮助了我们的时髦女士真是应该赞扬！ 我们感谢她，因为她使应该在脚上扎着绷带的麻风病人保持了清洁。

作为我们医院近期的一件大事，我可以举出在今年(1954)4 月 27 日发生的事情。 这一天，我们为一个黑人做了当地的第一例盲肠手术。 对于这种白人的常见病为什么在当地的黑人中没有出现过，还没有可信的解释。 也许现在这一例外情况的出现与黑人的饮食结构变化有关。 现在，有些黑人特别是居住在大居民点的黑人，他们已经不同于过去的完全素食(香蕉、木薯、野芋、甜薯，等等)，而是同时也吃各种罐头食品，如牛奶、黄油、鱼肉以及面包。

癌症，这种属于别的文化的疾病在当地出现的日子，不像盲肠炎的出现那么可以确定。我们只能不很肯定地说，原先这里根本没有癌症。因为所有可以确定的对肿瘤的显微研究都是在近几年做的。基于自1917年起的经验，我也只能这么说：即使有癌症的话，过去肯定也极为罕见，近年才开始多了起来。当然，与在欧洲和美国的白人相比，黑人患癌症的仍然比较少……

“田园风光”的核战争

去年(1957)4月，为了使人们关注原子弹和氢弹爆炸对空气和土壤的放射性污染，在别人发表声明的同时[1]，我也表达了自己的看法。像他们一样，我也提出了这一要求：核国家应该尽快就停止核实验达成一致，并由此表明，他们也确实愿意销毁核武器。

当时，人们对走出第一步可能还抱有希望，但希望落空了。1957年夏，在伦敦由哈罗德·史塔生主持的美国、英国和苏联之间的谈判无果而终。此外，由于苏联不再参加，去年(1957)秋季联合国大会的相关讨论也遭遇了同样的命运。

现在，苏联提出了一个裁军计划，也许会准备以此为基础进行新的谈判。第一次看到这样，似乎很快就要停止核试验了。

那么，这个要求的处境如何呢？人们也许会认为，对于所有谈判伙伴来说，同意这个要求是容易的。因为没有任何一方会因此遭受损失。不能实验新的核武器的后果，对于各方也是一样的。

然而，美国和英国却难以接受这一建议。在1957年春谈到它

[1] 意指：1957年4月12日，18位德国原子能研究者在哥廷根的声明中警告继续进行核武器实验。11天之后，施韦泽也首次就这一问题在奥斯陆电台发出了警告。两次警告在时间上如此接近是偶然的，并没有约定。1年之后，对这一问题，施韦泽通过奥斯陆电台又发出了3次呼吁。

时，两国就立即表示反对。此后，在其旷日持久的宣传中，美英两国否认核试验的放射性危险，认为没有必要放弃进一步的核试验。两国的国家原子能委员会和觉得有必要表达类似信念的科学家，不断地向美国和欧洲的舆论界提供丰富的宣传材料……

在持续的安慰宣传中，1957年8月，一位地位很高的美国原子能专家甚至宣称：夜光钟表的危险大于所有核试验导致的放射性降水的危险！

安慰宣传不断地承诺，它给世界带来了好消息。例如，在科学上已经能够制造氢弹，与通常的核爆炸相比，它所产生的危险的放射性物质要少得多。因此，新的氢弹被称为比较干净的核武器，而现有的核武器在今后则是肮脏的。

说氢弹比较干净的根据在于，它没有用铀238做成的外壳，这种外壳在爆炸的极度高温下会释放出大量的放射性物质。基于这个理由，可以说就产生的放射性而言，氢弹比通常核武器的危害要小得多。当然，它的爆炸威力也要小一些。

顺便说明一下，这种被称赞为干净的氢弹也只是相对的干净而已。给氢弹点火的是分裂的铀235原子弹，它相当于一颗广岛原子弹的威力。在爆炸时，它也产生放射性。此外，在爆炸中释放出来的大量中子也产生放射性。

1958年初，爱德华·泰勒，这位肮脏的氢弹之父，在美国的报刊上唱着抒情歌曲，赞美田园风光的核战争。在这种核战争中，使用的都是完全干净的氢弹。为了制造出这种理想的核弹，他要求继续进行核爆炸实验。

在泰勒关于田园风光的核战争赞美诗中，有两行这样的诗句："进一步的核试验使我们能够摧毁对手的战争机器，而他周围无辜的人们则会安然无恙。"

"在未来的战争中，完全干净的核弹将减少不必要的伤亡。"

当然，为了在可能发生的战争中使用核武器，苏联和美国都不会考虑生产这种威力较小的核弹。在前些时候，1957年夏，美国国防部就表示，整个地区的放射性污染已经成为一种新的战争武器。

干净的核弹不是为了使用，而是为了展示。它的作用在于促使人们相信，从现在开始，核爆炸的放射性将越来越少。因此，反对继续进行核试验的人们，并不能提出什么令人信服的意见。早在1956年，一份美国科学家杂志就已经确定了这一点……

众所周知，我们所遭受的最危险的放射性元素之一是锶90。如果骨骼受到了锶90的污染，它的射线就会影响红血球和白血球在其中生成的骨髓细胞，从而导致基本上致命的血液病。

在大多数情况下，射线也伤害了机体繁殖细胞。即使其影响很小，但还是会导致致命的后果。

来自内部和外部的射线的可怕性在于，它能够长期存在，直至后果显现。对于后代的有害影响甚至在很久之后才出现。这就是说，其后果不是反映在第一代和第二代后裔那里，而是会在他们之后的世代中出现。在这些后来的世代中，日益严重的伤害可以延续几百年以上……

1958年1月13日，著名的美国研究者莱纳斯·波林向联合国秘书长递交了全世界9 235位科学家的声明，给予上述的安慰宣传以致命的打击。在这一声明中，他们一起确认，通过核试验爆炸不断地产生的放射性，对于整个地球都是严重的威胁。特别是由于它会使后代人的生育严重畸形，这一危险就更为严重。因此他们要求：缔结一个终止核试验的国际协定。

而支持继续进行核试验的宣传的无知在于，它竟然忽略了生物学家和医生的提醒，根据放射性对当代人的影响，它将对后代造成什么样的祸害。9 235位科学家做得好，他们使人们立即关注这一危险。

我们没有充分地考虑到，一旦让成千上万个身心受到最严重伤害的孩子出世，对此，我们根本负不了责任。只有从未看到过畸形婴儿的出生，从未听到他们的哭泣，从未看到其母亲的恐惧的人，才敢于断言：继续核试验还是人们可以承受的一种风险。著名的法国生物学和遗传学家让·罗斯唐认为，继续进行核实验是对未来的犯罪。他还主张，在阻止这种对未来的罪孽方面，妇女负有特别的使命，她们要旗帜鲜明地去做。

值得注意的是，现在还完全没有考虑：继续或停止核试验绝不是这样一个问题，它只与有核国家相关，他们可以在一起任意地对此做出决定。是谁给予核大国在和平时期实验核武器这一权利，这一将最严重地损害世界上所有国家的实验呢？在我们的时代得到高度评价，并被联合国加冕的人权对此说了些什么呢？人权不能从其加冕的庙堂走向世界吗？人们让人权走出庙堂、观察世界和承担起责任。

对此，人们立即能够在日本看到一种值得注意的现象。这个国家受到核试验爆炸的特别伤害。无论是苏联在西伯利亚东北部，还是美国在太平洋的比基尼岛上进行的核试验，风都会把由此形成的放射性云层吹向日本，或者吹过日本。对于日本来说，这种放射性污染是最糟糕的。十分严重的放射性雨，经常降落在日本。土地和植物也受到放射性污染，使当地居民不能吃其种植的东西。否则他们就得吃含锶的大米，这对儿童特别危险。鱼在日本人的饮食结构中占有重要地位。由于周边的海洋有时也遭到了放射性污染，从而通过他们所不了解的大量放射性的鱼，居民的饮食也成了问题。……再也不能失去时间了，不能再允许新的核试验增加我们所处的危险。当然，从可以观察到的情况来看，放射性污染本身的危险还会增加。由于过去的核试验而上升到大气层的放射性物质还在我们头上，人们估计，大约要 15 年的时间，它们才会落到地面上。

具有重要意义的是，从现在起，苏联要暂时放弃进行核试验。如果英国和美国也能够理性地做出为人权所要求的决定，那么人类就会摆脱对核试验威胁人类生存的恐惧，即对由于核爆炸实验导致的空气和大地的放射性污染加剧的恐惧……

当今爆发的核战争会导致什么后果呢?

让我们先来考察所谓的局部核战争。有些人私下希望，用限制在局部的核战争消灭敌对力量。在这种局部核战争中，不进行全面的核轰炸，不使用威力更大的氢弹，而只是进行短程和中程的火箭攻击。人们希望把这种针对性的消灭控制在一定范围之内，同时又能够及时地实现和平。

但是，就这种局部限制而言，并没有什么严格的规定。由于火箭攻击，它可以达到2 400公里的范围。对于其带来的毁灭性，也不可低估。因为现在所进行的攻击，至少相当于广岛原子弹；如果它是一颗氢弹的话，那么其杀伤力还要大得多。

要对手一开始就放弃把技术完善的铀弹和威力强大的氢弹投向大城市，这是不太可能的。更有可能的是，在未来的核战争中，人们共同使用火箭和大型轰炸机。火箭攻击的出现，并不会取代只使用大轰炸机的战争，而只能使它变得更加残酷……

用很厚的混凝土为一个居民点的所有居民建造防御设施，这也是不可能的。人们哪里有为此所需的场地和材料呢?在发生轰炸的情况下，居民还会有时间一起找到一个建在某个地方的掩体吗?

在一场核战争中，没有胜利者，只有被战胜者。投弹的和遭受攻击的双方，在核战争中，每个人都会受到同一核爆炸的伤害。核战争将导致不停顿的毁灭，既不会实现停火，也不会缔结和平协定。因此，就涉及核武器而言，没有哪个国家的人民可以对其对手说：“现在应该由武器来做出决定。”而是应该说：“由于我们都在消灭对方，因此我们现在是在共同自杀。”一个英国国会议员说得好，使用了核武器的人，其命运就像一只蜜蜂。如果它蜇了人，就会由于使用了它的刺而必然死去……

令人遗憾的是，与先前相比，现在由冷战转变成核战争的危险大得多了。究其原因在于，现在有了导弹攻击的可能性。过去，美国的原则是，除了苏联之外，只有自己可以拥有核武器。美国认为，如果其他国家也有铀弹或氢弹，这不符合它的利益。也许这些国家也不知道如何制造核武器。但是，随着不同射程的导弹的出现，形势发生了变化。由于导弹技术，与美国结盟的国家也能够认为，拥有核武器是符合他们和美国的利益的。从而，美国也放弃了不让其他国家拥有核武器的教条，这是一个后果严重的决定。

从他们的立场出发，北约各国人民想用这种新型核武器来武装自己，以防御苏联，这是可以理解的。但是，这种武器对于苏联来说，却是一种新的威胁。从而就美国和苏联在欧洲进行核战争而言，又增添了一个新的可能性。如果从联邦德国发射射程为2 400公里的中程导弹，就可以打到包括莫斯科和哈尔科夫在内的苏联领土。为了防御苏联，土耳其和伊朗也可能从美国获得中程导弹，它可以威胁苏联内地的各个城市。这样，苏联就只能认为，必须防卫一个针对它的、以导弹攻击为基础的包围圈。

中东地区的战略重要性，导致无论苏联还是美国都认为有必要资助那里的人民，武装他们，使他们支持自己。在那里发生的所有争端中，苏联和美国或公开或隐蔽地在起作用。对于维持和平来说，中东的这种状况特别危险。中东扮演了第一次世界大战之前巴尔干的角色。

核战争原则上不可能发生在一个核国家的宣战声明之后，而是基于任何一次偶然事件而爆发的。因此，由于导弹武器的出现而上升的战争危险，现在更为加剧了，时间因素在此起的作用越来越大。因为相对于被攻击者，突然袭击者处于有利地位。突然袭击使其获得了几乎意味着胜利的优势，使其有可能一开始就给对手以致命打击，极大地削弱对手的战斗力。

这样，为了通过瞬间充分有效的防御，尽可能挫败对手，战争双方都感到有必要时刻进行突然袭击。但是，这种最迅速的防卫包含着偶然爆发核战争的巨大危险。在必须迅速做出决定的情况下，雷达屏幕上的一个亮点就意味着一种致命错误的可能，有时甚至会导致核战争的爆发。根据美国将军柯蒂斯·李梅的观点，人们必须严肃地考虑到这种可能性。

事实上，不久之前，世界就处于这种危险之中。美国防空雷达和海岸雷达共同发出警报，一支未知国家的轰炸机联队正以超音速的速度飞向美国。据此，指挥战略轰炸机的将军，应该立即下令迎战。但由于责任重大，他没有做出这一决定。很快，事情就搞清楚了，原来雷达站发生了技术故障。如果一个不太理智的将军在他的位置上，会发生什么样的事情！

今后，由于失误而导致核战争的危险将更大。导弹的体积小，在其突然发射之后，不会很快就出现在雷达屏幕上。因此，防卫导弹攻击的可能性也就受到了很大的限制。为了确定飞来的是否真的就是导弹，启动必要的程序，只有几秒钟的时间。包括发射防卫导弹，以引爆敌方的火箭；派遣轰炸机联队，摧毁敌方的发射基地。但是，人的大脑承受不了这一切，它的工作速度太慢了。从而，人们必须把这些工作交给一台与雷达联机的电脑。如果确定真的有导弹袭来，那么电脑就会根据雷达接收的数据，在瞬间计算出敌方导弹的飞行轨道和距离，并发射防卫导弹，这一切都是自动进行的。

我们已经走到了这样的地步：我们的命运取决于电脑及其可能发生的错误。电脑只能自动地决定，它不具有在各方面更具优势的人脑的能力。电脑的决定是快的，但它不具有人的决定的缜密性和可靠性。此外，在如此复杂的功能运作中，电脑也完全依赖于任何一个最微小的部件都必须处于最佳状态。由于一个偶然而以最愚蠢的方式陷入核战争，不仅我们会有这种可能性，而且电脑也一样……

在放弃核武器的问题上，美国采取了一种值得注意的立场，即出于信念而主张核裁军。但同时美国又想维持一种不现实的状况：与北约国家共同拥有一种尽可能有利的军备实力。于是，他们决定尽可能快地装备现有的导弹。 他们想通过威慑对手来维持和平的能力。 对此，必须使大多数北约国家不急于装备现有的武器，也就是说，这些国家应该考虑其国内日益强大的反对这么做的公众舆论。

在这个事关人类命运的时刻，如果美国能够决定考虑放弃核武器的必要性，以及只有这样才可能避免核战争，那么这将具有重大的意义。 在当今这个战争危险日益加剧的时代，必须放弃通过核扩军威慑对手以维持和平的理论。

黑暗中出现了曙光。 1957 年 12 月，波兰外交部长拉帕斯基(Rapacki) 主动地(而不是如人们所假定的那样，受苏联委托)提出建议：波兰、捷克斯洛伐克和民主德国、联邦德国成为无核区。 如果这个计划被接受，这些相邻的国家获得了这一特权和其他国家的承认，并由此扩大了欧洲的无核区域，那么就十分有利于维持暂时的和平。 苏联阵营的幽灵也开始得到了驱逐。

欧洲的公众舆论完全赞同这一理性的建议。 公众舆论最近才认识到这一点，并做出决定：欧洲绝不能成为苏联和美国进行核战争的战场。 公众舆论必须坚持这一点。 某个欧洲国家可以秘密地计划生产核武器，跻身核大国的时代已经过去了。 鉴于欧洲公众舆论对此的立场，秘密准备实现此类计划是没有意义的。

北约将军和欧洲政府共同决定生产核武器的发射和储存基地及其地区的时代也过去了。 由于这样做会导致核战争的危险，现有的政治程序也失灵了，只有经过各国人民本身的认可，协定才会生效……

不能依靠谈判，只有出现健康的政治发展趋势，核武器才可能被放弃。 因为随着核武器的放弃，国家之间的距离就会起作用。 随着距离的遥远，时间就会起作用。

而核武器使远距离的战争具有了近距离战争的作用。 当今，尽管两国并不接壤，但苏联和美国都能够以可怕的方式迅速威胁对方。

因为他们都具有进行远程攻击的威力巨大的核武器。这样，两国之间的距离就像没有似的。由于成了邻居，他们每分钟都得为自己的生存担忧。

如果不使用核武器的话，那么苏联和美国的火箭就只能进行摧毁力小得多的攻击，威胁生存的邻居关系没有了。如果火箭不用核武器的话，那么欧洲作为苏美之间的远距离战场，就不会有近距离战场的作用。

以其在欧洲的核导弹部队，当今的美国成为欧洲的军事大国。欧洲则成了美国和苏联之间的中间地带，好像发生了大陆迁徙一样，美国来到了欧洲。

如果不使用火箭——核武器的话，这种非自然的状况就会结束。于是，美国又将完全成为美国，欧洲又将完全成为欧洲，大西洋又将完全成为大西洋，一个在大陆之间形成时空距离的海洋。

由此也会导致美国在欧洲的军事存在的结束。美国的军事力量的存在是由两次世界大战造成的。当然，在第二次世界大战及战后时期，欧洲给美国带来的巨大牺牲不会忘记，欧洲从美国得到的巨大的和多方面的帮助不会忘记，欧洲不应忘记对美国致谢。

在未来，欧洲不可能再有两次世界大战中的军事强权。这种境况是不自然的，既为了欧洲，也为了美国，这种境况必须逐步地结束。

现在，从各方面传来了可怕的声音："如果美国的核武器撤离了欧洲，不再保卫欧洲，那么可怜的欧洲会怎么样呢？如果让给了苏联，欧洲又会怎么样呢？"

这里还要指出的是，苏联也许并不完全如此恶劣：为了吞食欧洲，想搞突然袭击。苏联也许不那么愚蠢：不去考虑，吃下一个消化不了的大个子，有什么好处？

欧洲人民现在终于认识到，他们必须同甘共苦，必须联合起来。这是历史中的一种不可忽视的政治现象。一种不同的，也应该重视的政治认识是，现在的关键不是征服各国人民，而是在精神上与他们交往。这种自立的欧洲没有理由被怀疑。

为了进行确实的、完全的和持久的核裁军，3个核大国关于裁军协定的谈判，需要有东西方之间关系改善的保证。在此，他们也要有实施监控的可能性。东西双方都应承诺，允许国际的或者由双方组成的委员会对自己进行调查。人们还谈到，国际警察的飞机应该得到授权，在外国的领空进行侦察飞行。

那么，一个国家在不失其尊严的情况下，可以在何种程度上承受对其的监控呢？在此，可能出现的糟糕的意外事件也是令人担忧的。应该受到国际监控的大国会怎么样呢？

但是，即使最广泛的监控也不能保证协定得到严格的遵守。这就是说，归根到底，东西方都取决于对方在一定程度上的可以信任性。

这一点也适用于其他方面。例如，通过放弃核武器，与美国相比，苏联在欧洲的军事力量受到的影响就要小些。苏联还有大量用先进的常规武器装备起来的地面部队，并能够用它来突然袭击北约的欧洲国家，特别是联邦德国。而考虑到其后果，也不会有其他国家来帮助他们。有鉴于此，人们在谈判中就涉及了这一危险。苏联在裁军协定中必须同意裁减自己的军队，并承担起不攻击联邦德国的义务。但是，这种承诺如何能够得到确实有效的监控和保证呢？因此，这里的情况同样如此：即使有了一个最周密的、可以说得到国际保证的裁军协定，它仍然是不够的，谈判伙伴还得要有相互信任。

但是，我们生活在这样一个时代，各国人民之间的可信任性受到了前所未有的怀疑。各国人民关于相互之间可信任性的不断表白，就像在流通中被磨损了的硬币。究其原因在于，自第一次世界大战以来，各国人民共同经历了太多的不诚实和非人道，以及相互的伤害。那么，怎样才能重新实现相互信任呢？

现在必须重新实现相互信任，我们不可以一直陷于这种使我们瘫痪的不信任之中。如果我们想走出现在所处的令人不安的境况，就必须在个人和各国人民中形成另外一种精神。由我们体验到的其到来的必然性，如果能够给予我们相信它的力量的话，那么这种精神就会到来。在与我们一起遭受了可怕事件的各国人民中，我们也有这种体验的前提。在相互接触中，我们大家都意识到，我们都是人。作为人，我们都必须被认为，能够以相同的方式感受、思考和意愿。

我们都是人，我们的这一意识在战争和政治中都失落了。现在，我们只是作为结盟的或者敌对的人民的成员相互交往，并受到由此产生的看法、偏见、爱好和厌恶的束缚。因此，必须重新发现我们大家都是人，并要努力相互承认存在于人的本质中的道德能力。只有这样，我们才能够相信，在其他各国人民的成员中也会有对新精神的需要。由此，我们也将开始重新相互信任。

精神是改造事物的强大力量。我们把这种精神看作恶的精神，它做了令人难以置信的事情，把我们从为精神文化而努力的状态拉回到野蛮状态。现在，我们要寄希望于精神的同一能力，使个人和各国人民重新恢复文化的信念。

当今，我们可以在两种风险之间做出选择。一种风险就是继续进行毫无意义的核武器军备竞赛，以及由此而来的不可避免和很快爆发的核战争。另一种风险则是放弃核武器，希望美国、苏联及其盟国人民和平共处。第一种风险不可能包括繁荣的未来，第二种则有。我们必须敢于选择第二种风险。

1957 年 11 月 7 日，在苏联成功地发射人造地球卫星之后，美国总统艾森豪威尔发表讲话：“当今世界，比迈向太空更重要的是迈向和平。”这一伟大的迈进就是：我们有勇气希望，在个人和各国人民中，理性和人道的精神能够驱逐非理性和非人道的精神。

这篇 1963 年关于停止地上核实验的评论文章在 1958 年的广播呼吁整整 5 年之后才出现。施韦泽在世时，《当今和平之路》没有付印。直到 1966 年，这篇文章才公开发表。

如果人们今天要走和平之路的话，那么最自然的出发点就是今年(1958年)7月5日签署的《莫斯科协定》，这是和平之路的第一步。

在这一协定中，苏联、美国和英国政府决定，不再在大气层和水中进行核实验。这就是说，三国政府将不再进一步发展威力巨大的核武器。由于放弃了大规模的核实验，这种发展已不可能。因为只有通过大规模的核爆炸，才能实验和判定威力巨大的核武器的功能和作用。

由于人类已难以承受由大规模核实验导致的极危险的放射物对大气、大地和水的污染，放弃这种实验具有重大的意义。此外，放弃大规模的核实验也使这些大国不再走向经济崩溃的危险道路。由于大规模和毫无意义的核军备的巨大开支压在他们身上，这些大国正处于经济崩溃的境地。成熟的现代核武器，就像最现代化的飞机一样，是技术上的奇迹。与此相应，它们的价格也是相当高的。

从1958年10月31日起，由《莫斯科协定》而来的状况就已存在了。当时，在日内瓦的国联宫讨论放弃核实验问题的大国专家就试图这么做：在地球上建立180个监测站，每站有30名工作人员，科学家以此确定在任何地方进行的核实验。

为此，苏联、美国和英国决定，不等待这些计划中的监测系统发挥作用就不再进行核实验。不过，在放弃核试验的同时，他们仍然认为有计划地监控在地球上进行的所有核试验是不可能的。

只是美国要求，由于地下核试验无法被确定，从而不应该被禁止。为了能够生产小型的核武器，泰勒和其他美国科学家也要求继续进行地下核试验，英国和苏联做出了让步。为此苏联声明，他们本身不打算进行地下核试验。

从而，在《莫斯科协定》之前，人们就生活在这么一个阶段中，地上的核试验被禁止，而地下核试验则被允许继续进行。这一时期从1958年10月31日持续到1961年9月1日。从这一天开始，苏联又在地上进行大规模的核试验，而且从那时起他们也决定从事地下核试验。

只有不断地进行大规模和最大规模的核试验，才能试制新的、威力巨大的核武器，苏联生产了威力最大的核武器。通过这种新的实验，大气层、地表和水中的放射物可怕地增加了，对由于任何一种事件而可能引发可怕的核战争的忧虑也增加了。

现在，通过《莫斯科协定》，我们又走在一条较少危险的道路上。但是，还需要其他的理性协定，核武器给我们带来的威胁才可能被消除。

《莫斯科协定》是朝霞。如果所有核试验，包括会导致地震增加，从而特别可怕的地下核试验都停下来，太阳才会升起。

始终令人遗憾的是，大国在《莫斯科协定》中并未决定停止地下核试验。因为他们未能对此的有效监控形成一致意见，也不能信任对方在不可能全面监控的情况下，对方会遵守停止地下核试验的决定。

我们最迫切的目标在于，销毁大量现存的核武器，只有这样和平才可能来临。但是，对这种措施不存在完全足够的监控。如果任何已商定的一切都被遵守，那么这才会成为可能。在销毁现存核武器和由此而带来和平的未来谈判过程中，大国之间必须在遵守协定的可信性方面相互承认和信任。

就其本质而言，值得信赖的担保优于完全控制的担保。后一种担保只能保证发现协定未被遵守，而值得信赖的担保则能确保事实上遵守协定。

没有大国之间的相互信任，就不可能销毁现有的核武器，使和平成为可能。但是，我们期待的这种信赖怎样才能成为现实呢？它不是各谈判政府之间相互做出的承诺，而是在其人民中间出现一种公众舆论，它要求销毁核武器并保证它的实现。政府经常会被持不同政见的人取代，但人民常在，他们的意志是决定性的。当前我们必须清醒地意识到：如果没有各国人民对于销毁核武器的公众舆论，核武器就不可能被销毁。

不是所有与此有关的政府都意识到了这一点。也有这样的政府，他们有销毁核武器并由此实现和平的愿望和计划，但并不认为有必要在其人民中间出现一种促进和确保它实现的公众舆论。他们宁愿与一种不确定的公众舆论打交道，因为这种舆论能根据他们的爱好加以控制。控制公众舆论是当今各国政府的主要活动。

如今，为了通过迅速和完全销毁大量核武器而实现持久和平，人们在任何一个有关国家都不能幻想：没有一种要求和保证它的公众舆论能销毁核武器。如果核武器应被销毁的话，各国人民就必须坚持反对核武器的公众舆论。

“……我属于你们”

以下是施韦泽写于1961年10月3日和1963年3月8日两封信的摘要。

我的生活越来越艰难。由于我必须加固和整修一条连接医院和通向内陆的政府道路，最近3个月的情况特别糟糕。但最糟糕的是，为了在大水期间也能够使用这条道路，我必须在一条从医院流向奥戈维河的河上建造一条钢筋水泥桥。这是一项复杂的工程，在旱季内必须结束。为了赶在大水到来之前，收尾时我们必须加班。经过努力，桥终于在9月30日建成了。由于忙碌，也由于担心不能及时完工，我早就被弄得心烦意乱，但这毕竟还无碍大局，医院运行得很好。两位新来的医生十分能干，配合得也很好。由于建桥，我必须放弃今年(1961)秋季回欧洲的计划，这使我感到十分遗憾。我努力使自己面对现实，但愿有一点安定的时间……

我的战略是，绝不回应攻击，无论其方式如何……我始终认为这是一个原则，并坚定不移地遵循它。没有人能够持久地与沉默作斗争，它是一个不可战胜的对手。人们也不必捍卫我，不应该为我而斗争。平安无事地走我的路，这不是我的命运。我的使命是，为敬畏生命的精神，也就是和平的精神开辟道路。我为自己有这样崇高的使命而激动，它使我内心坚定地走自己的路，我的内心沉浸在一种伟大的宁静的音乐之中。我可以体验到，敬畏生命的伦理开始走向了世界，它使我超越了人们能够谴责我或者赞扬我的一切。88 岁的我还能从事美好的工作，谁得到了这样的赐予呢？

1963 年 4 月，在纪念其非洲行医 50 周年的活动中，阿尔贝特·施韦泽在他开始行医的原传教站中对当地的黑人说：

我还记得那天，我结束了在大学的学医生活，遇到了莫雷尔医生，他是一位兰巴雷内的传教士。他对我说：请您到我们这里来！由于他是一个阿尔萨斯人，我也是一个阿尔萨斯人，因此我对自己说：我到那里去！我没有多作考虑，而是对自己说：我信任。我的信任不会出错。

传教站答应我，建一个小的、但正规的诊所，这样我可以在这个传教站诊所里长期地为当地服务。当传教站的场地太小时，当我应该接收 60 多个病人时，我必须寻找一块更大的场地。后来，殖民地当局赠送给我一块原加洛阿国王的地皮。当布拉扎第一次来到奥戈维地区时，他就看中了这个地方。他的茅屋的位置，现在就是我住宅的所在。布拉扎爱上了兰巴雷内，当他从内陆回来时，就住在国王让人为他盖的茅屋中……从写于兰巴雷内的信中，我们还了解许多关于他的情况。

我还想对你们说，我一直在问自己，如果你不到这里来，你将会做些什么？我的考虑始终得出这样的结论：我是一个幸运的人。我来到了兰巴雷内，我在兰巴雷内找到了我追寻的东西：爱、信任、乐善好施和有益的工作。

我与你们加蓬人一起经历了两次战争。在两次战争及以后，我和加蓬人有了深厚的友谊，我就这样一直生活在你们中间。我知道，我能留在我创立事业、可以做一些有益的事情的地方，这是我的荣誉和幸运。我向你们承认，这里，在你们中间，我觉得就在家里。如果我到别的地方去，我不知道，是否还会产生当地居民和这里的我之间的所有同感。事实上，我们之间已经产生了同感。我觉得，直到最后一息，我都属于你们。为了你们向我表明的同感，我感谢你们。

1965 年，在 90 岁生日时，“老医生”对他的同事说：

在这间屋子里，在这个桌边，我们庆祝生日快乐。而对我的一生来说，无论如何，最重要的是：我的医院。

现在你们在这里。你们在这里工作，住在这里并帮助这里的朋友和熟人，使医院能够继续存在下去。由于我们坐在一起，我想起了开始行医的日子。在我的回忆中，我看到了在艰难困苦中最初与我一起工作的人们。虽然他们都已经去世了，但我仍然想念着曾经给我勇气的他们，与我一起创办诊所和医院的他们。我还想到在这里的活着的人，想到所有与我一起工作的上几代人。正是由于有了他们，才会有今天的医院。我要从事的事业有点冒险，因此我曾担心过。事实上，我所感到和担心的一切也已经出现了。但尽管如此，医院仍然在不断地发展。我甚至不再能够描述，我们是如何找到建立和发展医院的途径的。我们共同找到了正确的道路，以最简单的方式管理这个医院，并奠定了承续它的精神。

眼前我看到了许多同事，但我最想念两位同事，两位来自天主教传教站的手艺人。其中一人的妻子在我的医院里就医，另一人则是出于友谊而与他一起来的，这两位手艺人还把我当作年轻人。他们对我说：“不能像政府一样，建高楼医院，您必须建平房医院！”开始我并不理解他们的意思，但后来逐步懂了。这两个非洲人有一个关于黑人病房的重要观念，它不可以是6—7层的高楼。虽然我不理解，但我还是听从了他们，并按照他们的意见做了。现在，他们已经长眠地下，但我从未忘记过他们。他们给我提的建议，为我做的事情，是其他人难以替代的。

我也感谢你们大家，因为现在这里的医院超出了我的期待。我的整个生日庆祝活动的实质在于：我想到了那些人，和我一起工作过的人出现在我的眼前，我也处在现在与我一起工作的人的当中。我感谢你们大家，也感谢为发展医院而帮助我们获得资金的人。这种感谢是我的生日中最为美好的事情！

阿尔贝特·施韦泽年表

（摘自哈拉尔德·斯特凡的《阿尔贝特·施韦泽》，《罗沃尔特附图传记丛书》第263册，1979年；1984年第4版。）

1875年 1月14日，阿尔贝特·施韦泽诞生于上阿尔萨斯的凯泽贝尔。移居京斯巴赫。父亲(1846—1925)：路德维希·施韦泽，牧师。母亲(1841—1916)：阿德勒，娘家姓席林格尔。四个兄弟姐妹：路易丝(1873—1927)，阿德勒(1876—1969)，玛格蕾特(1877—1959)，保尔(1882—1967)。最早知名的祖先：17世纪居住于美茵河畔法兰克福的约翰·施韦泽，在三十年战争后，他的儿子约翰·尼古拉移居阿尔萨斯。从此，施韦泽家族就生活在那里。

1880—1884年 就读于京斯巴赫的乡村公立小学。

1884/1885年 就读于上阿尔萨斯明斯特的实科中学。

1885—1893 年 就读于米尔豪森(牟罗兹)的文理中学；在欧根·明希那里上钢琴和管风琴课；1893 年 6 月 18 日获得毕业文凭。

1893 年 10 月，开始在斯特拉斯堡学习神学和哲学，同时在巴黎的夏尔·马里耶·维多尔那里上管风琴课。

1894/1895 年 在斯特拉斯堡的第 143 步兵团服役。

1896 年 圣灵降临节期间决定在 30 岁后从事一项为人类服务的职业。

1898 年 5 月 6 日，第一次神学考试。助教。

1898/1899 年 冬季学期，在巴黎学习哲学和音乐，有关康德的博士论文。

1899 年 春夏之际，在柏林学习哲学。8 月 2 日，获得哲学博士学位。

1900 年 7 月 15 日，第二次神学考试。7 月 21 日以关于圣餐问题的论文通过神学博士考试。11 月 14 日，任尼古拉教堂的助理牧师。

1902 年 3 月 1 日，在斯特拉斯堡大学的新教神学系获得授课资格。申请授课资格论文为：《弥赛亚的秘密和受难秘密》(1901)。

1904 年 秋季，由于刚果传教区的紧急呼吁，决定了职业服务的方向。

1905 年 7 月 9 日，向巴黎传教协会表达作为传教士志愿服务的意愿。出版《J.S.巴赫》。10 月 13 日，宣布成为原始丛林医生的愿望，开始学医。

1906 年 出版《德国和法国管风琴制作艺术和管风琴艺术》，《从赖马鲁斯到弗雷德》。

1908 年 5 月 14 日，医科大学预科考试(就此日期与施韦泽本人的自述不一致而言，这里是根据研究结果校定的)。《J.S.巴赫》。

1909 年 《关于管风琴制作的国际章程》(与 F.X.马蒂亚斯合作)。

1910 年 12 月 3 日，结束医学国家考试。

1911/1912 年 实习医生，出版《保罗研究史》。

1912 年 2 月 11 日，获得行医许可证。春季，退出布道机构。6 月 18 日，与海伦娜·布雷斯劳结婚(1879 年 1 月 25 日生于柏林)。12 月 14 日，“由于值得赞赏的学术成就”，德国地方长官授予其教授头衔。

1913 年 3 月，以《关于耶稣的精神病学的评定》的论文获得医学博士学位。结束对《耶稣生平研究史》的修订。3 月 21 日，与海伦娜从京斯巴赫前往非洲。4 月 4 日，由于系内拒绝给予休假，通过书面报告放弃高校授课许可，辞去了大学教职。4 月 16 日，到达兰巴雷内。

1913—1917 年 在非洲的第一次居留。

1915 年 9 月，施韦泽发现了“敬畏生命”的概念。从事文化哲学的研究。

1916 年 7 月 3 日，由于军马受惊，导致 74 岁的母亲重伤而死。

1917 年 9 月，被法国当局送回欧洲，受拘于波尔多的集中营。施韦泽患了痢疾。

1917/1918 年 秋季—夏季，在加赖松(比利牛斯)和圣雷米(普罗旺斯)集中营。

1918 年 7 月，回到阿尔萨斯。9 月 1 日，接受施托尔策教授的灌肠手术。接着重新担任圣尼古拉教堂的代理牧师和市民总医院的助理医生。

1919 年 1 月 14 日，女儿赖娜诞生。2 月，关于“敬畏生命”的两次布道。夏季，第二次手术。10 月，在巴塞罗那举行第一次战后管风琴音乐会。12 月，受瑞典大主教瑟德布卢姆之邀，在乌普萨拉讲演。

1920 年 1 月，随着《凡尔赛协定》生效，施韦泽成为法国公民。春夏，在瑞典旅行。讲演、报告、管风琴音乐会。还清债务，决定在兰巴雷内继续工作。出版《水和丛林之间》。

1921 年 4 月，辞去在斯特拉斯堡的两个职位。从事自由写作和艺术工作。

1921/1922 年 在瑞士(共 3 次)、瑞典(共 2 次)、英国和丹麦举行音乐会和作巡回讲演。在京斯巴赫从事文化哲学的研究。

1923 年 1 月，在布拉格大学作关于文化哲学的讲演。出版《文化的衰落和重建》《文化和伦理》《基督教和世界宗教》。为海伦娜和赖娜在黑林山的国王地建造房屋。秋季，在斯特拉斯堡听助产和牙医的课程，在汉堡听热带医学课程。

1924 年 《我的青少年时代》出版。2 月 21 日，第二次前往非洲，海伦娜未去。

1925 年 5 月 5 日，79 岁的父亲去世。7 月 18 日，阿尔萨斯人玛蒂尔德·科特曼(第一个护士)来到兰巴雷内。10 月 19 日，阿尔萨斯人维克多·内斯曼(第一个医生)来到兰巴雷内。秋季，开始为一个较大的医院开辟地基。

1927 年 1 月 21 日，迁入新的木板房。7 月 21 日，回到欧洲。

1927—1929 年 在瑞典、丹麦、荷兰、英国、瑞士、德国、捷克斯洛伐克举行音乐会和报告会，在伦敦录制唱片。

1928 年 8 月 28 日，获法兰克福市的歌德奖。关于歌德的第一次谈话。

1929 年 9 月，(第一个)“德国之友协会”诞生。里夏德·金克在乌尔姆等地发起呼吁，人们要“阅读、学习、热爱施韦泽”，并要像他一样“生活”。用歌德奖金加固京斯巴赫的住宅。

1930/1931 年 在兰巴雷内的第三次活动(整 2 年)。施韦泽夫人由于健康原因在 1930 年复活节回到欧洲。

1930 年 谢绝莱比锡大学神学系的聘任。《使徒保罗的神秘主义》出版。

1931 年 《我的生平和思想》出版。

1932 年 3 月 22 日，在法兰克福歌德逝世 100 周年会上作纪念讲话。 7 月 7 日，在乌尔姆作《作为思想家和人的歌德》的报告。 在德国、荷兰、英国作报告和举行音乐会。

1933—1934 年 4 月至次年 1 月，在非洲的第四次活动。

1934 年 10 月/11 月，在牛津和爱丁堡作关于宗教哲学的讲演。

1935 年 2—8 月，第五次到兰巴雷内。 8 月，在爱丁堡作关于宗教哲学的第二部分讲演。 12 月，在伦敦录制唱片。 《印度思想家的世界观》出版。

1936 年 10 月，在斯特拉斯堡录制唱片。

1937—1939 年 2 月至 1939 年 1 月：在兰巴雷内的第六次居留。

1938 年 《非洲史》出版。

1939 年 由于紧迫的战争危险的印象，回到阿尔萨斯只用了 12 天时间处理最重要的事务。

1939—1948 年 9 年半不中断的兰巴雷内岁月(第七次居留)。

1940 年 10 月/11 月，在兰巴雷内，戴高乐和维希政府之间的军队展开了战斗，但双方都未损伤医院。

1941 年 8 月 2 日，在一次经过安哥拉的艰难旅行之后，海伦娜到达兰巴雷内，并一直居留到 1946 年 9 月。

1942 年 春季，第一次来自美国的援助药品。

1948 年 10 月 24 日，抵达波尔多。

1949 年 7 月 8 日，在阿斯彭/科罗拉多作关于歌德诞辰 200 周年的节日讲话。 出版《歌德 · 人和事业》。

1949—1951 年 11 月至 1951 年 5 月，在兰巴雷内的第八次活动；直至 1950 年 6 月与海伦娜在一起。

1950 年 《歌德 · 四次讲话》、《鹈鹕叙述他的生平》出版。

1951 年 9 月 16 日，在保罗教堂获德国书业和平奖。 10—11 月，在瑞典。

1951/1952 年 12 月至次年 7 月，在兰巴雷内的第九次活动。

1952 年 9 月，在京斯巴赫录制唱片。 9 月 30 日，获帕拉切尔苏斯奖章(第一次医学荣誉)。 弗里兹 · 贝恩多次为施韦泽造型(在 1954 年也是如此)：素描、油画和陶土胸像。 12 月 20 日，施韦泽作为贝当的继任者，被选入(法兰西学院)道德和政治科学院，作关于《人类思想发展中的伦理问题》的讲演。

1952—1954 年 12 月至 1954 年 5 月，第十次到兰巴雷内。

1953 年 5 月，开始在医院附近建设一个麻风病区。10 月，阿尔贝特 · 施韦泽获得 1952 年诺贝尔和平奖。 奖金数额正好够建立一个麻风病区。

1954 年 7 月 28/29 日，在斯特拉斯堡的托马斯教堂举行巴赫音乐会，作为管风琴家在公共场合最后一次登台。 11 月 4 日，与海伦娜一起在奥斯陆接受诺贝尔和平奖。 《当今世界的和平问题》出版。

1954/1955 年 12 月至次年 7 月，与海伦娜在兰巴雷内的第十一次活动。

1955 年 5 月，加固麻风病区。 秋季，在英国、巴黎、德国、瑞士访问。 11 月 11 日，在波恩获德国科学、艺术最高奖(和平奖)。

1956/1957 年 1—7 月，与海伦娜在兰巴雷内的第十二次居留。

1956—1961 年 在日本出版了施韦泽著作的第一部全集(19 卷)。

1957 年 4 月 23 日，奥斯陆广播电台播送了原始丛林医生反对核试验的呼吁。 5 月 22 日，海伦娜离开了兰巴雷内。 6 月 1 日，海伦娜在苏黎世去世，终年 78 岁。 夏末，在欧洲停留期间，由于右手中指骨断裂，遇到严重困难。

1957—1959 年 12 月至 1959 年 8 月，第十三次在兰巴雷内居留。

1958 年 1 月 25 日，在他夫人安放骨灰坑的墓穴上，施韦泽树立了一个亲手刻上生卒年月的白色的石十字架。 4 月 28—30 日，通过奥斯陆广播电台，发表了三次反对核实验的广播呼吁：《和平或者核战争》。

1959年 10月，在哥本哈根获得森宁奖之后(每分尼都用于兰巴雷内)，作了最后一次德国旅行。11月，在巴黎逗留了3周，其中包括去布鲁塞尔和鹿特丹的短期旅行。12月9日，84岁的施韦泽(永远)离开了欧洲，当时并没有预感到这一点。在以后的几年里，虽然考虑了旅行计划，但都没有实施。

1960年 7月23日，新生的加蓬共和国发行了以施韦泽肖像为画面的第一枚邮票。

1963年 4月18日，到达非洲50周年纪念日(日期确定为4月16日)。

1965年 1月14日，90岁诞辰，访问者来自全世界。夏季和秋季：建筑、通讯、结束《J.S.巴赫的管风琴序曲和赋格》的批判版。8月27日，最后一封信：我很健康。几天后日益虚弱。9月4日，阿尔贝特·施韦泽于午夜逝世。

资 料 来 源

文本摘要主要以5卷本的《阿尔贝特·施韦泽文集》为基础。1971年，作家鲁道夫·格拉布斯首次以德语在柏林联盟出版社出版了这一文集。慕尼黑的C.H.贝克出版社和苏黎世埃克斯·利布里斯出版社也获得了授权。对于所引用的文本出处，都列出其当时的标题、出版年份、卷数和页数。至于《阿尔贝特·施韦泽文集》之外的其他被引用的著作，它们将被特别列出：标题、出版社、出版日期和页数。在《阿尔贝特·施韦泽读本》中被省略的原文段落，都用省略号表明。这里标出的页码是原版书的页码。

第17—58页：　《我的青少年时代》，1924年，《施韦泽文集》第1卷，第255—257页，第259—281页，第283—289页，第292—313页。

第59—85页：　《我的生平和思想》，1931年，《施韦泽文集》第1

卷，第 26—28 页，第 30—34 页，第 36—52 页，第 59—62 页，第 65 页，第 68 页，第 70—75 页，第 77—83 页。

第 85—86 页： 埃尔温 · R. 约柯比：《阿尔贝特 · 施韦泽和音乐》，布赖特科普夫和黑特尔出版社，威斯巴登，1975 年，第 30—32 页。

第 86—94 页： 《我的生平和思想》，1931 年，《施韦泽文集》第 1 卷，第 86—87 页，第 89—91 页，第 93—94 页，第 98—102 页。

第 94—99 页： 《斯特拉斯堡布道》，C. H. 贝克出版社，慕尼黑，1966 年，第 49—55 页。

第 99—103 页： 《致博埃涅的信》，施韦泽之友和德国援助组织的《通讯》第 41 期发表，代廷根/罗滕堡，1976 年，第 51—53 页，由古斯塔夫 · 沃伊特译。

第 103—113 页： 《我的生平和思想》，1931 年，《施韦泽文集》第 1 卷，第 102—109 页，第 111—115 页，第 118—119 页。

第 113—118 页： 《斯特拉斯堡布道》，C. H. 贝克出版社，慕尼黑，1966 年，第 70—77 页。

第 118 页： 《我的生平和思想》，1931 年，《施韦泽文集》第 1 卷，第 119—120 页。

第 119—121 页： 《致吕普克的信》，施韦泽之友和德国援助组织的《通讯》第 41 期发表，代廷根/罗滕堡，1976 年，第 54—55 页。

第 121—126 页： 《我的生平和思想》，1931 年，《施韦泽文集》第 1 卷，第 122 页，第 125—130 页。

第 126—130 页： 《耶稣生平研究史》，1913 年，《施韦泽文集》第 3 卷，第 873—876 页，第 878—879 页，第 882—

883 页，第 885—887 页。

第 131—132 页：《来自兰巴雷内的报道，1913—1914》，柏林联盟出版社，1983 年重印，第 34—35 页。

第 132 页：《水和丛林之间》，1921 年，《施韦泽文集》第 1 卷，第 323 页。

第 132—133 页：《我的生平和思想》，1931 年，《施韦泽文集》第 1 卷，第 150 页。

第 133—134 页：《来自兰巴雷内的报道，1913—1914》，柏林联盟出版社，1983 年重印，第 40—41 页。

第 134 页：《水和丛林之间》，1921 年，《施韦泽文集》第 1 卷，第 347 页。

第 134—136 页：《我的生平和思想》，1931 年，《施韦泽文集》第 1 卷，第 152—154 页。

第 136 页：《水和丛林之间》，1921 年，《施韦泽文集》第 1 卷，第 350 页。

第 136—145 页：《来自兰巴雷内的报道，1913—1914》，柏林联盟出版社，1983 年重印，第 47—51 页，第 54 页，第 73—76 页，第 80—83 页。

第 145—146 页：《水和丛林之间》，1921 年，《施韦泽文集》第 1 卷，第 401—402 页。

第 146—147 页：《来自兰巴雷内的报道，1913—1914》，柏林联盟出版社，1983 年重印，第 95—97 页。

第 148 页：《水和丛林之间》，1921 年，《施韦泽文集》第 1 卷，第 377 页。

第 148 页：《来自兰巴雷内的报道，1913—1914》，柏林联盟出版社，1983 年重印，第 105—106 页。

第 148 页：《水和丛林之间》，1921 年，《施韦泽文集》第 1 卷，第 383 页。

第 149—153 页：《约瑟芬，一只驯化的野猪》，1923 年，施韦泽之友和德国援助组织的《通讯》第 40 期发表，1975 年，第 128—131 页。

第 153—154 页：《水和丛林之间》，1921 年，《施韦泽文集》第 1 卷，第 388 页。

第 154—157 页：《来自兰巴雷内的报道，1913—1914》，柏林联盟出版社，1983 年重印，第 108—113 页。

第 157—163 页：《水和丛林之间》，1921 年，《施韦泽文集》第 1 卷，第 418—420 页，第 422 页，第 428—430 页，第 435—439 页。

第 163—166 页：《我的生平和思想》，1931 年，《施韦泽文集》第 1 卷，第 154—157 页。

第 166 页：《水和丛林之间》，1921 年，《施韦泽文集》第 1 卷，第 441—442 页。

第 166—168 页：《我的生平和思想》，1931 年，《施韦泽文集》第 1 卷，第 158—161 页。

第 168—170 页：《文化和伦理》，1923 年，《施韦泽文集》第 2 卷，第 122—125 页。

第 170—174 页：《我的生平和思想》，1931 年，《施韦泽文集》第 1 卷，第 166—172 页。

第 175—182 页：《水和丛林之间》，1921 年，《施韦泽文集》第 1 卷，第 445—448 页，第 450—453 页，第 455—459 页。

第 182—189 页：《非洲史》，1938 年，《施韦泽文集》第 5 卷，第 40—48 页。

第 189—192 页：《水和丛林之间》，1921 年，《施韦泽文集》第 1 卷，第 460—467 页。

第 193—194 页：《我的生平和思想》，1931 年，《施韦泽文集》第

1卷，第175—176页。

第194—196页：《水和丛林之间》，1921年，《施韦泽文集》第1卷，第471—473页。

第196—205页：《我的生平和思想》，1931年，《施韦泽文集》第1卷，第177—178页，第180—192页。

第206—218页：《斯特拉斯堡布道》，C. H. 贝克出版社，慕尼黑，1966年，第118—134页。

第218页：《我的生平和思想》，1931年，《施韦泽文集》第1卷，第193—194页。

第218—226页：《基督教和世界宗教》，1924年，《施韦泽文集》第2卷，第672页，第683—684页，第709—716页。

第227—229页：《我的生平和思想》，1931年，《施韦泽文集》第1卷，第195—198页。

第229页：《水和丛林之间》，1921年，《施韦泽文集》第1卷，第476页。

第229—231页：《我的生平和思想》，1931年，《施韦泽文集》第1卷，第206—210页。

第231—245页：《文化和伦理》，1923年，《施韦泽文集》第2卷，第375—395页。

第246页：《我的生平和思想》，1931年，《施韦泽文集》第1卷，第214页。

第246—292页：《来自兰巴雷内的信，1924—1927》，1955年重印，《施韦泽文集》第1卷，第502—503页，第505页，第509—511页，第513—521页，第523—525页，第527—530页，第532页，第535—536页，第539—540页，第542页，第544页，第546—548页，第553—561页，第564页，

第566—567页，第571—574页，第582页，第584—593页，第599—601页，第608—621页，第624—630页，第635页，第640—641页，第643页，第646页，第649—650页，第662—663页，第667—668页，第671—672页，第677—678页，第683—685页。

第293—301页：《歌德·四次讲话》，1950年，《施韦泽文集》第5卷，第469—478页。

第301—302页：《我的生平和思想》，1931年，《施韦泽文集》第1卷，第222—223页。

第302—304页：《来自兰巴雷内医院的信，1930—1954的报道》，柏林联盟出版社，1981年重印，第13—15页。

第304—308页：《使徒保罗的神秘主义》，1930年，《施韦泽文集》第4卷，第484—485页，第489—490页，第502页，第508—510页。

第308—311页：《来自兰巴雷内医院的信，1930—1954的报道》，柏林联盟出版社，1981年重印，第15—21页。

第312—317页：《我的生平和思想》，1931年，《施韦泽文集》第1卷，第228—231页，第249—252页。

第317—319页：《来自兰巴雷内医院的信，1930—1954的报道》，柏林联盟出版社，1981年重印，第41—42页，第46页，第48页。

第320—326页：《兰巴雷内医院里的礼拜活动》，1930年，施韦泽之友和德国援助组织的《通讯》第9期发表，海登海姆，1956年，第54—61页。

第326—361页：《来自兰巴雷内医院的信，1930—1954的报道》，柏林联盟出版社，1981年重印，第85页，第88—91页，第94—96页，第98—99页，第102页，第

104—106 页，第 110 页，第 112—113 页，第 125—126 页，第 128—129 页，第 133—135 页，第 140—150 页，第 152—153 页，第 156—166 页，第 193—194 页，第 205—206 页，第 216—217 页，第 223—225 页，第 227—237 页，第 245—249 页，第 252 页。

第 362—363 页：法文版《水和丛林之间》的《前言》，1951 年，施韦泽之友和德国援助组织的《通讯》第 26 期发表，代廷根，1965 年，第 39—40 页。

第 363—370 页：《来自兰巴雷内医院的信，1930—1954 的报道》，柏林联盟出版社，1981 年重印，第 261—267 页，第 274—279 页。

第 370—387 页：《和平或者核战争》，1958 年，《施韦泽文集》第 5 卷，第 578—582 页，第 584—588 页，第 591—600 页，第 604—609 页。

第 387—391 页：《当今和平之路》，1966 年，《施韦泽文集》第 5 卷，第 612—616 页。

第 391—392 页：1961 年 10 月 3 日和 1963 年 3 月 8 日的两封信，施韦泽之友和德国援助组织的《通讯》第 19 期发表，1962 年，第 20 页；第 22 期，代廷根，1963 年，第 96 页。

第 392—393 页：《非洲行医 60 周年纪念活动讲话》，1963 年，《施韦泽文集》第 5 卷，第 112—113 页。

第 395 页：《90 岁生日的讲话》，施韦泽之友和德国援助组织的《通讯》第 26 期发表，1965 年，第 3—4 页。

C. H. 贝克出版社和编者感谢下列出版社的出版许可：

布赖特科普夫和黑特尔出版社，威斯巴登：

《阿尔贝特·施韦泽论巴赫》，载埃尔温·R.约柯比：《阿尔贝特·施韦泽和音乐》。

保罗·豪普特出版社，伯尔尼：
《水和丛林之间》(瑞士)。

费利克斯·迈纳出版社，汉堡：
《我的生平和思想》，《非洲史》。

J.C.B.摩尔出版社(保罗·西贝克)，蒂宾根：
《耶稣生平研究史》，《使徒保罗的神秘主义》。

联盟出版社，慕尼黑：
《来自兰巴雷内医院的信，1930—1954 的报道》。

也感谢赖娜·施韦泽·米勒女士：
首先发表在施韦泽之友和德国援助组织的《通讯》(里夏德·基克出版)中和至今没有重新发表的其他五篇文章。

译 者 后 记

经过一段时间的努力，《对生命的敬畏——阿尔贝特·施韦泽自述》终于被译成了中文。这是自阿尔贝特·施韦泽的《敬畏生命——五十年来的基本论述》(上海社会科学院出版社 1992 年，2003 年)之后，我翻译的第二本施韦泽论著。施韦泽的第一本中文论著受到了读者的欢迎，我希望和相信这第二本论著也能够受到读者的喜爱。有鉴于此，以下想介绍一下我接触施韦泽论著的过程，以及中国公众对施韦泽生平和思想的接受状况。

我对施韦泽的了解和研究可以追溯到 1989 年，当时我在德国柏林洪堡大学进修德国哲学和伦理学。由于语言上的困难等原因，直到 20 世纪 90 年代，中国大陆读者很少能够接触到有关施韦泽的论著。改革开放之后，港台地区的一些相关论著来到了大陆，正在大学读书的我才了解到：20 世纪的西方世界有这样一个丛林中的“圣者”。但是，由于这些与施韦泽相关的文献都译自英语，而不是施韦泽本人的母语——德语，因此当时给我的印象还不是很深。1990年，为了寻找有关德国伦理学史的资料，我在柏林工业大学附近的一个书店里看到了施韦泽的《文化哲学》。我立即意识到，施韦泽应该是我研究德国伦理学的一个重要对象。

从此之后，我在柏林尽可能地收集有关施韦泽的相关文献。我逐渐了解到，在德国东部地区（当时的德意志民主共和国），人们也很尊重施韦泽。有许多关于施韦泽的出版物，还有宣传和研究施韦泽的组织和机构。于是，我访问了魏玛的阿尔贝特·施韦泽博物馆、德累斯顿的阿尔贝特·施韦泽委员会，并且与位于法兰克福的阿尔贝特·施韦泽中心也建立了联系。1991年回国之后，除了翻译了《敬畏生命——五十年来的基本论述》之外，我还和朱林研究员共同撰写了《天才博士与非洲丛林——诺贝尔和平奖获得者阿尔贝特·施韦泽传》（江西人民出版社1995年）。这些首次从德语译成中文的读物，在读者中间产生了较大的反响，可以说超出了我这个译者的期待。

从中国读者对施韦泽的接受情况来看，一般读者尊重施韦泽的杰出人格和崇高德性，知识分子把他看作当代环境和生态伦理学的主要先驱者。“敬畏生命”这个原先在汉语中很少见的范畴也得到了广大读者的普遍认同。20世纪90年代以来，我国出版了几十种关于生态伦理学的论著，差不多都大段引证了施韦泽。特别值得一提的是，施韦泽敬畏生命的生平和思想对青少年的道德教育也产生了积极的影响。例如，夏中义主编的《大学人文读本》（广西师范大学出版社2002年）、徐传德主编的《向着太阳歌唱——青少年美德天地》（商务印书馆2003年）、丁帆、杨九俊主编的高中《语文读本》（江苏教育出版社2004年），等等，都收录了施韦泽的论述。在上海市教委关于中小学生的生命教育纲要中，也有“敬畏生命”的提法。另外，有一些理论读本也收录了施韦泽的一些论著。我国还有不少学者对施韦泽的思想作了研究和阐发。

当然，最能反映施韦泽对我国公众意识影响的，是“百度”和

"google"等网站。在"敬畏生命"的条目下，这两个网站分别有34 000条和240 000条相关信息，其中包含着许多接近生活实际的提法。例如："敬畏生命从慎用死刑开始。""基于敬畏生命，人们应该为实验动物立碑。""在人出生时就应该敬畏生命。""注意交通安全也是敬畏生命。""执法者首先必须敬畏生命。""敬畏生命，反对自杀。""敬畏生命提供了新的发展模式。""出于敬畏生命，科学必须有禁区。""奥林匹克运动会也要敬畏生命。""敬畏生命，降低学生的非正常死亡率"，等等。虽然"敬畏生命"也不是什么灵丹妙药，"一敬就灵"，相关的事情还得扎扎实实地去做才行。但由此可见，"敬畏生命"确实是一个富于渗透力和启发性的范畴。从21世纪以来的人(艾滋病)和动物(禽流感)等问题层出不穷的状况来看，作为一个伦理范畴的"敬畏生命"将日益重要。

正是由于国内读者积极反响的鼓舞，在教学和科研之余，我翻译了《对生命的敬畏——阿尔贝特·施韦泽自述》。从内容上看，与主要概括其伦理思想的《敬畏生命——五十年来的基本论述》相比，由于本书涉及了施韦泽一生的方方面面，不仅有外在的经历，而且有内在的思想，因此更有利于读者把握其崇高、完整和深刻的人格。同时，此书的翻译出版，也是德国朋友大力支持的结果。为了有利于我更好地研究阿尔贝特·施韦泽的生平和思想，德意志学术交流中心(Deutscher Akademischer Austausch Dienst)邀请我于2005年9月和10月赴德国访学。在德国期间，我受到了德国卡尔斯鲁厄师范大学的克劳斯·京茨勒教授(Prof. Claus Guenzler)、乌尔斯·图尔恩赫尔教授(Prof. Urs Thurnherr)、德国阿尔贝特·施韦泽中心的玛丽斯·伯纳特女士(Marlies Boehnert)、埃尔克·克拉佩尔斯蒂克女士(Elke Klapperstueck)的热情接待。德国阿尔贝特·施韦泽中心还赠送给我一些关于施韦泽的书籍。法国京斯巴赫的阿尔贝特·施韦泽中心为本书的中文版提供了施韦泽的照片。在办理相关手续期间，德意志学术交流中心的丹尼拉·奥恩女士(Daniela Auen)、比吉特·伯梅女士(Birgitt Boehme)、奥利维尔·罗斯(Olivier Roos)先生也给予了大力帮助。另外，上海师范大学及其哲学系的领导也给予了我的这项工作以很大的支持。在此，对于所有帮助过我的人表示感谢，并把它看作今后继续从事相关工作的动力。

陈泽环

2005年11月20日于上海

《对生命的敬畏——阿尔贝特·施韦泽自述》于2006年年初出版以来，应该说受到了读者的关注。例如，陈蓉霞发表在《中华读书报》上的《“敬畏生命”，带我们步入道德的林中路》，薛野发表在《中华图书商报》上的《史怀泽：汉语世界所需要的》，以及其他一些介绍和评论，都表明施韦泽的生平和思想对于当代中国人具有重大的启示意义。此外，译者现正在翻译施韦泽的哲学代表作《文化哲学》，估计将于2007年或2008年出版。届时，中国读者将进一步了解他的哲学—伦理思想。

陈泽环

2006年11月20日于上海

第 2 版译者后记

《对生命的敬畏——阿尔贝特·施韦泽自述》于 2006 年和 2007 年出了两版之后，现在能够再出第 2 版，作为译者深感欣慰。重新阅读此书，深感施韦泽生平和思想之崇高、完整和深刻，对于当代中国一些陷于物质主义和消费主义洪流中的人们，确实是一剂不可多得的“清凉散”。“食中山之酒，一醉千日。今之昏昏逐逐，无一日不醉：趋名者醉于朝，趋利者醉于野，豪者醉于声色车马。安得一服清凉散，人人解醒。”[1]现在阅读施韦泽的资料也增加了，除了施韦泽本人著作的翻译：《敬畏生命——五十年来的基本论述》（上海社会科学院出版社 1992 年版和 2003 年版）、《文化哲学》（上海人民出版社 2008 年版和 2013 年版）和《中国思想史》（社会科学文献出版社 2009 年版）之外，还有译者的《敬畏生命——阿尔贝特·施韦泽的

[1] 陈继儒辑：《小窗幽记》，广陵书社 2013 年版，第 1 页。

哲学和伦理思想研究》(上海人民出版社 2013 年版)。

在《敬畏生命——阿尔贝特·施韦泽的哲学和伦理思想研究》中，鉴于施韦泽行动的人道主义获得了广泛的国际赞誉，他的文化哲学在 20 世纪的西方哲学史中独树一帜，其敬畏生命伦理学成为当代生态伦理运动的重要思想资源，其关于中国思想的研究对当代中华文化复兴也有深刻的启示意义，笔者从伟大人格、文化哲学、伦理思想和中国研究四个方面，对其哲学和伦理思想进行了相对系统的研究，试图为我国喜欢施韦泽的读者提供一些资料和线索，并以此希望我国学术界和思想界有更多的人士了解和研究施韦泽。毋庸讳言，与徐复观和劳斯光这样著名的学者对施韦泽的高度评价和深入研究相比，中国大陆还缺少相应层次的研究。例如，徐复观曾经这样悼念施韦泽："以伟大宗教对人类命运的责任心，发挥哲学家的理智；将哲学家的理智，实践于自己日常生活中的行为，这才是中国的所谓圣人。史怀哲(施韦泽)正合于此一条件。"[1]

据译者了解，从中国大陆对施韦泽的接受和研究来看，在一般的读书界中，有许多读者对施韦泽的生平和思想表示崇敬，施韦泽的论述也被许多书刊转载，重点被用于对青少年的道德和人格教育。学术界方面，主要是伦理学界，特别是环境哲学和生态伦理学界，公认施韦泽是现代生态伦理学的奠基人之一，有大量的引证和发挥。至于对其文化哲学的研究，现在也有个别学者予以了关注。但总的来说，我国当代学术界和思想界还缺少对施韦泽的高水平研究和对话。在《对生命的敬畏——阿尔贝特·施韦泽自述》新版问世之际，译者希望施韦泽的生平和思想在我国继续发挥积极的道德教化和生态启蒙功能的同时，其文化哲学，特别是其对中国思想的研究，也能够引起更多学者的重视，使 21 世纪的中国学术界和思想界也能够成为研究

[1] 陈泽环：《敬畏生命——阿尔贝特·施韦泽的哲学和伦理思想研究》，上海人民出版社 2013 年版，第 17 页。

施韦泽的重镇之一。考虑到在对中国文化、印度文化和西方文化的比较中，施韦泽对中国文化的评价最高，我们更应该加倍努力实现这一目标。

陈泽环

2014年12月于沪

图书在版编目(CIP)数据

对生命的敬畏:阿尔贝特·施韦泽自述/(法)阿尔贝特·施韦泽著;(德)哈拉尔德·斯特凡编;陈泽环译. —3 版. —上海:上海人民出版社,2019
ISBN 978-7-208-15768-2

Ⅰ. ①对… Ⅱ. ①阿… ②哈… ③陈… Ⅲ. ①施韦策(Schweitzer, Albert 1875-1965)-自传 Ⅳ. ①K835.656.2

中国版本图书馆 CIP 数据核字(2019)第 048021 号

责任编辑 任俊萍 王笑潇
封面装帧 张志全工作室

对生命的敬畏
——阿尔贝特·施韦泽自述
[法]阿尔贝特·施韦泽 著 [德]哈拉尔德·斯特凡 编
陈泽环 译

出　版 上海人民出版社
(200001 上海福建中路 193 号)
发　行 上海人民出版社发行中心
印　刷 常熟市新骅印刷有限公司
开　本 635×965 1/16
印　张 21.5
插　页 4
字　数 285,000
版　次 2019 年 4 月第 3 版
印　次 2019 年 4 月第 1 次印刷
ISBN 978-7-208-15768-2/K·2827
定　价 78.00 元

Albert Schweitzer Lesebuch
Herausgegeben von Harald Steffahn
3. unveraend. Aufl. der geb. Ausg. von 1984.
Muenchen: Beck, 1995